中国儿童康复系列丛书

孤独症谱系障碍
及干预方法

李晓捷　唐久来　丛书主编
　　　　　姜志梅　主　　编
王家勤　郭岚敏　副主编

电子工业出版社
Publishing House of Electronics Industry
北京·BEIJING

未经许可，不得以任何方式复制或抄袭本书之部分或全部内容。
版权所有，侵权必究。

图书在版编目（CIP）数据

孤独症谱系障碍及干预方法 / 姜志梅主编 .—北京：电子工业出版社，2022.2
（中国儿童康复系列丛书）
ISBN 978-7-121-42783-1

Ⅰ．①孤… Ⅱ．①姜… Ⅲ．①孤独症－儿童教育－特殊教育 Ⅳ．① G766

中国版本图书馆 CIP 数据核字（2022）第 014802 号

责任编辑：王梦华
印　　刷：北京瑞禾彩色印刷有限公司
装　　订：北京瑞禾彩色印刷有限公司
出版发行：电子工业出版社
　　　　　北京市海淀区万寿路 173 信箱　邮编：100036
开　　本：720×1000　1/16　印张：17.5　字数：280 千字
版　　次：2022 年 2 月第 1 版
印　　次：2022 年 2 月第 1 次印刷
定　　价：108.00 元

凡所购买电子工业出版社图书有缺损问题，请向购买书店调换。若书店售缺，请与本社发行部联系，联系及邮购电话：(010) 88254888，88258888。
质量投诉请发邮件至 zlts@phei.com.cn，盗版侵权举报请发邮件至 dbqq@phei.com.cn。
本书咨询联系方式：QQ375096420。

丛书主编 李晓捷　唐久来

主　　编 姜志梅

副 主 编 王家勤　郭岚敏

编　　委（按姓氏笔画为序）

马　丹　　四川大学华西第二医院

王　峤　　佳木斯大学附属第三医院

王家勤　　新乡医学院第三附属医院

孙彩虹　　哈尔滨医科大学

赵宁侠　　西安中医脑病医院

姜志梅　　佳木斯大学康复医学院

贾飞勇　　吉林大学白求恩第一医院

钱旭光　　广州中医药大学附属南海妇产儿童医院

郭岚敏　　佳木斯大学康复医学院

李晓捷

教授、一级主任医师、博士生导师。佳木斯大学康复医学院名誉院长、小儿神经疾病研究所所长；国际物理医学与康复学会理事；中国残疾人康复协会副理事长、小儿脑瘫康复专业委员会主委；中国康复医学会常务理事、儿童康复专业委员会主委；黑龙江省康复医学会副会长。享受国务院特殊津贴。荣获全国卫生系统先进工作者、全国优秀科技工作者、黑龙江省德艺双馨名医、黑龙江省教学名师、黑龙江省优秀研究生导师称号。国家自然基金项目通讯评审专家、教育部学位中心通讯评议专家、国家卫健委专科医师准入试点工作专家组成员、十三五康复治疗学专业规划教材评审委员会副主委；《中华物理医学与康复》《中国康复医学》《中国康复理论与实践》《中国康复》《中国中西医结合儿科杂志》编委。长期从事儿童康复及康复医学教育工作，主要特长为儿童发育及小儿脑损伤的防治与康复。

主持中美 CPN 合作项目，与 IAACD 等国际学术团体保持密切的交流与合作；主持《我国小儿脑瘫流行特征及规范化防治》研究项目等科研课题 40 项、获科技进步奖 30 项。主编《中国脑性瘫痪康复指南》《实用儿童康复医学》《实用小儿脑性瘫痪康复治疗技术》《儿童康复学》《儿童康复》《特殊儿童作业治疗》等专著，主编及参编著作、教材 34 部。发表国家核心期刊或国际期刊学术论文（第一作者或通讯作者）150 余篇。

唐久来

一级主任医师、二级教授、博士生导师。安徽医科大学儿科学系主任、安徽省小儿脑瘫康复中心主任。安徽省首届江淮名医、安徽省教学名师、安徽省首届跨世纪学术和技术带头人；国家科技奖励和国家自然科学基金评审专家；中国医师协会康复医师分会儿童康复专业委员会主任委员、中国康复医学会儿童康复专业委员会常务副主任委员、中国残疾人康复协会小儿脑瘫康复专业委员会副主任委员、中国优生优育协会常务理事、中华医学会儿科学分会神经学组指导委员、安徽省优生优育学会会长、安徽省残疾人康复事业研究会副会长、安徽省康复医学会副会长、安徽省医学会遗传分会名誉主任委员。《中华实用儿科临床杂志》《中国儿童保健杂志》和 World Journal of Meta-Analysis 等多家杂志编委。

主持国家自然科学基金3项，参与国家自然科学基金2项、科技部重大科技专项1项，主持省部级课题8项；获省部级科学技术一等奖1项、二等奖3项、三等奖4项；享受国务院特殊津贴。

主编《小儿脑瘫引导式教育疗法》和《中国儿童康复事业60年》，副主编国家卫健委"十三五"高校规划教材《儿童康复学》《中国脑性瘫痪康复指南（2015）》《特殊儿童物理治疗》，参编著作10余部；发表论文200多篇，其中SCI论文18篇。

序

我国儿童康复事业从1980年代初起步，至今已走过40多年的历程。随着国力的增强，人民生活水平的提高和对生命质量的美好追求，各级政府的重视，加之国际先进理念和技术的不断引进和应用，我国儿童康复事业已呈现出全面快速发展的大好形势，并以不同途径、渠道和形式在全国开展。由于我国幅员辽阔，人口众多，各地自然条件和经济发展水平不同，因此儿童康复事业的发展仍存在地区间、城乡间、系统间的不均衡性和较大程度的差别。目前我国儿童康复仍以集中式康复为主要的康复模式，社区康复有待普及，康复服务的网络体系和有效、便捷、全覆盖的康复服务模式有待建立和健全。为此，全面提升大众的康复理念和知识已经迫在眉睫。只有全社会共同努力，才能实现全社会康复能力的全面提升，满足我国儿童康复快速发展的需求。

随着世界卫生组织所倡导的ICF（国际功能、残疾和健康分类）理念的不断深入人心，人们越来越深刻地体会到康复医学团队合作的重要性，机构康复与社区康复、家庭康复相结合的重要性，特殊儿童自身以及家庭成员积极参与的重要性，基层康复工作者康复服务能力水平提高的重要性，以及人文环境和社区家庭环境的重要性。以生物-心理-社会学为指导，树立全民正确的康复理念，普及康复知识，教育所有与儿童康复服务的相关人员，共同形成专业与非专业的康复团队力量，提高机构康复、社区康复和家庭康复服务的质量，以实现特殊儿童的身心全面发展、全人发展和最佳康复效果。

为此，我们组织国内具有丰富儿童康复医教研经验的专家学者和长期从事一线康复工作的高资龄专业人员，编写了《中国儿童康复系列丛书》，以供广大基层儿童康复工作者、特殊儿童家长以及相关人员阅读和参考。

本套丛书共有8个分册，介绍了最为常见的各类发育障碍、疾病和功能障碍的康复；同时专门介绍了儿童发育检查与评定，力求应用最简洁明了的"老百姓"语言，表述复杂的专业问题，以利于广大家长、基层康复工作者和相关人员，通过本套丛书的阅读和学习，普及儿童康复必备知识，提高康复的能力和水平，促使专业与非专业人员形成共识，相互配合、共同努力，取得最佳康复效果。本套丛书包括《发育障碍及干预方法》《智力发育障碍及干预方法》《孤独症谱系障碍及干预方法》《脑性瘫痪及干预方法》《精神心理疾病及干预方法》《遗传病及干预方法》《骨骼肌肉疾病及干预方法》《儿童发育检查与评估》。感谢各分册主编对各分册包括整体风格的设计、质量的把关和审阅修改等工作的高度负责和辛勤付出，感谢各位副主编的大力协助，感谢所有编委在编写过程中的不懈努力，力求以最佳的效果呈献给读者的精神。

谨以此套儿童康复系列丛书敬献给所需求者。

李晓捷　唐久来

2021 年 6 月

前言

世界卫生组织指出，孤独症谱系障碍（autism spectrum disorder，ASD）是目前全球患病人数增长最快的严重疾病之一，已成为严重影响生存质量、影响人口健康的重大公共卫生问题之一。各国发布的 ASD 发病呈逐年上升趋势，美国疾病控制与预防中心 2018 年公布的 ASD 最新患病率为 1.69%（1/59）。我国的 ASD 研究与康复工作开展比较晚，发展至今仍处于初期阶段，目前全国性 ASD 相关的流行病学研究数据还没有公开发表。2015 年 10 月发布的《中国孤独症儿童发展状况报告》显示，我国 ASD 患者可能超过 1000 万，其中 0～14 岁 ASD 儿童可能超过 200 万。根据全国残疾人普查结果，目前我国 0～6 岁 ASD 儿童超过 100 万，且有逐年上升的趋势，这是一个庞大的需要康复服务的群体。因此，ASD 儿童康复机构需求量很大，医疗康复机构、特殊教育机构、残联系统康复机构的数量及规模远远不能满足这一群体的需求。近年来，政府部门、相关专业人员、社会大众对 ASD 群体的关注越来越多，但仍存在家长重视和相关知识掌握不足、基层早期筛查不及时、初诊年龄过大、接受专业康复干预年龄过晚、康复干预人员专业技能参差不齐等诸多问题。

近年来，我国已经出版了一些 ASD 相关的论著、译著、专业书籍等，但随着 ASD 数量的不断增加，康复需求的日益增长，康复服务团队不断发展壮大，相关专业理论与技术水平不断扩充，广大家长和相关专业人员尤其是基层康复人员更需要系统、全面、科学且实用性强的科普性书籍。面对这一形势和需求，本书编写团队在参阅大量国内外文献资料的基础上，结合国内部分 ASD 儿童康复专家与专业技术骨干多年的临床康复实践经验，编写了针对 ASD 家长和基层康复人员的"中国儿童康复系列丛书"之《孤独症谱系障碍及干预方法》。

本书共五章，第一章主要是认识孤独症谱系障碍，包括概念、发病率、病因、合并症及大众的一些误解问题，与正常儿童的差别及如何早期识别。第二

前言

章是康复干预，着重讲述如何对 ASD 儿童各领域出现的具体障碍进行干预；具体包括如何正确认识 ASD 的康复干预，如何提高 ASD 儿童的交流能力、社会交往能力、认知能力、生活自理能力和精细运动能力，如何管理 ASD 儿童的问题行为。第三章是家长及家庭成员的重要作用，包括家长及家庭成员的作用，家长如何与儿童相处，怎样为孩子营造良好的成长环境，怎样为孩子选择合适的教育机构等。重点围绕家庭及家庭成员应该如何管理和干预 ASD 儿童论述。第四章是如何寻求支持，介绍有哪些资源可供选择和利用，以及怎样有效利用资源，为家长和相关人员提供寻求相关资源的途径。第五章为典型案例，从交流能力、社交能力、认知能力、生活自理能力、问题行为管理等各方面列举具体的案例，指导家长和基层康复人员在遇到这类问题时应如何进行干预。

本书定位为科普图书。主要的读者人群为家长及基层康复专业人员，依据语言精炼流畅、通俗易懂、表述规范、图文并茂的原则，重点突出 ASD 儿童日常活动中各种障碍康复干预的实用性和可行性，尽量做到各章节、各部分内容相互衔接和融会贯通。本书的典型案例按照统一体例，虽是独立章节，但各节与前面的相应章节紧密联系和呼应，更便于读者通篇理解 ASD 的康复干预具体实施方法。本书可作为 ASD 儿童康复专业参考用书，更适合不同层次康复机构、社区、学校以及家庭康复的 ASD 儿童基层康复人员、特殊教育人员等不同专业人员和家长的需求。

本书编者均为我国 ASD 康复机构中长期从事医疗、教学、研究工作的知名专家和经验丰富的专业人员，编写分工如下：第一章，姜志梅、王家勤；第二章，姜志梅、孙彩虹、马丹、贾飞勇、赵宁侠、王峤、郭岚敏；第三章，郭岚敏、钱旭光；第四章，钱旭光；第五章，孙彩虹、马丹、贾飞勇、赵宁侠、王峤。感谢所有参与本书编写的专家、教授和老师；感谢本书副主编郭岚敏副教授、秘书王峤老师协助主编所做的大量工作；特别感谢丛书主编李晓捷教授和唐久来教授在本书编写过程中的指导和审阅。由于目前 ASD 儿童康复的复杂性，编写时间的有限性以及编写人员自身水平和经验的差异，书中难免存在不足之处，敬请读者不吝赐教和批评指正。

姜志梅

2021 年 3 月

目录

第一章 认识孤独症

第一节 了解孤独症 ·2

一、什么是孤独症？ ·2

二、什么原因会造成 ASD？ ·4

三、ASD 儿童多吗？ ·6

四、ASD 是性格孤僻吗？ ·7

五、ASD 是智力低下吗？ ·7

六、ASD 是一种心理疾病吗？ ·8

七、ASD 是精神病吗？ ·9

八、ASD 是听力障碍和聋哑吗？ ·10

九、ASD 是一种遗传疾病吗？ ·10

十、ASD 和多动症有什么区别？ ·11

十一、ASD 常合并哪些疾病？ ·12

十二、ASD 都是天才吗？ ·13

十三、ASD 能治好吗？ ·14

第二节 ASD 儿童与正常儿童有哪些不同 ·15

一、社会交往 ·15

二、交流 ·20

三、行为 ·23

四、情绪情感 ·26

　　　　五、游戏 ·27

　　　　六、生活自理 ·28

　　　　七、感知觉 ·29

　　　　八、认知 ·31

　　　　九、特殊技能 ·32

　第三节　如何尽早识别 ASD ·33

　　　　一、ASD 早期有哪些异常表现？ ·33

　　　　二、早期出现异常表现应该到哪里去看医生 ·36

第二章　康复干预

　第一节　正确认识孤独症的康复干预 ·38

　　　　一、为什么开始康复干预前要对 ASD 儿童进行评估 ·38

　　　　二、如何选择专业机构进行评估 ·40

　　　　三、康复干预对孤独症有什么作用 ·42

　　　　四、对 ASD 儿童的哪些方面进行康复干预 ·42

　　　　五、什么时候开始康复干预 ·43

　　　　六、康复干预要持续多长时间 ·44

　　　　七、如何选择干预方法 ·44

　　　　八、如何选择合适的康复机构 ·46

　　　　九、融合教育是不是越早越好 ·47

　　　　十、是否可以再生一个孩子 ·47

　　　　十一、家庭与社会分别应该为大龄 ASD 患者的就业做些什么 ·48

　　　　十二、家长对康复干预的常见误区有哪些 ·49

第二节　如何提高 ASD 儿童的交流能力　·52

一、如何提高 ASD 儿童非口语沟通能力　·52

二、如何帮助无口语的 ASD 儿童发音说话　·54

三、如何帮助 ASD 儿童使用其他交流方式　·57

四、如何帮助 ASD 儿童发展主动语言　·61

五、如何帮助 ASD 儿童从仿说变成有意义的语言　·64

六、如何帮助 ASD 儿童叙述事情的经过　·65

第三节　如何提高 ASD 儿童的社会交往能力　·67

一、怎样建立依恋情感　·67

二、怎样交朋友　·69

三、怎样帮助他人　·69

四、怎样做游戏　·70

五、怎样寻求帮助　·73

六、怎样理解他人的情绪、情感　·74

七、怎样正确表达自己的想法　·75

八、正确调节和处理情绪的做法　·76

九、怎样认识个人责任　·77

十、怎样遵守社会规范　·78

十一、怎样培养公德心　·79

十二、怎样学习社交礼仪　·80

第四节　如何提高 ASD 儿童的认知能力　·82

一、如何分类　·82

二、如何学习词汇　·84

三、如何学习句子　·86

四、如何认识自己和身边的人　·87

　　　　五、如何理解数字的概念　·88

　　　　六、如何理解日常环境　·89

　　　　七、如何理解时间的概念　·91

　　　　八、如何理解颜色的概念　·93

　　　　九、如何理解空间位置　·94

　　　　十、如何理解因果推理　·96

　　　　十一、如何进行判断和推理　·98

　第五节　如何提高 ASD 儿童的生活自理能力　·100

　　　　一、怎样上厕所　·101

　　　　二、怎样坐下来好好吃饭　·103

　　　　三、怎样做家务　·104

　　　　四、怎样穿脱衣物　·106

　　　　五、怎样洗漱　·108

　　　　六、怎样购物　·110

　　　　七、怎样使用交通工具　·111

　　　　八、怎样使用通讯工具　·112

　　　　九、怎样使用公共设施　·114

　　　　十、怎样外出就餐　·115

　第六节　如何提高 ASD 儿童的精细运动能力　·117

　　　　一、操作物品的基本技能　·117

　　　　二、怎样操作各种玩具　·121

　　　　三、如何绘画　·125

　　　　四、如何书写　·127

　　　　五、怎样做手工　·129

　　　　六、怎样使用文具　·137

第七节　如何管理 ASD 儿童的问题行为　·140

一、如何管理发脾气与攻击性行为？　·140

二、如何管理破坏与乱动他人物品的行为　·141

三、如何管理自伤行为？　·142

四、不怕危险和特殊恐惧的管理　·144

五、好动儿童的管理　·146

六、安静儿童的管理　·147

七、退缩儿童的管理　·148

八、如何管理刻板行为　·149

九、自我刺激行为的管理　·150

十、其他问题行为的管理　·151

第三章　家长及家庭成员的重要作用

第一节　家长及家庭成员的作用　·158

一、家长的心理变化过程　·158

二、家长应怎样看待 ASD　·160

三、得知孩子患病后，父母该怎样做　·161

四、家庭其他成员的作用　·162

五、家长及家庭成员对 ASD 儿童未来的影响　·163

六、家长如何与相关专业人员合作　·165

第二节　家长如何与儿童相处　·165

一、怎样引导孩子游戏　·166

二、怎样培养孩子的交流能力　·172

三、怎样培养孩子的社会交往能力 ·175

四、怎样帮助孩子学习生活自理 ·180

五、怎样帮助儿童改善注意力 ·184

六、怎样帮助孩子改善情绪问题 ·187

七、怎样正确处理孩子的问题行为 ·193

第三节　怎样为孩子营造良好的成长环境 ·197

一、营造良好的家庭环境 ·197

二、营造良好的教育环境 ·199

三、营造良好的社会环境 ·203

第四节　怎样为孩子选择合适的教育机构 ·203

一、医疗、康复、教育相结合的机构 ·204

二、普通融合教育 ·205

第四章　如何寻求支持

第一节　有哪些资源可供选择和利用 ·210

一、人力资源 ·210

二、经济资源 ·212

三、政策资源 ·213

四、公益资源 ·215

第二节　怎样有效利用资源 ·217

一、分析现有可利用的资源 ·217

二、合理利用各类资源平台 ·218

三、合理利用资源、避免透支 ·219

四、家庭、社会组织及政府紧密结合 ·219

第五章 典型案例

一、交流能力 ·222

二、社交能力 ·230

三、认知能力 ·234

四、生活自理能力 ·239

五、精细运动能力 ·244

六、问题行为管理 ·251

参考文献 ·259

第一章
认识孤独症

第一节 了解孤独症

一、什么是孤独症？

孤独症谱系障碍（autism spectrum disorder，ASD）俗称孤独症，是以社会交流障碍、兴趣或活动范围狭窄及重复刻板行为为主要特征的儿童早期神经发育障碍性疾病，常共患智力发育障碍、癫痫、睡眠障碍等方面的异常，其预后与病情严重程度、早期语言发育、智力水平及治疗早晚、训练教育等因素有关。ASD儿童外观上看往往无异常，家长及社会群体很难发现，尤其是没有合并智力障碍且运动发育相对正常的儿童，常常直到症状明显或不会说话时才去相关科室就诊，因此严重影响儿童的身心健康，对家庭和社会造成巨大的压力和经济负担。目前全球范围内的ASD儿童发病率出现逐年升高的趋势。

临床上首次描述ASD是在20世纪40年代。1943年，美国医生Kanner发表了第一篇关于ASD的论文，他报道了11例患者，这些患者严重缺乏与他人包括家人的情感交流，有着非常严重的重复刻板行为，不说话或语言显著异常。最初，Kanner报道的这类患者被认为是儿童精神分裂症的一个亚型而未受重视。之后，有关ASD及其相关障碍的名称和诊断标准不断变化。

20世纪40至60年代，又有多位学者描述了与Kanner报道相似的病例，并标以各种各样的名称。当时的国际及美国精神疾病分类与诊断标准（Diagnosis and Statistical Mannual of Mental Disorders-fifth edition，DSM）将这类患者归入儿童分裂样反应类别中。对于ASD的病因学，当时普遍认为是父母养育方式不当造成了 ASD 的发生。Kanner 将 ASD 儿童的父母描述成一群高学历的、事业心很强但又冷漠无情的人，这一观点在当时似乎很少有异议。

20 世纪 60 至 70 年代，Rutter 的研究指出，ASD 的行为是从出生到童年早期的发育障碍所致。在此时期，Lotter 发表了新的 ASD 诊断标准，强调把社会交互作用、言语与交流和重复性活动作为基本标准，并舍弃了 Kanner 诊断标准中关于特殊技能和吸引人的外貌等两项。以后，在 Lotter 标准的基础上，开展了广泛的流行病学调查研究。

20 世纪 80 年代，电影《雨人》的上映，让全世界都知道了 ASD，开始认识到这种疾病是一个全球性的公共健康问题，由此关于 ASD 的研究进入了一个全新阶段。人们开始抛弃所谓父母抚养方式不当的病因假说，从生物学领域探索 ASD 的病因，并在临床表现的识别和临床诊断方面将 ASD 与精神分裂症彻底区分开。Kolvin 的研究表明，ASD 与成年精神病性障碍，尤其是成年精神分裂症没有关系。

1980 年美国出版的《精神疾病诊断与统计手册》（*Diagnosis and Statistical Mannual of Mental Disorders, 3 edition, DSM-3*）首次将童年 ASD 视为一种广泛性发育障碍。之后随着对 ASD 研究的深入，逐步认识到 ASD 是一种在一定遗传因素的作用下，受多种环境因素刺激导致的广泛性发育障碍性疾病。在此认识的基础上，人们对 ASD 开展了从分子遗传到神经免疫、功能影像、神经解剖和神经化学等多方面的研究，试图从这些研究中找到 ASD 的致病原因。但直到目前，仍没有任何一种假说能从根本上完全解释 ASD 的病因。1982 年，南京脑科医院儿童精神病学家陶国泰教授首次报告了 4 例 ASD，引起了国内对 ASD 的关注。《精神疾病诊断与统计手册》第 4 版修订版（DSM-4）、《国际疾病分类》第 10 版、《中国精神障碍诊断与分类标准》第 3 版均将 ASD 归类于广泛性发育障碍。

最新版的 DSM-5 对 ASD 进行了重新定义，将 ASD 在 DSM-4 中的三个主要的临床表现合并为两个，即 ASD 主要表现为持续的社会交流、社会交往缺失及限制性的、重复的行为模式，并且临床表现发生在 3 岁之前。ASD 包含 DSM-4 中四种独立的障碍：典型孤独症（autistic disorder）、阿斯伯格综合征（Asperger's syndrome, AS）、其他待分类的广泛发育障碍（pervasive developmental disordernot otherwise specified，PDD-NOS）及童年瓦解性障碍（childhood disintegrative disorder）。先前独立的四种障碍实际是一种障碍在两大核心特征方面不同程度的表现。

二、什么原因会造成ASD？

虽然ASD的病因还不完全清楚，但目前的多数研究表明，某些危险因素可能与ASD的发病相关。ASD的危险因素可以归纳为遗传、感染与免疫以及孕期理化因素刺激等方面，归结起来是基因变异和不良环境共同作用的结果，特别是基因新生突变可能是ASD发病的主要因素。

（一）遗传因素

遗传因素在ASD的发病中起到了极其重要的作用，但具体的遗传方式还不明了。双生子研究显示，ASD在单卵双生子中的共同患病率高达61%～90%，而异卵双生子的基因有一半相同，患病概率也高达5%～10%；在兄弟姊妹之间的再患病率为3.0%～5.0%。已有报道ASD二胎再患率约为20%。目前已经明确的ASD高危因素包括：一是有患ASD的兄弟姐妹；二是有精神分裂、情绪障碍或者其他精神及行为问题的家族史者。这些现象提示ASD是和基因明显相关的，存在遗传倾向性。

1. **性别、染色体与ASD** 流行病学研究显示ASD男性多于女性，约为女性的4倍，提示ASD的发病与性染色体遗传有关。研究显示，某些染色体异常可能导致ASD的发生。目前已知的相关染色体有7q、22q13、2q37、18q、Xp；某些性染色体异常也会出现ASD的表现，如47、XYY及45、X/46、XY嵌合体等。较常见的表现出ASD症状的染色体病有4种：脆性X染色体综合征、结节性硬化症、15q双倍体和苯丙酮尿症。

2. **基因与ASD** 每年均有新的关于ASD候选基因的报道。近年来新报道的ASD候选基因有CEUREXINL、SLC25A12、JARDIC、Pax6。另有研究报道，在汉族ASD患者中，NRP2基因存在遗传多态性。预计采用大规模的外显子测序将可发现近 1000 个 ASD 的致病候选基因。在筛查到的这些 ASD 相关单基因新发突变中，CHD8 突变频率最高，且具有重复性，是一个重要的 ASD 致病基因。

（二）理化因素

研究表明，ASD 儿童围生期的各种并发症，如产伤、宫内窒息、脑损伤等较正常对照组明显增多。有报道称，高达 44% 的 ASD 儿童母亲孕期存在紧张、焦虑、抑郁等不良情绪，而这些负性情绪可导致母体应激性激素的分泌增加，如肾上腺素等，这些激素可通过胎盘直接影响胎儿激素水平或引起胎盘血管收缩，从而影响胎儿脑部血流量，对胎儿大脑造成一定影响。

孕妇暴露于二手烟环境里导致胎儿脑部缺氧，可影响胎儿大脑发育。受孕早期孕妇若有反应停和丙戊酸盐类抗癫痫类药物的用药史及酗酒等，可导致子代患 ASD 的概率增加。根据这些研究，对怀孕 12.5 天的大鼠一次性高剂量腹腔注射丙戊酸钠，其子代鼠出现类似 ASD 的行为学表现。

熊超等对近十几年来国内外相关文献进行 Meta 分析显示，母亲孕期阴道出血、早产、过期产、剖宫产、新生儿缺氧或窒息、新生儿黄疸等危险因素可能与 ASD 的发生存在一定关系。但是，这些孕产期及围生期危险因素很可能是导致 ASD 发生的辅助因素之一，而不是独立致病因素。

（三）感染和免疫因素

早在 20 世纪 70 年代末就有研究发现，孕妇病毒感染后，其子代患 ASD 的概率增加。后来有多个研究均提示，早孕期感染与 ASD 的发生可能有一定的关系。目前已知的相关病原体有包括风疹病毒、巨细胞病毒、水痘 - 带状疱疹病毒、单纯疱疹病毒、梅毒螺旋体和弓形虫等。目前推测，这些病原体产生的抗体，由胎盘进入胎儿体内，与胎儿正在发育的神经系统发生交叉免疫反应，影响了胎儿神经系统的正常发育，从而导致 ASD 的发生。

许多研究发现，ASD 儿童血免疫细胞的数量异常和分布异常，导致了免疫细胞分泌及免疫炎性物质的变化。有学者认为自身免疫反应参与了 ASD 的发病过程，同时提示 ASD 可能是一种慢性炎症性疾病。Enstrom 等发现与对照组相比，ASD儿童的单核细胞分泌IL（interleukin）-1β增多，在启动局部和系统的炎症反应中起重要作用。IL-1β通过刺激下丘脑表达引起神经内分泌的变化，诱导神经祖细胞增殖；同时IL-1β水平增高可导致儿童脑部局部形态学改变。还有研究发现ASD儿童血浆及大脑组织中的IL-6水平异常，通过损伤大脑的神经解剖学结构和神经元的可塑性，导致ASD样行为的产生。这些证据表明ASD患者存在慢性免疫炎症过程，其中慢性神经炎症过程会对胎儿神经发育产生持久性影响，干扰其神经发育及结构，从而导致ASD特有的行为异常。

（四）神经内分泌和神经递质

ASD可能与多种神经内分泌和神经递质功能失调有关。研究发现ASD患者的单胺系统，如5-羟色胺（5-hydroxytryptamine，5-HT）和儿茶酚胺发育不成熟，松果体-丘脑下部-垂体-肾上腺轴异常，导致5-HT、内啡肽增加，促皮质素（corticotrophin，ACTH）分泌减少。

三、ASD儿童多吗？

以往认为ASD是罕见病，近年来的流行病学调查数据显示，全球范围内儿童ASD的发病率越来越高，患病率呈上升趋势，估计全球患病率在1%左右。但事实上，ASD儿童却是一个不为社会所广泛关注、理解的群体，是个缺乏社会普遍关爱的群体。美国疾病控制中心（centers for disease control and prevention，CDC）报告近期ASD在美国的患病率为14.7/1000，每出生68个儿童就有一个是ASD（2012年数据）。2018年CDC报告ASD的患病率为1/59。由于对象的界定不一，诊断标准不同，非专业人员对ASD的认识水平不同，调查的年龄段不同，调查方法不同，发病率上升等因素，我国目前还没有全国性ASD相关的流行病学研究数据。2014年中国教育学会发布的《中国自闭症儿童发展状况》称，我国ASD患者有可能超过1000万。ASD的患病率男童高于女童，男女比例为3∶1～4∶1，而女童的症状一般较男童严重。

世界卫生组织（World Health Organization，WHO）指出：ASD是目前全球

患病人数增长最快的严重疾病之一，已成为严重影响生存质量和人口健康的重大公共卫生问题之一。为了提高人们对 ASD 的认识，争取早期治疗改善儿童的状况，2007 年 12 月，联合国大会通过决议，从 2008 年起，将每年的 4 月 2 日定为世界孤独症关注日，以提高人们对 ASD 和相关研究与诊断及 ASD 患者的关注。而且不能否认，还有许多 ASD 儿童没有被发现、诊断，更谈不上治疗。中国的 ASD 儿童人数和治疗矫正方面始终面临巨大的挑战。

四、ASD 是性格孤僻吗？

ASD 不是性格孤僻，性格孤僻也不是 ASD。一般来说，ASD 儿童在 3 岁前会有几个明显的特征，如社交障碍、语言障碍、理解障碍、认知障碍等。

性格孤僻的儿童虽然不爱和小朋友玩，但是和家人有亲近感。1 岁以前小宝宝的社交沟通能力大多表现在非语言方面，如用眼神看人，用手指指物是儿童的天性，尤其到了八九个月更能频繁地使用，很多典型 ASD 儿童在出生早期就表现出这些能力的缺乏。

ASD 的核心障碍是社交沟通障碍，因此最早表现出异常的也是社交沟通能力的缺乏和异常。如果婴幼儿在八九个月或 1 岁左右，目光从来不看人；或者到了 1 岁多，虽然听力正常，但叫他的名字无反应；到 2 岁时不仅没有语言表达，连肢体语言也没有，不会指东西给父母看，不会拿他喜欢的东西展示给父母或家人，分享他内心的喜悦；或者儿童特别强烈地喜欢反复做某些固定的动作，如转圈、看圆形的东西，这就要引起家人的高度重视，带儿童及时到医院找专业的医生进行检查和诊断。

五、ASD 是智力低下吗？

儿童出现了 ASD 的表现，家长肯定是非常担忧的。很多家长由于对 ASD 认识不够，所以常常会出现这样那样的误解。很多家长认为儿童出现了 ASD 表现就等于是智力低下，其实这种观点并不正确，部分 ASD 儿童的智力其实并不低。

虽然 ASD 儿童中有部分伴有不同程度的智力低下问题，但是 ASD 儿童不等同于一般的智力低下儿童，两者在临床上的表现还是有很多不同的。

首先，两者对刺激的反应不同。智力低下儿童对外界刺激有反应，但比较迟缓，给人以发呆、迟钝的感觉，愿意学，但学不会；而 ASD 儿童对多数刺激无动于衷，而对有的刺激则反应敏锐，甚至为健康儿童所不及，能学会，却不愿意学。

其次，婴幼儿早期症状不同。智力低下儿童首先出现运动发育落后；而大多数 ASD 儿童早期发育是正常的，首发缺陷主要表现为缺乏适当的目光对视，对同龄儿童或家长的接近毫无反应或反应不适当，对儿童的一般玩具不感兴趣，而对某些无生命的、单调机械的物品（如一根绳子、一块瓦片、一个线头等）却非常依恋。

再次，兴趣与行为模式不同。两者虽然都常有兴趣缺乏、行为刻板的特点，但智力低下儿童一般不排斥同龄儿童感兴趣的游戏或玩具；而 ASD 儿童对常规的游戏或玩具缺乏兴趣，或者在玩具的玩法上怪异或奇特。

社会性是 ASD 的核心障碍，少部分与正常儿童智商相当的儿童有很多也不能融入社会，因为他们存在社会交往障碍，不能与人建立正常的人际关系。ASD 儿童对语言的感受和表达运用能力都非常低，即使主观上期盼与他人沟通，也无法做到，哪怕是一些很简单的沟通。一部分儿童甚至有情感缺失。而智力低下或者智力发育迟缓的儿童，在感情方面，与人沟通方面有着不错的表现。

最后，就是面容与形体的不同。智力低下儿童常有特殊面容或体态，而 ASD 儿童的面容与正常的儿童没有大的区别。

所以，儿童有 ASD 并不等于儿童的智力低下。

六、ASD 是一种心理疾病吗？

ASD 不是一种心理疾病，但是大部分 ASD 儿童会伴有心理问题，如认知、情绪和行为问题，ASD 儿童对外界表现出的冷漠和畏缩并不是环境心理因素所造成的，且典型症状表现得较早。而生理或心理受过打击（如父母疏忽、虐待、意外、惊吓、长期住院等）的后遗症包括身心虚弱、冷漠、畏缩和智力发育迟缓等，其病因与心理和实际环境因素相关，若能及早发现，治疗效果会较 ASD 儿童更好。

七、ASD 是精神病吗？

ASD 不是精神病。ASD 一般在 2 岁前即有表现，被归类为由于神经系统失调导致的发育障碍，其表现包括不完整的社交能力和交流能力、异常的兴趣和行为模式。ASD 是一种以严重的、广泛的社会交往和交流技能的损害及刻板的行为、兴趣和活动为特征的神经发育障碍，通过后天的特殊康复教育和早期干预治疗，可以帮助其提高社会适应能力。

精神病也称精神分裂症，多起病于青壮年，而 5 岁内少见，其病因未明，表现为基本个性的改变。精神病的主要特点如下。

1. 性格改变　性格变得与平时不一样，比如表现孤僻，不愿见人，常常发呆或独自发笑，对人冷漠，对事物的兴趣降低，整天疑神疑鬼，情绪多变，无故发脾气或者紧张、恐惧，长期回避社交等。

2. 行为异常　行为作派变化明显或者变得让人不可理解，比如表现为整天不洗脸梳头，生活能力下降，睡眠日夜颠倒，走路爱靠墙根，穿着打扮怪异，不愿做家务，好管闲事，无故摔或者砸毁物品，收藏杂物等。

3. 言语异常　说话的方式方法变得不正常，比如自己和自己说话，无故大吵大闹，说的话深奥难懂，或者不符合逻辑，或者前言不搭后语，说背后有人议论自己，窗外有人说自己的坏话，广播电视节目是专门针对自己的等。

精神病病程多迁延，反复发作，部分儿童发生精神活动衰退和不同程度的社会功能缺损。大部分患儿属慢性起病，学习成绩下降，对人冷淡，与人疏远，对外界事物不感兴趣，对家人不知关心照顾，生活懒散，敏感多疑，性格改变等。部分儿童可有失眠、头痛、头晕、无力、情绪不稳等不适症状。部分儿童可急性起病，临床上多表现为突然兴奋、冲动，言语凌乱，行为紊乱，片断幻觉和妄想。

八、ASD 是听力障碍和聋哑吗？

ASD 儿童往往对周围的世界视而不见，充耳不闻，仿佛生活在自己的世界中，但他们的听力正常，出现这些表现是因为中枢神经系统的功能障碍使他们失去了对外界正常反应的能力。同时，ASD 儿童除语言交往存在障碍外，另一个特征是不能运用手势、眼神、表情等其他交流方式、工具与他人进行交流与交往，因此不是真正的聋哑。

聋哑儿童是因为听觉系统受损，失去用语言表达的能力，但沟通交往能力往往是正常的，虽然听不见，但可以通过佩戴助听器、人工耳蜗，加上勤奋学习，学会使用手语、手指语、简单口语、甚至书面语，用自己的面部表情、眼神、肢体动作和正常人进行交流和沟通，表示自己的喜怒哀乐，不会因此而失去主动观察、了解及与外界交往的兴趣。

听力障碍儿童的早期表现与 ASD 儿童最明显的问题都是语言交流障碍。因此，一些伴有听力障碍的 ASD 儿童的异常行为往往被忽视，加之多数家长更为关注儿童的语言障碍，认为儿童的异常行为会随年龄的增长而好转。有的家长尽管知道儿童的行为问题严重，也不愿意面对事实。因此，往往是听力语言康复训练机构发现伴有 ASD 倾向的听力障碍儿童。2005 年，美国加劳德特大学对听力障碍儿童共患其他障碍的调查研究结果显示，约 39.3% 的听力障碍儿童共患其他障碍，其中 ASD 占 1.6%。

九、ASD 是一种遗传疾病吗？

据 WHO 统计，全球每 20 分钟就有 1 个 ASD 儿童出生，且每年呈 20% 的趋势增长。ASD 问题越来越受到人们关注。ASD 会不会遗传？ASD 发病的原因是什么？

大部分研究认为 ASD 与基因（家族）遗传关系密切。从 1943 年 ASD 被发现到 1970 年，曾经认为 ASD 是父母亲的冷漠教养不当让这些儿童得了 ASD，可是后来的研究彻底否定了这个理论。这些年来研究的焦点集中在染色体、遗传、基因方面，ASD 与基因异常或者基因表达异常有关。家长可以通过学习科普知识了解什么叫基因、基因表达、基因调控。目前的研究热点认为 ASD 与基因是有关系的，有学者已经在 ASD 儿童身上找到了异常的基因，就是说他们的遗传基因跟正常人不一样。有些儿童虽然没有找到异常的基因，但是他的基因表达可能出现了问题，这种基因表达与环境因素是有一定关系的，是因为某种环境影响了这个儿童的基因表达，让这个儿童患有 ASD。所以，目前医学界多数人认为 ASD 是先天性的，而不是后天造成的。

针对遗传因素，家长应该早期预防、早期干预。如果家中老大患有 ASD，老二患有 ASD 的概率是 5%～10%，也就是说老二有 90%～95% 的可能是正常儿童。老二目前 3 个月大，家长就已经注意到了 ASD 的问题，这点非常重要。从现在开始，家长要特别关注儿童的行为，不能忧心忡忡地关注，要非常愉快地跟他互动，跟他沟通，跟他说话，逗他玩，给他看东西，哪怕他真出现一些 ASD 的遗传特征，也会因为家长早期的帮助而摆脱这个问题，他以后就有可能健康成长。

十、ASD 和多动症有什么区别？

大多数 ASD 儿童多动很明显，甚至成为家长关注的核心问题，因而常常被误诊为多动症。多动症是注意缺陷多动障碍（attention deficit and hyperactivity disorder，ADHD）的俗称。ASD 和 ADHD 都是神经发育障碍性疾病。前者具有不同程度的社会交往障碍和交流障碍、行为方式刻板及兴趣狭窄的特点，后者表现为与年龄不相称的注意力易分散，注意广度缩小，不分场合的过度活动，情绪冲动并有认知障碍和学习困难。但是 ADHD 儿童不存在明显的交流障碍和刻板行为，这点可以与 ASD 儿童鉴别。

研究发现，很多 ASD 儿童有不同程度的 ADHD 症状，近十几年来，ASD 合并 ADHD 的情况逐渐受到关注。合并 ADHD 的 ASD 可能只表现 ADHD 的一个症状，如注意力不集中，多动或冲动行为，也可能各种症状同时出现。如果既有 ASD，又有 ADHD，这种儿童较单纯 ASD 儿童功能损害更严重，也会在生活、学习上出现更大的困难。

十一、ASD 常合并哪些疾病？

（一）智力低下

智力低下是由于各种原因导致的 18 岁以前出现的智力显著落后，同时伴有社会适应行为的显著缺陷。以往报道典型 ASD 儿童合并智力低下的比例高达 70%，而目前研究表明 ASD 合并智力低下的比例约为 50%。在 ASD 儿童中，智力水平表现很不一致，少数儿童在正常范围，大多数儿童表现为不同程度的智力障碍。智力正常的 ASD 被称为高功能 ASD。

（二）ADHD

文献报道，ASD 儿童中 ADHD 的比例为 41%～78%，多动、冲动及注意缺陷等 ADHD 的核心症状在 ASD 儿童的发生率也很高，两者的关系非常复杂。部分儿童在确诊 ASD 前，曾被诊断为 ADHD。一方面，ASD 和 ADHD 同时存在时容易引起漏诊、误诊；另一方面也加大了诊断、治疗、养育、康复方面的难度，损害了儿童的学习、社会适应功能。尤其是高功能 ASD 儿童，多动、冲动、注意缺陷的症状对儿童的危害甚至超过了 ASD 本身的症状，在家庭生活和学校学习过程中产生的负面影响更为突出。所以，认识 ASD 儿童是不是同时合并 ADHD 非常重要。

（三）癫痫

ASD 儿童中癫痫的发生率远高于普通人群（1%～2%），可达 11%～39%；同时共患严重智力障碍和运动障碍者发生癫痫的比例高达 42%。可以发生各种类型的癫痫，发病年龄更早，以局限性发作较为常见。由于儿童的临床表现不典型，很容易和 ASD 的重复性行为、刻板动作等非癫痫性发作混淆，应该予以区别。难治性癫痫的比例更高。ASD 的癫痫发作可以发生在任何年龄，但是有两个高发时期，即学龄前期（5岁前）和青春期。多数儿童脑电图异常，而且脑电图异常在合并精神行为倒退的儿童更多见。ASD合并癫痫时，ASD的症状更严重，智力障碍更突出，运动发育问题和行为问题症状更常见，适应不良更明显。

（四）睡眠障碍

引起ASD儿童睡眠障碍的原因包括调节日间节律的有关基因突变、癫痫或发作性疾病、焦虑、脑内褪黑素水平低下等。50%~80%的ASD儿童有一种或多种慢性睡眠问题，比如日夜睡眠节律紊乱、入睡困难、半夜长时间夜醒、过度早起等。由于夜间休息不好，儿童常有日间疲劳、刻板行为、交流困难、多动、易激惹、攻击和注意缺陷等行为问题，这些都影响ASD儿童的学习和整体生活质量。

（五）营养和饮食行为问题

调查发现，ASD儿童摄入新鲜蔬菜、水果少，加上ASD儿童的兴趣狭窄、重复刻板行为，表现在饮食上，婴儿期可出现喂养困难，稍大些的儿童则挑食（如挑餐具、挑颜色），只吃某些食物，拒绝以前没有吃过的食物，吃饭特别慢，需要家长喂，含在口中不咀嚼，不会用餐具等。造成这种情况的原因很多，如儿童感觉反应过敏或辨别能力差、行为固执、口腔功能、认知能力及刻板行为、饮食安排、家长的态度等。较多ASD儿童摄入多种维生素和其他营养素不足，外周血营养素水平异常。营养不良、超重和肥胖等情况在ASD儿童中均可以见到，且随着年龄的增加，超重和肥胖的风险明显增加。ASD儿童还可以合并其他问题，如胃肠道问题、易激惹和行为情绪问题、焦虑障碍问题等。

十二、ASD都是天才吗？

天才往往让人羡慕，他们似乎天生就有远远超过常人的智力和精力。爱因斯坦一生的成就恐怕是一百个普通人加在一起也比不上的，人们已无法简单地用认真或勤奋来解释他的成就，只能感叹上帝不公，给他如此聪明的大脑。然而，如果换个角度看，就会发现，上帝其实是公平的，他对那些天才不但不偏爱，有时甚至显得有些残忍。在天才们耀眼的光环后面，常常有很多不为人知的不幸。比如，爱因斯坦、牛顿、贝多芬、梵高等很多伟大的科学家和文学家都有相似的 ASD 症状，也正是这些 ASD 天才的出现，让更多的人误以为 ASD 的儿童都是智力超群的天才，他们只是活在自己的世界里不与人交流。然而，大家并不知道，这些天才只是大量 ASD 儿童中的极少部分。

很多人通过电视、电影了解了一点关于 ASD 的知识，以为 ASD 儿童都是天才。ASD 多发病于婴幼儿，常见症状是人际交往和情感交流障碍，之所以称之为 ASD 大概也是因为如此。这些儿童不喜欢通过语言来表达自己的感受，喜欢孤独。或许很多熟知的天才和他们有点像，其实这种说法是错误的。因为人们还没有从根本上了解这个疾病，它是一种神经发育障碍性疾病，而不是单纯的心理疾病。ASD 儿童由于在社交方面存在缺陷，有可能对其他事物特别敏感，如数字，图片等。但并不是所有的 ASD 儿童在某些方面都具有特殊的才能，有些还可能有智力障碍。他们有自己的世界，有古怪的智力行为，但他们并非就是天才。学者西蒙提出的心智理论认为，ASD 的病因是大脑社交性区域出现问题，从而导致同理心缺失，不懂得自我认知与认知他人。

十三、ASD 能治好吗？

文献报道部分 ASD 儿童是可以痊愈的。一些轻型病例（尤其是早期发现的病例）经过干预得到恢复，无论在理论上还是实践中都是可以预期的效果。早期发现、早期干预、高功能状态、行为干预、家庭积极参与等因素是实现 ASD 痊愈的有利因素。实践证明，经过早期正确地、坚持不懈地干预，许多 ASD 儿童是能够融入社会、自立生活的。

ASD 儿童缺乏正常的语言沟通和社会交往能力。迄今为止，仍然没有任何治疗 ASD 的特效药，药物只能起辅助作用。目前，没有任何针对病因学的治疗方法，也没有明确的数据表明哪种方法优于其他方法。治疗无奇迹，且治疗必须缓慢而稳定地进行。

　　针对儿童的社会交往、实用语言的运用及行为控制等康复干预方法，能帮助儿童较好地融入其他儿童的社交圈子，学习正确的语言表达和行为规则。

（王家勤）

第二节　ASD 儿童与正常儿童有哪些不同

　　儿童 ASD 起病于 3 岁前，其中约 2/3 的儿童出生后逐渐起病，约 1/3 的儿童经历了 1~2 年正常发育后退行性起病。在儿童发育的不同时期临床表现有所不同。

一、社会交往

　　ASD 儿童的核心表现是社会交往障碍。社会交往障碍是儿童被诊断为 ASD 的一个主要依据，自然也是家长们最为关心的问题。社会交往障碍在不同的年龄阶段有不同的表现，表现和程度在不同的儿童并非完全相同，但这种障碍可能会伴随患者终生。

　　1. 不同年龄阶段的表现

　　（1）婴儿期：ASD 婴儿并没有太多的异常行为，多表现为正常婴儿应该出现的行为没有按时出现或明显延迟出现。这类能力缺乏主要包括不看、不应、不语、不亲、不指及联合注意缺乏。

1）不看：婴儿常回避与他人的目光接触，即使与父母也缺乏持久的目光对视；不注视人脸，不追视移动的人或物品。最终诊断为 ASD 的儿童在 24 月龄时对于人眼部的注视时间仅为正常儿童的一半。

2）不应：对很大声音没有反应；对他人呼唤他（她）的名字时缺少转头或咿呀应答等反应，常常听之不理或者看一眼后马上移开目光。叫名反应不敏感通常是家长较早发现的 ASD 表现之一，不仅可以从正常儿童中识别出 ASD，也可较好地分辨 ASD 与其他发育问题的儿童。

3）不语：多数 ASD 儿童不能像正常婴儿那样咿呀发声，存在语言延迟，家长关注最多的也往往是儿童语言问题。尽管语言发育延迟并非 ASD 诊断的必要条件，但对于语言发育延迟儿童务必要考虑 ASD 的可能性。

4）不亲：不会区分生人和熟人，见到陌生人不会害怕，对父母也不亲近，没有期待被抱起的姿势或抱起时身体僵硬、不愿与人贴近；不会对着亲人笑，常常缺乏对妈妈离开和归来应有的悲伤和喜悦，缺乏正常的依恋情感或出现延迟；不会用目光或动作跟随或寻找妈妈，很少出现正常婴儿常有的分离性焦虑。

5）不指：即缺乏恰当的肢体动作，无法对感兴趣的东西提出请求。不会用手指指向要去的地方，不会挥手表示再见或拍手表示欢迎；不观察和模仿他人的简单动作，如不会模仿父母做类似"躲猫猫""逗逗飞"之类的动作；不会点头表示需要、摇头表示不要、有目的的指向、手势比划等。

6）不当：指不恰当的物品使用及相关的感知觉异常。从 12 月龄起可能会出现对物品的不恰当使用，如将玩具小汽车排成一排，旋转物品并持续注视等。言语不当也应该注意，表现为正常语言出现后语言的倒退，难以听懂、重复、无意义的语言等。

7）共同注意缺乏：共同注意是指个体借助手指指向、眼神等与他人共同关注两者之外的某一物体或者事件，是婴幼儿早期社会认知发展中的一种协调性注意能力。1岁以内的正常婴儿已经具备共同注意能力，共同注意缺陷可能是ASD婴儿最早出现的障碍表现。ASD婴儿不会用手指指向自己感兴趣的物体给他人看，他人指物体给他看也不看，较少用发声、啼哭等行为来吸引父母的注意。

（2）幼儿期：ASD幼儿与正常幼儿的差别非常明显：仍然回避目光接触，呼之常常不理；不会有意识叫"爸爸"或"妈妈"，无语言或仅有无具体指向性、无交流意义的发音或语言；对父母等主要抚养者常不产生依恋，对陌生人缺少应有的恐惧；到陌生环境常常乱跑，不听指令，不怕走丢；缺乏与同龄小朋友交往和玩耍的兴趣，不喜欢参与小朋友的游戏，总是自己独自玩耍，常常不会玩想象性游戏；交往方式和技巧也存在问题，即使在有许多儿童一起玩耍的环境中，也很快就会溜边；有需求时常常拉着他人的手到物品所在的地方，不会用手指指向物品；不会向父母展示或炫耀感兴趣的物品或喜欢吃的食物，完成一项活动时也不会看妈妈（目光参照）；不会按要求指人或物；不能体会他人的感受，不会与他人分享玩具、食物或快乐；不会寻求安慰，不会对他人的身体不适或不愉快表示安慰和关心。

（3）学龄前期：此年龄段的普通儿童通常会与小朋友一起玩游戏，可以与小朋友建立伙伴关系，其社会交往能力有了飞跃性的进步。普通儿童的这种进步使最初发育差距没那么明显的ASD儿童表现出明显的差距。

1）喜欢一个人独自玩耍，不合群：多数ASD儿童对小朋友没有兴趣，明显缺乏与其他儿童交往的意愿；对周围的人和事不关心或缺乏兴趣，缺乏对周围环境的感知与恰当的反应。有的ASD儿童喜欢向小朋友群中凑，但多半是对小朋友手中的某种玩具或物品感兴趣，或对某位小朋友衣服上的小饰物感兴趣；也可能确实是对某位小朋友感兴趣，但这种兴趣非常简单，可能只是去搂抱一下这位小朋友，或者只是看看他（她），也可能只是碰碰小朋友，但出手没深没浅。

2）很难建立伙伴关系，难以建立友谊：ASD儿童通常不会与小朋友进行交往，不知道如何去建立与维系与小朋友之间的关系，即缺乏社会交往技巧。如找小朋友时不是突然拍小朋友一下，就是揪小朋友一下，或突然过去用力搂住小朋友的脖子、挤压小朋友的脸，或者在小朋友的周围跑动、抢玩具，然后自己就走开，好像做这些不是为了找小朋友联系，而只是做一个动作，或者说只存在一个接触的形式，而无接触的内容和目的。ASD儿童常常采用不恰当的方式表达自己对对方的喜欢，缺少互动式的社交行为。

3）不会寻求帮助：对自己能够拿到的物品会自己搬椅子爬上去取，并不寻求帮助。如果无论如何都拿不到，ASD儿童会抓着他人的手示意将他要够取的物品拿下来，多数时候眼睛也不会看着他人。

4）不会遵守规则：4~5岁的学龄前期儿童已经能够运用社会行为规则调控自己的行为。而同龄ASD儿童很难理解社会行为规则这种抽象的概念，更谈不上去遵守，只会按照自己的意愿想做什么就做什么，不参加集体游戏或活动，在超市买东西时可能会直接打开包装吃起来，去卫生间时无论前面排了多长的队伍都会直接冲到最前面等。如果强行要求他遵守纪律或规则，常常会大声尖叫、大发脾气。

5）不会分享：很少与他人分享自己的兴趣、快乐或成就。有的儿童会指出一种或几种引起他们兴趣的特殊事物，但却不让他人来分享那种喜悦；很少分享别人的兴趣，不会向他人炫耀自己喜欢的物品。

（4）学龄期：随着年龄的增长和病情的改善，ASD 儿童对父母、同胞兄弟姐妹可能变得友好而有感情，但仍然不同程度地缺乏与他人主动交往的兴趣和行为。虽然部分儿童愿意与人交往，但交往方式和技巧依然存在问题。他们常常自娱自乐，独来独往，我行我素，不理解也很难学会和遵循一般的社会规则。ASD 儿童区别于普通儿童最突出的标志就是很少问父母问题，尤其是"为什么"之类的问题。

2. 社会交往障碍的类型 Lorna 将 ASD 儿童各种各样的社交障碍表现合并成四种主要类型：孤独的群体、被动的群体、主动但怪异的群体及过分古板、不自然的群体。

（1）孤独的群体：这很可能是幼儿期最为常见的一种社会交往障碍的类型，而且在这个阶段社交障碍表现得最明显。不寻找友谊，回避与别人接触，对别人的打招呼或问话不做反应等 ASD 儿童的典型社会交往障碍表现均会在此型儿童出现。此型儿童把大部分时间花在固定不变和刻板重复的兴趣上，多伴有重度智力障碍。

（2）被动的群体：是一种最不普遍的社会交往障碍形式。此型儿童不回避社会交往，能够接受社交性的亲近，但他们不会主动开始这种社会互动，缺乏正常儿童那种自然和直接感受到的社会技能，沟通和游戏行为显得生硬、刻板重复。与冷漠型的 ASD 儿童相比，此型儿童讲话多些，刻板重复动作少些，发育水平较高。此型儿童的行为问题较少，容易照管，愿意听从别人的安排。在过家家的游戏中此型儿童常常扮演一个乖宝宝；而当游戏改变时，此型儿童可能会被晾在一边，因为没有适合他的角色。

（3）主动但怪异的群体：此型儿童会主动接近别人，但接近的常常是家长、照料他的人而不是同龄人，对同龄儿童可能不予理睬或表现出攻击性行为。接近他人的方式和特点有些怪异并且不适宜，会以一种奇特、单方面的形式提出需求，或者反复提到自己关切的事情，如重复问一些问题，谈话时集中于他们自己感兴趣的方面，不适宜地触摸交谈者，对别人的兴趣和感觉置之不顾，不善于察言观色，这种交谈方式往往难以维持和继续。

（4）古板、不自然的群体：古板、不自然的行为常常在青春期和成年之后才能看得到，出现在那些功能最高、语言水平良好的青年人和成人。他们的行为过分彬彬有礼、过分古板，如对家人彬彬有礼却态度冷漠，像对陌生人一样。

二、交流

ASD 儿童在语言交流与非语言交流方面存在质的缺陷，其中以言语交流障碍最为突出，通常是儿童到医院就诊的最主要原因，也是家长最为关注的问题。

1. 言语交流障碍 言语交流障碍是 ASD 儿童的重要特征，但并不是 ASD 儿童的必要特征。ASD 儿童可以不存在明显的语言发育迟缓，即无论是否有语言发育迟缓，如果存在社会交往障碍和刻板重复行为并达到一定程度，显著影响了儿童的日常生活，都可以被诊断为 ASD。在语言方面，不同的 ASD 儿童表现各不相同。

（1）ASD 儿童言语交流障碍表现分类：

1）言语发育迟缓或不发育：常常表现为语言发育较同龄儿晚，有些甚至不发育，即没有任何言语或仅有一些听不懂的语言；会说话后言语进步也很慢；有些儿童可有相对正常的言语发育阶段，后又逐渐减少甚至完全消失。有 1/4~1/5 的儿童终生无言语，一辈子都不会说话。

2）言语理解能力不同程度受损：多数儿童确实可能理解一些言语，但仅限于熟悉的物品名称，或者上下文中的简单指令；他们往往只对句子中的一个或两个词做出反应，而对其余的词忽略不计，如听到"去把盒子上面的笔拿来给妈妈"后拿来的可能是盒子。有的儿童根本不能理解口头言语，别人和他说话时，他不会做出反应；有的儿童看上去能理解的程度可能比他们实际理解的多，是因为他们可能通过视觉来获取情景中的提示。即使病情轻的儿童也多从字面上进行理解；对玩笑的反应很差，很少能理解口语中模棱两可的笑话，或者根本不理解；多无法理解幽默、成语、隐喻等。

3）言语形式及内容异常：最大的问题是"语用"障碍，即言语组织和运用能力明显受损，不会适当地用语言沟通。主动言语少，多不会用已经学到的言语表达愿望或描述事件，不会主动提出话题、维持话题，或仅靠其感兴趣的刻板言语进行交流，反复诉说同一件事或纠缠于同一话题；自言自语，答非所问；你、我、他人称代词分辨不清或混用。

ASD儿童存在即刻模仿言语即空洞、鹦鹉学舌式地随声附和，延迟模仿言语即重复以前听到过的词语或短语，刻板重复言语等表现。重复言语常常表现为重复一个句子的最后一个词或最后几个词，可能只是原样模仿其语音和单调。有些儿童可能永远不能跨过模仿言语阶段；而有些儿童则可能取得进步，进入下个阶段，开始说出一些自己创造的词语和短语，会用特定的自创短语来表达固定的含义，但往往存在语法和词义错误。

有的儿童有言语交流但过于简单，可简单地提要求，可回答姓名、年龄等问题；有的儿童也可说比较长的句子，讲起话来滔滔不绝，但不注意讲话对象的反应，互动性比较差。

4）语调、语速、节律、重音等存在异常：大多数ASD儿童的语调常比较平淡、古板、机械，可能是独白式的，或者缺少抑扬顿挫，不能运用语调、语气的变化来辅助交流；音量控制方面也存在问题，可能音量太大，也可能音量太小；常存在语速和节律的问题。

（2）不同年龄ASD儿童的言语交流障碍表现：

1）1岁以后的儿童，不理睬别人说的话，对语言指令没有反应，没有咿呀学语，不说任何单词，对语言反应少，不理别人说的话。

2）2~3岁的儿童，认知和语言有了极大发展，与周围人和环境的互动能力已经建立起来，并具有了一定的沟通和想象能力，情感交流能力进一步增强。在此年龄段，一些ASD儿童的症状也日渐明显，前往医院就诊的儿童也比较多。2~3岁仍不会说话或只是停留在无意识的单音阶段，或者即使会说话但存在语言运用障碍。如说的话没有情感，十分机械，没有与情境相符的表情，只是在讲一件事情，而不是在与家长或他人交谈；没有正常人说话时一问一答、一来一往的互动交流；没有抑扬顿挫的音调、音量、音色变化，讲的话如同木偶；无法通过语音的音调、音量、节奏等表现情绪或感受，也不能在不同的情境中使用不同的音调、音量等；常自言自语或不分场合、不切实际地模仿他人曾经讲过的一些语音，不能用正常短语交流；面部表情少，总是一副无喜无忧的淡漠表情。

3）3~4岁的儿童，往往不会应用介词、"在……上"等连接词语，也不能执行简单的含有介词语句的指令，如把玩具放入盒子中、把碗放在桌子上等。相比于同龄的普通儿童，他们更倾向于用姿势、手势而不是语言表示所渴望得到的东西。有语言的儿童，他们所说的语言通常不具有交流的意义，也可能是重复性语言；语言比较匮乏，通常不能说出5个以上物品的名称。

4）4~5岁的学龄前期儿童，语言正处于从外部语言向内部语言过渡阶段，常常会用自言自语的方式将自己内心的想法外化出来。而同龄ASD儿童的自言自语与正常儿童的不同，他们自言自语的通常是他们感兴趣的某些字词或某句话，多半是些零散的字词或片句，很少有连贯性或逻辑性的内容，如电视剧中的某些台词、广告语等。吐字不清晰或吐字清晰但声音非常小、非常轻，让他人很难明白他（她）所表达的意思。有的儿童说话的音调非常奇怪且音调比较单一，类似外国人讲中文的音调，他人常难以理解他说话的内容。

5）5~6岁的儿童，部分儿童甚至终生无语言表达能力。语音、语法及语义均有异常现象，语言运用技能有严重缺陷。由于儿童不能理解词汇的意义，因此，虽储备了大量的词汇，却不能在生活中使用。对较为复杂和抽象语言的理解和表达存在障碍，不能围绕一个主题进行交谈，改变和维持谈话主题都有巨大的困难，不懂谜语和幽默，不懂使用比喻的语言。

2. 非言语交流障碍 ASD儿童在理解和使用非言语交流方面存在同样多的困难。常拉着别人的手伸向他想要的物品，或用尖叫、蹦跳引起他人的注意，多不会用点头、摇头及手势、肢体动作、面部表情、眼神等非语言交流方式表达想法和内心感受，表情比较单一，也不能理解他人的姿势、面部表情等的意义。随着时间的推移，也会对一些简单、明了的手势和表情有所了解。

三、行为

ASD儿童的另一个核心表现是兴趣狭窄和重复刻板行为，这是ASD儿童最特别的地方。不同的ASD儿童的具体行为表现不尽相同，同一个ASD儿童的某个固定兴趣和刻板行为可能存在相当长的一段时间，也可能随着年龄增长而发生变化。

1. 兴趣狭窄和重复刻板行为分类 ASD儿童的兴趣狭窄和重复刻板行为的共同特征为狭窄、重复、刻板、仪式性，种类非常多，无法全部列举，可总结归纳为三类。

(1) 对物体施加的重复、刻板和仪式性行为：

> 1）对物体施加的重复、刻板行为：对非生命物品可能产生强烈依恋，如瓶、盒、绳等都有可能让儿童爱不释手，随时携带；旋转圆形的物品，如球、玩具车轮、盘子、碗等；排列物品，如笔、盒子、鞋子、饮料瓶、化妆品的瓶子、玩具小汽车、积木等，可能无规律排列，也可能按照某种规律如颜色、形状或统一方向排列；反复开关门、窗、抽屉或电器开关；长时间观看自动门、转门、风扇或其他转动的物体；反复坐电梯。
>
> 2）仪式性行为：常坚持用同一种方式做事，拒绝日常生活规律或环境的变化，如坚持走一条固定路线，坚持把物品放在固定位置，拒绝换其他衣服，即使脏了也不肯换洗；只吃少数几种食物；反复看同一个电视广告，看天气预报、新闻联播的片头或片尾、动画片、各类球赛；反复唱同一首歌、背一段广告词或听某种单调重复的声音等；手中常拿着某个物品，甚至吃饭、走路、睡觉时也不肯放下，如笔、纸、毛巾、绳、树叶、卡片、小瓶子等；过分沉迷于搜集或摆弄某些物品，如塑料袋、广告纸、键盘、牙膏等；尽管看不懂，仍一页一页地翻书；反复闻物品，如非常喜欢闻别人用过的毛巾或别人的手；反复触摸光滑的物体表面等；还可能对物体的气味、质地等非主要、无功能的特性有特殊兴趣。

(2) 身体动作的重复和刻板：常重复蹦跳、拍手、将手放在眼前晃动和凝视、挥舞手臂、上下跳跃、摇晃身体、转头；无聊时玩手，兴奋性挥舞或晃动双手，扮鬼脸；原地转圈或绕着圈跑；用脚尖走路，带有一种古怪的弹跳步态；在楼梯上跑上跑下或在平地上来回跑动。当儿童不安、愤怒、兴奋或注意力高度集中于某个物品时，这些动作最为明显；而如果在做某种建设性活动时，这些动作会减少或不会出现。

尽管各种程度的ASD儿童都会有这类行为，相对来说，在严重ASD儿童中这类行为更常见、存在时间较长，往往占据了儿童日常生活的大量时间，对儿童的影响比较严重。

（3）重复学习行为和强迫性思维：有些ASD儿童喜欢研究国旗、地图、汽车、空调等；对汽车车标、商标等标志感兴趣；有些ASD儿童喜欢问与科学、生物、自然等相关的问题，开始给人以聪明的印象，但反复多次后就让人厌烦了；有些儿童对停车场自动抬杆、下水道井口等感兴趣。这类重复刻板行为多见于轻度ASD儿童。

2. ASD儿童兴趣狭窄和重复刻板行为的早期表现　在婴儿期，有的婴儿特别安静，整天静静地躺着，不主动表示"渴"或者"饿"，并且随着月龄的增加仍然反应极少；有的婴儿日夜不断尖叫、啼哭，这些婴儿不喜欢任何干扰，如换尿布、穿衣服和洗澡等；有的婴儿会对灯光，或者任何发光、闪烁或旋转的东西产生强烈的兴趣；有的婴儿在生长发育过程中，似乎对能够吸引其他婴儿的事物都不感兴趣；儿童不会从童车上探出身子，非常好奇地注视人群、动物或者周围的景色，也不会借助手指指点或者视线接触来引起母亲或他人对这些事物的注意。

无论在出生的第一年有没有表现，到了ASD儿童能够行走时，患儿的行为特征会变得更加明显，爱发脾气并且出现对自己或他人撕咬、抓挠或者其他攻击性举动。

3. 其他行为表现　由于ASD儿童发育水平受限，难以接受改变，有些儿童不恰当的、难以理解和难以解决的行为非常常见。常常破坏与乱动他人的物品，如一旦学会撕纸，会觉得什么纸张都可以撕，包括书籍、墙纸等；会用硬的东西砸破灯泡、地板等；会将排泄物抹上墙甚至装进餐具里；乱翻东西，把东西扔得到处都是，从不收拾。

各种程度的ASD儿童都可能出现自伤行为，其中程度最重、持续时间最长的自伤行为大多发生于重度ASD，其表现形式为咬、挠、撞头等。食物反流、重复咀嚼、自行引发呕吐，用手指抠口腔、鼻腔、耳朵等行为，也可以归类为自伤行为。

四、情绪情感

1. ASD 儿童的情绪情感特点

（1）ASD 儿童的情绪特点：情绪体验简单，高级情绪出现很晚，而且浅表、短暂；情绪不易控制，爆发频繁，程度激烈，表达方式简单；情绪并非针对具体的人和事情，具有弥散性，多数是短暂的应激反应，不能转化为持久的心境和情感；多数情绪变化由低级的生理功能引起，与心理感受无关；常难以表达自己的情绪，无法解读他人的情绪，与他人之间没有情绪共鸣，即使他们感受到了他人的情绪，也无法与自己的感受连接，更难以进行情感分享。

（2）ASD 儿童情感建立和维系的特点：

1）常不能理解自己和他人的关系，不会站在对方的角度考虑问题。即使有语言表达能力的高功能 ASD 儿童也多无法理解深层含义，更不理解言外之意。能进行语言互动的儿童可维持对话，但内容多以表达自己感兴趣的话题为主，并不在意他人的反应，行为举止也不会顾虑他人的感受、他人的反应。

2）ASD 青少年会试图建立与他人之间的情感沟通，但是，当对方不能获得平等的情绪表达和情感满足时，交流往往会中断。如果对方只出于责任或者利益来维系与 ASD 儿童的情感交往关系，那么这不是真正意义上的情感交流。

3）缺乏情感调节能力：ASD 儿童在情感沟通时不会感受他人微妙的情绪变化，也不会根据他人的情绪决定自己的做法和反应。没有感情的参与，虽然 ASD 儿童可以成功融入社交模式，但仍然缺少了重要的东西——交往动机和快乐体验。

2. ASD 儿童情绪情感的主要表现

（1）缺乏对亲人的依恋感：对妈妈或主要抚养者不产生依恋，分离后也不寻找；面部表情不丰富，总是一副无喜无忧的淡漠表情，对陌生人缺少应有的恐惧；许多儿童不理解自己或他人的喜怒哀惧惊、羡慕嫉妒恨；缺少对亲人或其他小朋友情景交融的快乐体会，在被逗引时不会发声或很少笑。

（2）不在意他人的感受：不能体会也不会在意他人的感受，很难产生对他人的体恤、对他人心理活动的揣摩，且缺乏对他人表情意义的领悟、对自己及他人行为的评判等。也有一些ASD儿童会对某些人的感受有反应，但也仅限于父母、其他照顾者等与他们长时间在一起的人。而且，在意的只是比较简单的高兴或生气两种情绪，难以理解和感受怜悯、羞愧、悔恨等较为复杂的高级社会化情感。

（3）自我意识薄弱：4～5岁的普通学龄前期儿童开始能体验到自己的心理活动、情绪情感和行为反应，有了一定的自我意识。而同年龄的ASD儿童的自我意识非常薄弱，他们很难意识到自己作为个体的独立存在。很少用"我"这个代词来描述与自己相关的信息，如当儿童被问到"这是谁的玩具"时，可能会回答"是某某（儿童自己的名字）的玩具"，而不会把自己的名字转换为"我"。由于对"我"没有意识，在代词使用时常常会出现"我、你、他"不分的情况，如问儿童"你吃苹果吗"，他（她）可能会说"你吃苹果"，实际他（她）的意思是"我吃苹果"。

（4）自制力较差：普通学龄前期儿童能以他人的要求控制自己的行为，自制能力开始发展；而同龄ASD儿童则缺少自制能力，当愿望得不到满足时、喜欢的活动被中断或任务不能完成时就会激烈地发脾气，大声哭闹而且持续时间较长。

五、游戏

游戏是大多数儿童喜欢的活动，玩具是儿童在游戏中不可缺少的组成部分，可以给儿童带来快乐。而ASD儿童不能进行正常的游戏，对正常儿童喜欢的玩具不感兴趣，不会像正常儿童一样玩与自己年龄相当的玩具，缺乏对玩具的正确运用，常不厌其烦地重复单一动作，自娱自乐，甚至可以重复玩数个小时，不愿被他人打断。

1. ASD 儿童的游戏特点　ASD 儿童的游戏一般多停留在练习性游戏阶段；进行游戏时，多是自己玩自己的，不会模仿他人，玩法没有变化，不会与其他同伴分享、轮流或追逐游戏，对于合作性游戏缺乏兴趣，常常拒绝参加集体游戏；很少出现自发的象征性游戏；不能进行互动游戏；不能理解和进行假扮游戏或角色扮演游戏；不能把日常活动融入游戏中。

2. 不同年龄 ASD 儿童的游戏表现

（1）3~4 岁的 ASD 儿童：如果不喜欢玩具就拆毁，因此，3~4 岁的儿童仍不能和小朋友来往和交朋友，不能进行互动游戏、象征性游戏和角色扮演游戏，不能把日常活动融入游戏中去。

（2）4~5 岁的 ASD 儿童：很少会像正常儿童一样热衷于玩玩具，而且玩玩具的方法非常单一。如果喜欢玩玩具汽车，只是拿起来左看右看，只喜欢用手拨动车轮看车轮转，而不是将汽车来回推动或进行更复杂的玩法。如果玩积木，可能会手中拿着固定的一两块积木不放，也可能将积木搭高或排成长列，但很少将积木与自己的真实生活联系在一起。

（2）5~6 岁的 ASD 儿童：多数儿童的游戏技能停留在相互追逐中，自己无法组织游戏和创新游戏，所玩的游戏也是依从了他们的兴趣点，由成人创设的；在游戏中不会找到自己合适的位置，总是机械地追逐别人或力图让别的小朋友来追逐自己，时间一长，同龄普通儿童会远离他们。

六、生活自理

生活自理包括穿衣服、使用餐具、洗脸、洗手、梳头、刷牙及其他日常生活中的必要事项。正常儿童看到家庭其他成员完成这些活动后，会设法去模仿。在他们长大到足以具备良好的能力时，在父母的照料下他们会开始合作，不久就可以自己完成这些功能。

1. 婴幼儿期　ASD 儿童在 1 岁或 2 岁左右，经常会有抵制家长给他们穿衣、洗脸这样一个阶段。开始时儿童会非常反对给予他的日常照料，并且有可能引发儿童大发脾气。以后，儿童往往习惯被动地接受这些照料。

2~3 岁时，饮食习惯极度单一，只吃几种固定的食物，坚决拒绝接受没吃过的食物。有的幼儿每次进食前一定先用鼻子去闻，不能接受新鲜食物；有的幼儿只吃柔软细腻的食物，很少咀嚼，对于稍稍硬一些的食物可能一直含在口中不咽，或者直接吐掉不吃。ASD 儿童通常不会从直接的体验中学会生活技能，如果能够手把手地引导他们去学习完成某项技能，以及完成技能所必需的动作模式，他们最终会有能力自己照样去做。

2. 学龄前期　3 岁后，ASD 儿童常常不能自己大小便，不喜欢甚至害怕便盆或者抽水马桶，又不听从家长的指令，因此在训练大小便方面非常困难。

4~5 岁的 ASD 儿童表现比较突出的是精细动作发育比较迟缓，或者即使手部能力发育得不错，也很少功能性地使用它。究其原因，还是他们只顾自己身体的舒适，会一味地依赖大人来替他们完成本应该自己完成的事情。

5~6 岁的 ASD 儿童在生活自理技能及精细动作技能方面都有困难，部分 ASD 儿童到了 6 岁还不会用筷子吃饭，不会穿脱衣服，甚至不会用杯子喝水，大便后不会自己清理干净。如果不经过技能训练和生活中的练习，他们就无法具备最基础的生活自理能力。

七、感知觉

感知觉是人类一切认知的基础。ASD 儿童拥有与正常儿童看似相同的感官，感知同一个世界，但是 ASD 儿童感知的世界与正常人群感知的世界可能完全不同。ASD 儿童的感觉异常多数表现为感觉过度敏感，少数表现为感觉迟钝。每个 ASD 儿童的感觉异常各不相同，同一个 ASD 儿童在不同的发育阶段感觉异常也会发生变化。按照感觉分类，ASD 儿童常见的感觉异常主要包括以下情况。

1. 触觉　部分 ASD 儿童对触觉很敏感，不喜欢拥抱或他人触碰他们的身体。有的儿童对某些质地的物品有特殊的偏好，如喜欢摸手巾、光滑的表面、他人的头发等。有特殊的食物偏好，种类有限，甚至部分儿童有异食癖。一些儿童不喜欢对衣物的感觉，尤其是鞋子和袜子。

2. 痛觉 部分ASD儿童表现为对疼痛的反应迟钝，不怕疼、不哭也不寻求安慰，甚至在打针时也不哭。当他自残、自伤时也无痛苦表情。

3. 本体感觉 是指个体感受自己身体部位、运动状态的感觉。有些ASD儿童可以长时间持续转圈而不头晕，有些儿童喜欢摇晃身体，有些儿童喜欢反复搭乘电梯、扶手梯等。

4. 视觉 ASD儿童缺乏目光对视，视觉追踪不良，对正常人感兴趣的物品经常"视而不见"，对正常人不关注的细节却过于执迷。ASD儿童对视觉刺激有特殊偏好，有的可以长时间凝视或斜视某个方向、物体或自己的手，有的儿童会对灯光或任何闪闪发光、闪烁或旋转的东西产生强烈的兴趣，而对周围发生的事视而不见；有的对特殊的视觉角度、光线的闪烁、鲜艳的色彩、某种特定的形状或图案、动态画面等很感兴趣，甚至着迷。有些儿童有很好的视觉记忆能力，眼睛就像照相机一样可以完整细致地将短暂看过的画面留存在记忆中。

ASD儿童可能会沉迷于某些视觉刺激，可能对一些视觉刺激不予理会，也可能对一些视觉刺激感到苦恼。

5. 听觉 ASD儿童经常表现出对周围人的语言"听而不闻"，以致常被家长怀疑有听力问题，被认为是耳聋，多次被家长带去做听力检查但并没有异常。ASD儿童听觉方面的主要问题是部分儿童对不同频率的声音、噪音存在不同程度的听觉过敏或迟钝。

听觉过敏的儿童无法分辨说话的声音、自己的语言、环境中的杂音或噪音的不同，因而无法排除那些不适宜的声音和噪音，对语言的注意力不能保持稳定性。听觉过敏可能会引起行为异常，有些儿童听到不喜欢的声音会表现为大喊大叫、惊恐不安、烦燥、双手捂耳、哭闹、不停地蹦跳等，如听到狗的叫声、吸尘器的声音、鞭炮声、汽车鸣笛声、汽车或摩托车发动时的声音、吹风机的声音、某个人的讲话语调等会捂住耳朵甚至迅速逃走、尖叫啼哭或发脾气、乱扔东西等；害怕听到坐便器冲水的声音而拒绝进卫生间；有的儿童听到小朋友哭会很不耐烦，会立即跑过去打他。

有的ASD儿童可能对很大的声音没有反应，如打雷、身边有重物落地、鞭炮声等，周围的人可能都会吓一跳，但他仿佛没听见，连眼睛都不眨一下，不予理会。不去理会某些声音、痴迷于一些声音、而对另外一些声音感到痛苦，这三种情况有可能在同一 ASD 儿童身上出现。

6. 前庭觉 有些 ASD 儿童前庭觉失调，无法判断自己与物体的方位与距离，重心不稳，难以接住或躲闪抛过来的球；有些儿童不会双脚交替跳，跑起来很难控制自己的速度，有时不会规避风险；动作的力量和舒展性不足，常东倒西歪，学习跳绳、轮滑等技巧性运动比较难，很长时间学不会。

八、认知

一般来说，ASD 儿童运用机械记忆和视觉空间能力来完成活动较容易，如背诵古诗、拼图等能力较强，但在对事物的理解和形成概念等方面有较严重的障碍，理解与运用知识的能力较弱，在学习颜色、点数、生活中钱的运算、假扮游戏、填词造句等方面存在很大困难。

1. 注意 注意的发展水平直接影响儿童认知活动的效果，幼儿期儿童的注意从婴儿的无意注意开始转向有意注意。

ASD 儿童对于那些令他们感兴趣的活动，通常能够在足够长的时间里保持注意集中，注意力集中的时间之长令人吃惊。相反，对于他们兴趣之外的活动或任务，没有目光注视或者目光注视较少，注意力集中的时间很短，可能稍纵即逝，也可能根本没有集中。

ASD 儿童有只对社会环境诸多感觉刺激中的单一刺激（如视觉或听觉）做出反应，而无法对所有刺激同时做出反应等的过度选择现象。在受到监督的情况下，注意力可能会保持长一点时间。但是，一旦撤去监督往往就不去注意，而更多地注意一些无生命的小物品，目光空洞、飘忽、注意力涣散。ASD 儿童特别容易受到无关事物的干扰而分心，注意力差，很难集中精力做某件事，很难调整自己注意的视点，自己和他人的注意力难以聚在相同的对象上，难以体现自己、他人和目标三者之间的关系；或者难以使他人的注意力汇聚到自己所注意的目标上，存在交互性注意力缺陷，注意力不集中，对所学习的内容有分析、综合及类化的困难。

2. 记忆　记忆是儿童积累知识和经验的基本手段，是儿童高级认知形成和发展的基础，是人的整个心理活动的基础条件。记忆的过程是将生活中所见过的、听过的、想过的或做过的事情记在脑中，以后能回忆起来，即能将过去经历的事情在头脑中重新反映出来。

ASD 儿童的记忆特点及记忆模式不同于正常儿童。他们对文字、数字等非社会性材料的记忆功能完整，有正常的视觉和听觉记忆，视觉记忆远远强于听觉记忆，但是对社会性材料的记忆存在缺陷，尤其是表情再认缺陷；记忆模式单一，以机械性记忆为优势记忆，对数字及文字的机械记忆明显增强，缺乏与具体现实生活的联系；不能对表情、面孔等社会性材料进行理解和联想记忆。如有的儿童对城市天气预报及某些城市名字的顺序从不会颠倒，但他们的语言表达、记忆力却特别差；有的儿童会机械地重复和模仿一些无意义的数字，对数字的加减乘除的机械运算、推导及对日历的推算表现出惊人的兴趣；有的儿童记不住幼儿园或班级中小朋友的名字、记不住自己在哪个班级、记不住在幼儿园中吃了什么……他们对身边应该能记住的一些简单事情或曾经反复教过的一些简单词汇也难以记住。

3. 思维　思维是人类特有的一种精神活动，是一种积极的、有目的的活动。人的思维有概念形成、理解和问题解决等重要形式。而概念形成和理解往往带有问题解决的性质。

幼儿期儿童的思维开始发展，幼儿的思维以言语发展为前提，逐渐从直观动作思维转变为具体形象思维并以此为主要形式，抽象逻辑思维开始萌芽。如开始会提出简单的问题，会问"这是什么""那是什么""妈妈怎么了"等。他们不懂得为什么有时候要避免说出真相，因而在任何情况下都缺少编造谎言所需要的语言和思维方面的技能。

九、特殊技能

在 ASD 儿童中约有 1/10 具有超过常人的特殊技能，包括非凡的绘画能力，如很小的时候就能精确地画出透视画；演奏乐器、谱写乐曲；完成冗长的数字计算；识别出某一天是星期几甚至很多年后的某一天是星期几；在非常小的时候就会流利地阅读，但是对阅读内容的理解很差；组装结构性玩具、机械或电器装置；操作计算机等。

（姜志梅）

第三节 如何尽早识别 ASD

一、ASD 早期有哪些异常表现？

由于 ASD 是一个症状学疾病，主要依据临床医生对儿童 ASD 特征行为的观察、家长对行为的描述进行诊断，这就使诊断具有一定的主观性和较大困难。许多医生不能发现幼儿期 ASD 的症状，导致诊断延误，并失去了在关键的早期进行干预的机会。

熟悉 ASD 的早期表现是实现早期识别、转诊、确诊和干预的关键。神经生物学研究证实，年幼大脑具有可塑性，后天恰当和丰富的环境因素可以使有先天发育障碍的 ASD 儿童大脑回归到正常发育轨道。尤其是 2 岁以内的婴幼儿，经过治疗可以改善 ASD 儿童的社交、认知、语言和适应能力。

（一）不看或少看（缺乏对视）

ASD 儿童目光接触异常，对人尤其是对人眼部的注视减少，年幼时即表现出与别人无面对面的目光对视，表情淡漠，缺乏期待父母和他人拥抱、爱抚的表情或姿态，也没有享受到爱抚时的愉快表情，甚至对父母和家人的拥抱、爱抚予以拒绝。分不清亲疏关系，对待亲人与对待其他人都是同样的态度。不能与父母建立正常的依恋关系。与同龄儿童之间也难以建立正常的伙伴关系。例如，在幼儿园里多喜欢独处，不喜欢与同伴一起玩耍；看见一些儿童在一起兴致勃勃地做游戏或玩耍时，没有去观看的兴趣或去参与的愿望。难以融入同龄人之中，有些儿童即使可以和他人对话，但是和他人的对视仍然不正常。

（二）行为不当（刻板动作和兴趣狭窄）

ASD 儿童对于正常儿童所喜欢的游戏、玩具都毫无兴趣，而喜欢或依赖一些非玩具性的物品，如一个废弃的瓶盖，排列或观察转动的电风扇等，并且可以持续注视数十分钟、甚至几个小时而没有厌倦感。刻板行为的最典型表现为重复某些动作，如反复开关门，喜欢转圈跑，喜欢转盖子等。

ASD 儿童对玩具的主要特征不感兴趣，却十分关注非主要特征：固执地要求保持日常活动程序不变，如上床睡觉的时间、所盖的被子都要保持不变，外出时要走相同的路线等。若这些活动被制止或行为模式被改变时，ASD 儿童会表现出明显的不愉快和焦虑情绪，甚至出现反抗行为。儿童可有重复刻板动作，如反复拍手、转圈、敲打、用舌舔墙壁、跺脚、莫名其妙地发笑或不明原因地哭闹等。兴趣狭窄是 ASD 儿童的重要表现之一，比如对广告、天气预报等特定某一类事物异常感兴趣，并且持续数十分钟、几个小时都不厌倦。

（三）不应或少应（叫名没有反应）

ASD 儿童对父母或他人的声音呼唤不应或少应，叫名字不敏感是家长较早发现的 ASD 表现之一。也有证据表明，叫名字反应不敏感不仅可以从健康儿童中识别出 ASD，也可以较好地分辨 ASD 和有其他发育问题的儿童。共同注意是指个体借助手指指向、眼神等与他人共同关注两者之外的某一物体或者事件。在对 ASD 儿童的前瞻性研究中发现，儿童在 14~15 个月龄就可以表现出与共同注意相关的沟通水平下降。所以，共同注意缺陷也是不应和/或少应的表现之一。

（四）不指或少指（缺乏肢体动作和/或语言）

ASD 儿童缺乏恰当的肢体动作和/或语言或表情，不能对感兴趣的东西提出要求。ASD 儿童有可能在 12 个月龄前就表现出肢体的使用频率下降，不能用手势比划表示赞许、同意、否定、拒绝，如不会点头表示需要，或摇头表示不要，更不会在交谈中用手势和表情达到更好的交流目的。

（五）说话迟、不语或少语（语言倒退）

语言与交流障碍是 ASD 的重要症状之一，是大多数家长带儿童就诊的主要原因之一。沉默不语是 ASD 儿童常有的表现，比如两三岁还不会说话。

语言与交流障碍可以表现为多种形式。多数 ASD 儿童有语言发育延迟或障碍，通常在 2 岁和 3 岁时仍然不会说话；或者儿童在正常语言发育之后出现语言倒退，儿童在 2～3 岁以前有表达性语言，但随着年龄增长逐渐减少，甚至完全丧失，或出现言语的倒退，说一些难以听懂、重复、没有任何意义的语言，或终身沉默不语或在极少数情况下使用有限的语言。他们对语言的感受和表达运用能力均存在某种程度的障碍。

综合国内外专家对家长的建议，现总结以下几个重要的早期征兆。

1. 3 个月龄　3 个月龄时被逗弄很少微笑，哺乳时也很少注视妈妈和旁人。

2. 4～6 个月龄　婴儿到了 4～6 个月龄时，没有灿烂的笑容或者高兴的表情；4～6 个月龄时通常开始懂得分辨熟悉与陌生的阶段，却对亲人比较冷淡，不会索取、回应拥抱，对父母离家、回家没有明显的情感应答，甚至叫名字仿佛没听到一样。

3. 9 个月龄　婴儿到了 9 个月龄时，没有和周围人互动的声音、笑容或者面部表情；7～9 个月龄正是宝宝喜欢游戏、互动的阶段，却对无生命的物品比对人更有兴趣，无法理解鬼脸、笑容等面部表情。

4. 12 个月龄　儿童到了 12 个月龄时，对于别人叫他的名字缺乏反应，不会运用手指指向自己感兴趣的东西，会玩装扮游戏，没有婴儿语。1 岁～1 岁半是模仿、学习的最佳时期，却很少模仿，儿童到了 12 个月龄的时候，没有和周围人在姿势上的互动，如指东西，让别人看一个东西，伸手去拿东西或者招手。

5. 16 个月龄　儿童到了 16 个月龄时，没有语言的表述。

6. 24 个月龄　儿童到了 24 个月龄时，没有有意义的两字短语（模仿别人或者重复别人说话）。喜欢独自玩耍，不听从指令，对小朋友爱玩的假装游戏没兴趣或不会玩。

二、早期出现异常表现应该到哪里去看医生

家长如果发现自己的孩子出现上述早期征兆，应该尽早带孩子去正规医院找儿童保健科、发育与行为儿科、儿科、儿童康复科等相关专科的医生做全面检查和评估。如果符合ASD的早期诊断，可以及早开始相关的康复干预。但是也要注意，并不是说有这些征兆，孩子就一定是ASD，还需要专业机构和专业医生的确认。

（王家勤）

第二章
康复干预

第一节

正确认识孤独症的康复干预

一、为什么开始康复干预前要对 ASD 儿童进行评估

首先来谈谈什么是评估。评估是通过收集 ASD 儿童的疾病发生发展过程等相关信息，使用客观的方法，对 ASD 儿童存在哪些功能障碍、存在什么样的功能障碍、功能障碍的轻重、将来的情况、康复干预是否有效等进行有效和准确的判定。在开始康复干预前对 ASD 儿童进行评估具有重要意义。

1. **评估是康复干预的前提和基础**　每个 ASD 儿童的情况都不相同，应选择不同的康复策略、干预措施和方法，仅通过病史和一般临床检查远远不能为康复干预计划的制订提供足够的支撑。全面、科学、系统、准确的评估，有助于寻找和分析限制儿童活动和参与能力的具体因素，随时掌握儿童的病情和功能变化，使康复干预计划的制订更具针对性；对制订更为科学合理的康复干预计划、控制康复干预质量具有指导作用。

2. **评估有助于加强医患沟通**　通过评估，可以加深 ASD 儿童及其家庭对疾病和功能障碍的了解和认识，帮助其确定科学合理的康复干预目标，有助于其增强信心，提高对康复干预的依从性，促使儿童及其家庭主动参与康复干预。

3. **评估可以判断康复干预效果**　康复干预过程至少包括初期评估、中期评估和末期评估，根据儿童的病情、病程等的不同可以有多次中期评估。

（1）初期评估：可以确定影响活动和参与的主要障碍因素，制订合理的康复干预方案，进行有针对性的康复干预。

（2）中期评估：确定康复干预效果，并根据需要调整康复干预方案以进行针对性的康复治疗。

（3）末期评估：对康复干预进行整体效果评估，并对社区康复和家庭康复提出具体目标和干预方案。

4. 评估有助于判断预后　对预后的科学评估可使家长对儿童的总体情况进行准确判断，做好心理准备，以便充分利用各种资源，避免儿童及其家长对康复期望值过高或过低。例如，ASD 儿童的预后受病情严重程度和智力水平影响很大：病情越重，智力越低，预后越差；反之，病情越轻，智力越高，预后越好。通过病情严重程度及智力评估可以对预后进行判断。早期言语交流能力与 ASD 的预后密切相关：早期（5 岁前）或在确诊为 ASD 之前已有较好言语功能者，预后一般较好；而自幼有严重语言障碍，又未得到较好矫正者常预后不佳。通过语言能力评估可以对预后进行判断。

5. 评估有助于分析卫生资源的使用效率

（1）评估可为医疗保险等对功能障碍儿童的康复费用支付提供依据，还可以为政府相关部门制定相应政策提供卫生统计学数据等方面的科学依据。

（2）科学使用现有的康复资源，节省康复费用和达到理想康复效果，是 ASD 儿童家庭、社会及保险管理部门共同的目标，评估可为这些目标的实现提供科学依据。如儿童功能独立性测量量表（WeeFIM）的应用可以实现上述目标，但由于各种原因，WeeFIM 在中国尚未得到广泛应用。

二、如何选择专业机构进行评估

近年来，随着ASD患病率和儿童数量的增加，ASD儿童康复机构如同雨后春笋般出现。选择专业的康复机构，对ASD儿童进行全面、专业化的评估，采取个性化的康复干预方法，融入家庭干预，才能真正帮助到每一名ASD儿童及其家长。由此看来，选择合适的机构进行评估，是专业机构和家庭对ASD儿童进行全面干预和训练的依据。

1. **康复评估由谁实施** 康复评估应由经过培训并取得相应评估资质的专业人员实施；ASD康复机构应有康复评估团队，不具备康复评估条件的机构应与有条件的机构建立合作机制开展康复评估。

2. **应开展哪些康复评估** 必须对ASD儿童进行多侧面评估。既要对儿童可能具有的发育迟缓进行评估，又要对其具有的发育异常进行评估，还要将儿童在个别领域的功能放到其整体功能中去分析。ASD康复机构应能开展包括发育评估、心理评估、孤独症专项评估、心理教育评估和效果评估在内的康复评估。

（1）发育评估：多用于6岁以下，尤其是3岁以下的婴幼儿。可用于发育评估的量表有丹佛发育筛查测验（Denver development screening test，DDST）、盖泽尔发展诊断量表（Gesell development schedules，GDDS）、贝利婴儿发育量表（Bayley scales of infant development，BSID）等。此外，可以根据儿童正常发育里程碑进行发育评估。

（2）心理学评估：主要包括智力发育评估、语言评估、适应能力评估等，这些评估有些不是专门为ASD儿童设计的，但可为康复干预计划的制订提供依据。

（3）孤独症专项评估：目的主要是检查受试儿童是否具有孤独症症状，评估方法主要包括孤独症筛查量表、孤独症诊断量表。美国儿科学会（AAP）早期筛查指南提出的孤独症三级筛查程序包括初级保健筛查、一级筛查和二级筛查。在使用筛查量表时，要充分考虑到可能出现的假阳性或假阴性结果。诊断量表的评估结果也仅作为儿童孤独症诊断的参考依据，不能替代临床医生综合病史、精神检查并依据诊断标准做出的诊断。

（4）心理教育评估量表（psychoeducational profile，PEP-3）：适用年龄为3~7岁，主要评估其在不同发育过程中的能力和行为表现，以供制订训练计划目标。评估方法包括功能发育量表和病理量表两个分量表。前者含95个项目，主要评估的功能领域为模仿、知觉、动作技能、手眼协调、认知表现及口语认知；后者由44个项目组成，用来评估ASD儿童的严重程度，包括感觉模式等5个领域。

（5）效果评估：以上评估方法多数可以通过干预前后的对比分析用于干预效果评估。

需要注意的是，评估方法的种类很多，各有其优缺点，使用时必须谨慎，不可盲目滥用。一次评估反映的只是儿童当时、当地的表现，不能根据一次评估结果预测儿童将来甚至终生的发展情况。

3. 何时开展康复评估　一个康复干预过程至少包括初期评估、中期评估和末期评估。根据儿童的实际情况可能会有多次中期评估。

（1）初期评估：找出影响活动和参与能力的主要影响因素，制订适宜的康复干预计划，进行有针对性的康复干预。

（2）中期评估：确定康复干预效果，并根据需要调整或继续康复干预方案以进行针对性的康复干预。

（3）末期评估：对康复干预进行整体效果评估，并对社区康复和家庭康复提出具体目标和康复干预方案。

还要为 ASD 儿童做好转介前的评估，指导相关机构及密切接触者了解儿童存在的主要问题及优势，为其入园、入学做好充分准备。

三、康复干预对孤独症有什么作用

2015 年 10 月发布的《中国 ASD 儿童发展状况报告》显示，我国孤独症患者可能超过 1000 万，其中 0～14 岁 ASD 儿童可能超过 200 万。虽然孤独症缺乏有效的药物治疗，但早期干预及坚持长期有效的综合康复干预具有重要作用，主要表现在：改善大多数 ASD 儿童在社会交往、沟通交流和行为等方面的核心症状，同时促进儿童认知功能的发展，培养其生活自理和独立生活能力，使部分儿童在成年后具有独立学习、工作和生活的能力，改善生活质量，提高其社会适应能力和回归社会的概率，同时可提高父母应对孤独症问题的技能，改善家长的心理健康状况，减轻家庭和社会负担。

在 ASD 儿童发育成长过程中，ASD 儿童康复服务机构的作用不可替代。在 ASD 儿童康复服务机构中，ASD 儿童可以得到全面、系统的综合康复干预，这是改善 ASD 儿童状况最有效的方法。ASD 儿童康复服务机构不但可以提供机构内的服务，还可以指导家长在社区和家庭进行康复干预。

四、对 ASD 儿童的哪些方面进行康复干预

目前，孤独症的康复干预以康复训练和教育训练为主，其目的在于改善核心症状，需要医学、教育、心理、社会等多学科专业团队共同参与，涉及康复医学、教育心理学、家长指导咨询、社区干预、学校协同/融合教育、抚养机构等诸多环节，最终还需辅以职业培训和就业指导等。

1. 康复干预内容 进行康复干预时应遵循儿童发育规律与发育水平，既不宜过低也不应过多超越儿童的实际发育水平。应以儿童为中心，注重儿童整体功能的发育，即促进发育总体水平的进展，发展包括理解性沟通、表达性沟通在内的功能性和自发性的沟通行为，促进社交技能发展；同时发展模仿、认

知、精细与粗大运动功能，提高生活自理能力、学习能力和游戏技能及对问题行为进行积极的行为支持，确保儿童全面发展。同时，要考虑到环境因素及个人因素对儿童的影响。

2. 早期干预内容 早期干预的重点在于促进儿童社交沟通技能发展，干预内容包括以下几个方面。

（1）改善ASD儿童的核心症状：如社交沟通能力、模仿能力、游戏能力等。

（2）减少或消除问题行为，如自伤、影响儿童健康安全的重复刻板行为等。

（3）促进儿童全面发展：包括精细运动功能、粗大运动功能、生活自理能力等。

（4）处理相关共患病：如胃肠道问题、睡眠问题、注意缺陷多动障碍、攻击行为等。

3. 关于药物治疗 目前，尚缺乏针对儿童孤独症核心症状的药物。药物治疗为辅助性的对症治疗措施。6岁以下儿童以康复干预为主，不推荐使用药物；若行为问题突出且其他干预措施无效时，可以在严格把握适应证或目标症状的前提下谨慎使用药物。6岁以上儿童可根据目标症状，或者共患病影响儿童生活或康复干预的程度适当选择药物。

五、什么时候开始康复干预

发现儿童存在问题或有可疑症状时即应开始干预。对于诊断不明者，可边干预边确诊，以免贻误有效干预时机。需要强调的是，对于ASD儿童，年龄越小，大脑发育的可塑性越大，越早干预效果越好，特别是在幼儿期之前开始干预。已经证明，始于2岁以内的早期干预可以显著改善ASD的预后。对于轻度、智力正常或接近正常的 ASD 儿童，早期发现和早期干预尤为重要。实践表明，早期发现、早期干预是 ASD 儿童康复干预最重要的基本策略。

六、康复干预要持续多长时间

保证每天有康复干预。在专业康复干预机构中接受全天干预的儿童，康复干预的时间应按周安排，且每周不少于 40 小时（含在专业人员指导下的家庭干预等任何情境中进行的康复干预）。对于发育水平低、能力差、病情程度重的儿童一般以个别干预为主；发育水平高、能力好、病情程度轻的儿童一般以小组形式和集体形式的康复干预为主。可根据儿童的实际情况，调整干预时间及频次，以及个别干预时间、小组干预时间、集体干预时间的比例。

干预的整体时间以年计算，早期干预疗程持续 2 年及以上。一般来说，孤独症者需要终生照管。

七、如何选择干预方法

迄今为止，国际上明确提出的 ASD 儿童的干预方法已有上百种，但尚无单一的方法对孤独症完全有效。众多干预方法常使家长和专业人员充满迷惑，难以选择，父母和专业人员面临的真正问题是什么方法可以真正帮助且适合 ASD 儿童。

1. 选择干预方法应遵循哪些原则

（1）应选择配有经过专业培训并取得相应资质的专业人员，且具备开展相应干预方法的设备和场地等硬件条件的机构。

（2）应在对 ASD 儿童进行全面、专业化的评估基础上，根据评估结果精准选择干预方法，既包括针对孤独症核心症状的干预方法，也包括促进儿童身体发育、减少问题行为、提高认知功能、促进生活自理能力、提高学习能力和社会适应能力等方面的干预方法，同时还要注意儿童的身体健康，预防其他疾病。

（3）应以循证实践为导向，选择已经被证实的或正在形成效果的、国内外公认和常用的 ASD 儿童干预方法对其进行系统的康复干预，而对于经研究证明无效的方法则应该摒弃。

（4）为达到最好的康复干预效果，可将所选择的干预方法进行有机融合。

2. 如何评价 ASD 儿童康复干预方法　对任何一种康复干预方法进行评价时要注意以下三方面的问题。

（1）几乎所有的干预方法，除了最为少见的以外，往往或多或少都有一点依据。如听觉统合疗法可降低儿童对声音的过度敏感，但是没有任何客观的证据表明其具有其他的作用。

（2）ASD 儿童或多或少都会经历行为难以处理的阶段，而且可能会突然发展出很多技能。如果儿童正处于顺利的阶段，或者一项新技能刚好与某一种新的干预方法偶然巧合，儿童的进步可能就会归功于它。

（3）成年生活时期的结局，与其先天的能力水平有着密不可分的联系，能力提高的 ASD 儿童只要受到恰当的教育，不管他们接受过何种"干预"，都会有很好的进展。选择能力最高的 ASD 儿童，对他们进行特殊干预的治疗师注定会取得明显的成功。

适当的评价必须由客观的观察者经过认真、仔细、有组织和受控制的检验才能得出，这些观察者不得以任何方式参与对某种干预方法的吹捧。

家长有权利选择并试用任何一种没有潜在危险而且道德上能够接受的干预

方法。但是，他们应当谨防自己的自责、内疚、绝望的感情及要抓住任何一根救命稻草的强烈愿望被人利用。

3. 公认和常用的 ASD 儿童康复干预方法有哪些　为帮助家长和相关专业人员选择真正有效的干预方法，避免资源和人员浪费，向家长、教育家及其他专业人员提供对孤独症患者干预的有效性根据。

目前国内外较公认和常用的康复教育干预方法包括：应用行为分析法、人际关系发展干预、结构化教学法、作业治疗、社交故事、游戏疗法、图片交换沟通系统、早期介入丹佛模式、自然情境教学法、主题活动教学法、心智解读、SCERTS 模式、关键性训练技术等。

另外，还可以采用奥尔夫音乐、沙盘游戏、艺术疗法、多感官等辅助治疗，也可适当选择其他康复医学方法，如语言治疗等，结合多学科、多专业、多领域进行综合性干预。

八、如何选择合适的康复机构

一个专业的康复机构最好应具备合法的办学资质、专业的干预团队、规范的康复流程、科学系统的干预方法、良好的干预环境和稳定的生源等条件。机构中从事孤独症康复干预的专业人员应全部接受过孤独症康复干预的岗前培训并考核合格；人员组成应包括业务管理人员和基本的专业康复干预团队；为儿童提供服务的各类专业人员应具备相应的学历，接受过省级以上专业培训并符合任职要求；对已经开展服务、短期内难以配备符合条件的专业人员的机构，应与具备条件的机构建立合作机制。

首先，家长选择康复机构要对自身的经济情况进行衡量。儿童的治疗不是短期的，不是一两年就可以了，而是终生的。所以要考虑家庭的实际情况，然后再决定选择什么样的模式。其次，应选择开展个别化训练的康复机构。任何有针对性的训练计划和数据的记录都是非常有用的，训练数据会客观地对每个个体进行衡量。家长应了解如何进行数据收集，收集到的数据多久能够被分析一次，教学计划什么时候能够被更新。正规的机构对数据的处理应该具有时效性。最后，还要了解康复干预人员或机构的资历。目前国内的康复机构尚无统一规范的行业制度，但是家长可以对康复干预人员的简历、实际经验、擅长教哪个年龄段的儿童等有大概的了解。

九、融合教育是不是越早越好

家长都十分关心儿童的融合教育，而这也是 ASD 儿童和家长面临的最重要的问题。所有早期干预的最终目标都是将儿童送入主流学校，但是并非越早进行融合越好，也不是每个儿童最终都能去主流学校的。是否选择融合，何时进行融合一定要根据儿童的实际情况，并且结合专业领域内的科学建议。但是，实际情况往往是由于父母融合心切而经常会将能力比较弱的儿童送入融合环境，这样非但不会与普通儿童共同学习，待久了反而会因为环境中过大的压力而越来越差。

十、是否可以再生一个孩子

很多 ASD 儿童的家长都在为是否要二胎而矛盾。因为一胎是孤独症，对家庭心理及经济已经造成了巨大的影响和负担，而且二胎是否还会是孤独症又不明确。家长一方面害怕二胎如果也是 ASD 儿童，那么对这个家庭将会是怎样的打击，父母双方又要承受多重的负担。另一方面家长也抱有侥幸心理，认为二胎是正常儿童的概率也很大，自己和生病的一胎儿童也会有人照顾。这些都是家长进退两难的真实写照。

最新研究表明，孤独症二胎遗传率为 18.7%，一胎是孤独症，二胎孤独症概率要比一胎孤独症概率高很多。可以看出，18.7% 这样一个概率还是非常惊人的。家长要根据家庭情况和自身心理承受力来做出选择。建议家长如果综合考虑之后仍选择要二胎的话，就不要反反复复犹豫不决，因为备孕和怀孕过程中，心理压力过大对胎儿的健康非常不利，既然决定生，就要有充分的心理准备，这样做也是对第二个儿童的健康负责。

十一、家庭与社会分别应该为大龄 ASD 患者的就业做些什么

就业，是所有 ASD 儿童家庭的终极目标，也是最大的梦想。针对大龄 ASD 患者的就业，家庭和社会在其中承担着不同的角色。

1. 家庭　要培养儿童的基本技能、对职业的正确理解、对劳动光荣神圣的认知、会花钱想赚钱的动机等。

（1）就业必须具有前备技能。家长对此必须有从长规划。这个"从长"，必须从小尽量补齐其短板、减少其障碍，发挥其潜能。很难想象，一个连简单指令都听不懂、都不能执行的人能够就业。这不是爱心与接纳的问题，这是能力问题，这是家长必须全心投入、与机构共同努力才能解决的问题，不是向社会一推了之就能解决的问题。

（2）就业必须理解角色关系这一最广泛的社会性。搜寻招聘信息，读懂招聘广告，学会自荐应聘，签订劳务合同，熟悉劳动纪律、就业的全环节流程，即使对认知能力很好的人，也是巨大的考验和挑战。

（3）就业要有足够的动力。能力和动力缺一不可，有能力没动力，不愿干；有动力没能力，干不好。如果不是从小就培养劳动的习惯、有劳才有得的思想、劳动最光荣的荣誉感，他们很难坚持干一件工作。

（4）就业要人尽其岗，选择真正适合他们的工作。只有舒适安心的工作，才不是对他们的摧残。什么样的工作适合大龄 ASD 患者？这方面的研究成果很多，总体而言是因人而异。对人际交往能力要求高、对随机应变能力要求高、工作压力过大、工作环境过于复杂的岗位，不适合他们。求职必须从他们的能力出发，选择能够达到的方式，包括独立出行的交通是否方便，就业后工作中的辅助能否及时恰当跟进等都要考虑。

2. 建立家长互助、社会公益组织支持、政府花钱买服务的共建体系 依靠家长互助组织、社会公益组织、政府有关部门，建立起从模拟就业、庇护性就业、支持性就业到独立工作的一条龙式、全方位支持体系。如开展义工就业辅导模式、日间小作坊模式等，可以鼓励各种机构加入。这样，至少在完成系统干预后有地方可去，他们掌握的技能有地方施展，能够为家庭、社会做些力所能及的事情，部分或全部融入社会，实现其自身价值。

3. 企业或相关机构 有意聘用 ASD 患者的企业或相关机构，应该真心实意地做以下这些事。

> （1）研究大龄 ASD 患者的特点，因人设岗，如让他们从事资料录入等相对简单、重复、枯燥的工作，也许比让他们当门卫更合适。
> （2）适应大龄 ASD 的患者需要，对其工作环境进行改造，如必要的视觉提示系统等。
> （3）在企业内部建立起包容接纳、关爱尊重的企业文化。

4. 家庭、企业、社会支持资源需要有效对接 对于完成了必要职业培训的大龄 ASD 患者，残联等政府部门可以通过组织爱心企业专场等多种形式提供必要的支持。

十二、家长对康复干预的常见误区有哪些

1. 过度纠结于诊断结果 接受诊断结果是一件需要极大心理承受力的事情。很多家长会花大量的时间和精力对儿童进行反复诊断，以至于耽误了最佳干预时期。建议家长一旦发现儿童存在异常或有可疑表现即应开始干预，对于诊断不明者可边干预边确诊，以免贻误有效干预时机。

2. 大量使用感觉统合训练 感觉统合，就是感觉—知觉—认知，是大脑神经无法正常将感官信息整合到一起时，就会带来身体运动、感觉运动的不协

调，医学和心理学上称之为"感觉统合失调"或"感觉处理障碍"。每个 ASD 儿童的感统失调程度各有不同，感觉统合训练对于孤独症的核心问题（社会交流障碍、刻板行为）没有显著疗效，但它能够在一定程度上改善儿童肢体协调有关的技能，因此，切不可盲目大量地依靠感统训练来解决所有问题。在儿童干预计划中加入感统训练应严格根据儿童的具体情况而定，所以感统训练要做多久、怎样做还要视儿童本身感统失调的情况而定。

3. 忽略家长的介入　　因为孤独症的干预是一个长时间的、和环境密切相关的事情。就干预时间来说，有效干预时间是每周 40 小时。一般机构每周可以完成 10 个小时，剩余的时间就需要家长在家完成。在我国治疗师和儿童的比例相差悬殊，如果没有家长的介入或者家庭干预的方法不正确，就会影响儿童的康复干预效果。ASD 儿童的大量训练都需要在自然的环境中进行。家庭环境中存在大量生活场景，对于儿童的语言、认知、社交都有很重要的意义，这个部分几乎是机构相对结构化的环境无法替代的。最重要的是，研究结果显示，经过系统科学的培训，家长完全可以胜任一个干预者的角色。

4. 单独使用一种干预方法　　在儿童的康复干预过程中，要根据每个儿童的不同情况来选择康复治疗方法，而且大多数儿童都同时需要两种或者两种以上方法，过度依赖其中一种都不能达到最佳效果。举例来说，对于家长普遍关心的语言项目，可以使用应用行为分析的方法；该方法分为两类主要的方法，即回合式教学法和自然教学法。回合式教学法的特点是结构化程度高，由教师主导，短时间内大量密集式训练，进步速度快。自然教学法的特点是灵活、泛化，儿童对于教学内容切入情景因此理解深刻。这两种教学方法各有利弊，回合式教学法可以帮助儿童快速累积词汇量、短语和简单句子结构，但自然教学法可以教会儿童在什么情况下说什么。两种方法配合练习，进步自然会比每天只进行 1~2 个小时语言练习的儿童快得多。

5. 着重认知语言忽略社交　　我国主流教育体系中的重认知、轻社交的教育，同时也影响到了 ASD 儿童的教育模式。许多家长非常重视儿童的学业，因为儿童的功课在学校跟不上而焦虑不已，却忽略了 ASD 儿童的社交技能、情绪行为、生活自理能力的提高，以至于儿童到了十几岁还不知道如何进行基本的社交，比如如何在与人交流时保持目光对视，如何引起别人注意，在聊天时如何开始话题，如何维持几轮对话等。如果从小就注重社交训练，可以帮助儿童长大后对环境的适应；因为不管儿童的认知水平发展到多高，只要他处于社会中，哪怕是最简单的工作也需要基本的社交能力。因此在提高儿童认知水平的同时，加强社交训练是儿童通向融合的基础。

6. **问题行为处理不当**　　行为是儿童与外界沟通的一种方式。然而ASD儿童由于在语言及认知能力上的发育迟缓，无法通过语言和正确的沟通方式来表达他们的想法和情绪。此时他们可能会表现出不符合他们年龄或社会规范的行为。教ASD儿童用语言进行沟通，可减少儿童的问题行为。在处理行为问题时有几个常见的误区。第一，发现问题很难处理便暂时搁置，希望随着时间流逝问题行为自然消退。但实际上，如果造成问题行为的原因不变，时间越长越难改变。第二，刚刚实施干预方案的时候发现情况更糟了，于是停止。实际上，这是一种很常见的情况，应该继续干预。第三，断断续续的干预，这样做是极其危险的，会造成问题行为越来越严重，因为问题行为被间隔强化了。第四，没有仔细查找问题行为发生的原因，就随意干预问题行为。这个时候就需要通过功能性行为分析技术来做仔细记录和研究，了解行为发生前后的原因和处理的方法，找到解决问题行为的方法。

7. **过于宠溺儿童**　　由于儿童的特殊性，很多父母尤其是祖父母会在潜意识中对儿童产生负罪感，想补偿儿童，外在表现为对儿童的过分宠溺。但是，结果通常不容乐观。因为ASD儿童的认知与行为本来就与普通儿童不同，宠溺会进一步加重问题行为，导致家长对儿童的管理更加困难。建议在行为管理上，父母应该建立和对待一般儿童一样的标准，行为问题不能讨价还价，因为儿童长大后的现实世界不允许。第二是直接影响到了亲子关系，家长担心对儿童严格要求会破坏亲子关系。临床观察发现，建立规则反而会促进儿童对于家长真正的喜爱，因为规则的生活可以让儿童明白世界不会因为自己的行为而随意变化，从而建立了安全感，并且帮助儿童建立秩序感，更好地融入社会生活。

（姜志梅）

第二节

如何提高 ASD 儿童的交流能力

语言障碍是大多数 ASD 儿童就诊的主要原因之一，无法用语言沟通是阻碍他们融入社会的严重问题。因此，提高 ASD 儿童的语言能力，促进其交流沟通能力的发展，对于 ASD 儿童融入社会具有重要的意义。

一、如何提高 ASD 儿童非口语沟通能力

正常儿童在发展出口头语言之前，已经可以通过很多常用的肢体语言进行沟通，可以很熟练地通过眼神、面部表情、手部动作、身体姿势和发声来表达信息，同时也能很好地理解他人的肢体语言。但 ASD 儿童一般没有这个阶段，所以教 ASD 儿童一些常用的手势及肢体语言，可以增进 ASD 儿童对常用的非口语沟通方法的理解，还可以增强 ASD 儿童对周围人和事物关注的意识，为 ASD 儿童发展口语沟通做好准备。一般可以通过以下几个步骤来帮助 ASD 儿童发展非口语沟通能力。

1. 家长少做一些，让儿童多做一些 ASD 儿童家长常常会因为儿童没有口语，就认为其没有做事的能力，往往会代替儿童做过多的事情，认为这样会更好地帮助儿童，但实际上却是在无意中阻碍了儿童独立性的发展及学习，同时也限制了儿童沟通能力的发展。与其他儿童一样，ASD 儿童也需要学习使用姿势动作、目光接触、面部表情和发声来做出选择、表达需求、分享感情、拒绝不想要的东西等。家长学会适当变得"懒一些"，少做一些，给儿童机会来选择

物品，而不是让儿童随时能拿到所有东西，为儿童创造更多表达需要的机会。例如，当儿童拉家长的手要从沙发下取出来他最喜欢的东西时，家长要做的是拿着这个物品放在自己面前等待，当儿童出现一个细微的肢体动作、一个短暂的目光接触或一个有意识的发声来主动表达想要的东西时，再快速把儿童想要的东西给他。

2. **创造大量的练习机会**　大多数儿童会同时使用发声、手部动作和眼神与他人进行沟通，但ASD儿童倾向于单独使用这些沟通方式。因此，为了让ASD儿童学习有效整合各种肢体语言并进行沟通，需要大量的练习。家长和ASD儿童在一起的每时每刻都可以创造机会进行练习。例如，用手指指物不仅是伸出手，还需要同时使用目光接触、发声、朝他人微笑等，最终使儿童学会使用非言语沟通的方式进行表达。在教ASD儿童手势及肢体语言时，要用身体引导示范，用言语、手势等进行提示；并在提示过程中视儿童完成情况，逐渐减少提示，直到ASD儿童能独立完成为止。常用的手势及含义包括：伸出手臂，掌心向上抬代表起立；招手代表过来等。当儿童理解了手势及肢体语言时，才能更好地发展口语沟通能力。

3. **持之以恒**　在日常的多种社交活动中，家长努力教导儿童使用多种肢体动作并结合目光及面部表情进行沟通和交流，如在打招呼的过程中会看着对方挥挥手，把东西递给他人并看着他人来寻求帮助，学会一些表示"不"的方式等。在上述的常规教学活动中，ASD儿童一开始可能不理解家长想让他们做什么，也会因为家长改变了一贯的做事方式而发脾气或者反抗。此时，可以让儿童很容易地进行选择，得到他想要的东西，从而使教学活动平稳地进行。但一定要持之以恒，让学习进程不断进行。

4. **注意家长自己的位置**　人与人之间在沟通时常常是面对面的，尤其是在培养儿童的目光接触时，家长必须与儿童面对面，而且家长的脸与儿童的脸之间距离不应该太远。与儿童面对面进行交流和沟通也可以让其更明白，要将自己的目光、声音和肢体动作朝向家长而非其他地方。

综上所述，按照上述建议实施教学活动，家长应该能够找到很多可以增加ASD儿童非口语沟通的方法。通过肢体语言、目光注视和面部表情，儿童能够理解他人的想法、情感、要求和兴趣，他人也可以理解儿童的想法和要求，这就是非语言沟通的重要之处。非语言沟通不仅为无口语的儿童提供表达自己的方式，也为语言和言语发展提供了至关重要的基础，并且建立了与他人进行双向沟通的途径。

二、如何帮助无口语的 ASD 儿童发音说话

ASD 儿童的语言能力发展大多比一般儿童慢或易出现异常的情况，无论是语言理解能力，还是运用肢体语言（如表情、动作、手势）的能力，抑或口语表达（如说话）能力都比一般儿童落后。因此，帮助无口语的 ASD 儿童发音说话对提高其沟通和交流能力是至关重要的。

（一）咨询专业口腔医生，排除发音器官病变

家长应首先带无口语的 ASD 儿童咨询专业的口腔医生，排除发音器官的结构异常和器质性病变，只要儿童发音器官没有器质性病变，就一定会发出声音。大多数 ASD 儿童不存在发音器官的器质性病变，但却存在目的性运用障碍。如果 ASD 儿童不会发音是因为存在构音问题，可以通过气息练习、下颌骨稳定性练习、舌灵活度练习等，帮助其正确发音。例如，练习吹汽笛、吹蜡烛、吹泡泡可以提升 ASD 儿童说话时的底气和说长句子的能力；利用下颌骨锻炼器来练习 ASD 儿童下颌骨打开的高低，说一些不同高度的韵母；利用舌尖上抬工具练习 d、t、n、l 的舌尖音。但

下颌骨锻炼器

舌尖上抬工具

无论 ASD 儿童是否存在构音方面的问题，在进行语言相关能力的训练时，不仅要加强主动发音训练和被动发音训练，也要注重将 ASD 儿童所说的话变得有意义，不能单纯只是让 ASD 儿童"说话"而忽略了语言沟通的作用和意义。

（二）营造丰富语言环境，提高说话动机

父母作为第一任语言教师，要经常和儿童面对面说话，并有针对性地边指认边命名常见事物，不断丰富儿童的早期语言环境，从而促进儿童早期语言能力的发展。

首先，家长应随时为儿童提供丰富的语言环境。家长应不断地与儿童说话，增加儿童对语言信息的输入，把语言信息存储在大脑里，为其正式发音做准备。只有听得多了才有可能发出声音。例如，可以告诉儿童他正在做的事情，"宝宝在搭积木""宝宝在玩汽车"。只要和儿童在一起的时候就要多与儿童说话。另外，只要儿童关注到的物品，就告诉儿童这是什么（可以从生活中常见的物品开始），如"这是衣服，这是台灯，这是电视，这是手机"等等。

其次，多为儿童创造说话的环境。当儿童刚刚出现少量语言时，家长应该抓住这一时期进行引导，从而促进儿童语言的发展。例如，当儿童在无意义地发"哎"音时，家长应多叫儿童的名字将这一语音赋予意义，也让儿童明白语音可以回应别人。有的家长使用电子产品来给儿童当玩具，这种交互方式缺乏生活实际的语言交流，会影响儿童语言的发展。此外，有时当儿童还没有表达需求时，家长就预测出儿童想要什么，马上满足儿童的需求，同样限制了儿童语言能力的发展。正确的方式是，当儿童想要吃水果时让他表达"吃"，当儿童想要玩具时让他表达"玩"，这样会增加儿童发音的意识和概率。所以要抓住儿童有需求的瞬间来教其说话，这样才能教会儿童说话。如果当儿童发现只要一哭就可以得到吃的、喝的、喜欢的物品，根本无需说话时，语言就因为"没有用"而逐渐消退了。

（三）提高言语模仿能力

模仿是儿童学习各项技能的基础。即便有了丰富的语言环境，如果儿童缺

乏模仿能力，也无法通过模仿学会他人的语言，这种情况在 ASD 儿童中是比较常见的。加强儿童口部动作模仿能力，多做一些发音时需要的口型，如亲吻、打响舌的动作等，都可以提升儿童口部器官的知觉，帮助儿童发出相应的声音。当儿童发出声音的时候要及时表扬，并且记录儿童发出的声音，将这些声音组合出有意义的音节，然后组词进行实物教学。语音和语义训练同时进行，儿童即可快速学习语言。例如，儿童能发圆唇音"o"，也能发出声母"b"，就可以将两个音组合在一起教儿童说"bo"音。但是单纯的发"bo"音是没有意义的，可以找一些与"bo"音有关的词组，如菠萝、伯伯，再配上菠萝和伯伯的卡片，让儿童在发音的同时将所发的音赋予意义。

（四）提高认知理解能力

儿童并非一出生就会说话，儿童说出有意义语言的时间大约在 1 岁左右。1 岁之前，儿童通过与外界环境和事物的接触与学习不断发展认知理解能力。语言的学习是以循序渐进的形式、按发展阶段进行的。在没有概念基础或理解基础的情况下，儿童不能说出有意义的字词；在单字词阶段的儿童亦不能说出复杂的句子。所以，不断提高儿童的认知理解能力，使儿童具备适当的语言理解能力，才能进入口语阶段。例如，在教授儿童表达"衣服"时，首先要教儿童认识常穿的衣服实物，然后再教儿童将衣服卡片和衣服的实物进行配对，这样儿童才能掌握衣服与衣服卡片配对的技能。其次，教导儿童对"衣服"这个名词的理解。例如，在桌子上放几张卡片做干扰，给其下达指令"把衣服给妈妈""把衣服给爸爸""指一指衣服在哪里"，练习儿童对"衣服"这个名词的理解。最后，当儿童拿出衣服的卡片，或者能找到衣服的实物交给成人时，都要让其关注成人说出"衣服"时口型的变化，借此机会来教其表达"衣服"。只要儿童尝试发音我们都要及时给予口头赞赏，强化其发音的动作。

（五）及时反馈

通过视觉或听觉让儿童知道发音可以得到反馈，明白与他人交流的过程。如用录音机给 ASD 儿童录音后再让其听自己的录音，或利用发声训练仪（软件）中的发声训练。发声训练仪（软件）在儿童发声时会看到屏幕上的小动物在跳动，通过直观的游戏吸引儿童兴趣；也可通过家长要求的发音给予及时的反馈，让儿童在享受发音乐趣的同时尽快度过无口语期。要让儿童觉得发音是一件快乐的事，多在自然的情景和游戏的情景中教授他们发音说话，这样 ASD 儿童学到的语音才更自然，更有沟通和交流的意义。

综上所述，无口语的 ASD 儿童在语言训练时需要丰富儿童的语言环境，创造更多的机会激发儿童说话的动机。同时也要提高儿童的认知理解能力和模仿能力等，让儿童体验到口语沟通的快乐，为语言的开发奠定基础，也为后期的主动表达训练做好铺垫。

三、如何帮助 ASD 儿童使用其他交流方式

虽然语言是人类沟通的主要方式，但对部分 ASD 儿童而言，由于多重认知缺陷与障碍，使他们在学习语言方面还是存在各种困难，无法完全掌握正常的语言技能。为了能让 ASD 儿童更好地沟通和交流，可以利用他们视觉感知技能方面的优势，将带有视觉成分的沟通系统应用于 ASD 儿童，如 AAC（augmentative and alternative communication system）辅助沟通系统在帮助 ASD 儿童接受理解和表达性应用方面获得了良好的效果，这一点已得到了普遍证实。

AAC 辅助沟通系统是指通过使用辅助的或非辅助符号来扩大或代替自然语言或书写技能，旨在暂时或永久改善较少有或无功能性语言个体的沟通技能，它是沟通障碍领域最重要的辅具。AAC 辅助沟通系统能帮助有严重沟通障碍的个体发展理解性沟通及表达性沟通的能力。 AAC 辅助沟通系统包含扩大性输入策略和替代性输出策略。扩大性输入策略是便于个体理解他人沟通的策略，替代性输出策略是促进个体更容易、更顺畅、更主动与他人沟通的策略。

1. 扩大性输入策略　　扩大性输入策略常采用图片、视觉符号、时间表（利用图片来说明活动内容的时间安排和流程以及活动的转移）、自然语言刺激（在说话时加上视觉图像符号）等来扩大符号的输入，其目的是借助扩大化的外界刺激，使个体更好地理解他人的言语、理解环境的含义、理解沟通的技能等。

ASD 儿童的思维方式是图像式的思维方式，他们在视觉—空间方面存在着优势；而扩大性输入策略正好符合 ASD 儿童的优势。因此，越来越多的教育者采用视觉符号等扩大性输入策略来提高 ASD 儿童的沟通理解能力。

在扩大性输入策略中，常用的策略之一就是在学校或家庭环境中，利用图片或文字构成的时间表来帮助 ASD 儿童了解并遵从活动顺序。例如，在卫生间贴示儿童洗澡的流程图，让儿童了解洗澡的程序。也可以从手语、实物、图片、符号、时间活动表等扩大性输入策略入手，在儿童接收他人语言的同时，给予辅助沟通策略，便于儿童更好地理解外在环境，理解人与人之间的互动关系，理解他人言语的内涵，从而促进儿童更好地理解和沟通。

研究证明，通过进行图片符号的教学，ASD 儿童能学会遵从图片符号的指令，并能类化到新的图片和场景中，可有助于提升其语言理解能力。图片、符号等扩大输入策略的介入，不仅增加了 ASD 儿童接受性语言的理解，同时也促进了其认知能力的发展。因此，在 ASD 儿童的教学中加大图片、视觉符号、自然语言刺激等的使用，不仅能提升其语言理解能力，同时也能够促进其认知能力的发展。

2. 替代性输出策略　沟通形式的多样化和替代有声语言只是人类沟通行为的一种方式，但不是唯一的沟通方式。有效的沟通方式还应该包括图片、文字、符号、手势及眼神等。ASD 儿童的沟通方式单一，大多数 ASD 儿童只能用简单手势而没有语言，缺乏必要的沟通意向。对于没有口语的 ASD 儿童来说，说话似乎并不是沟通的最佳途径。而替代的辅助沟通系统如图片、符号、语音输出装置的介入增加了 ASD 儿童沟通的形式。利用这些替代策略，ASD 儿童能实现多种形式的沟通，解决了无口语 ASD 儿童的沟通问题。

替代性输出策略的目的是采用一些策略和方法来促进 ASD 儿童的沟通技能及口语能力的发展，其常用的策略包括视觉－空间符号、图片交换沟通系统（picture exchange communication system，PECS）及语音输出装置（speech generating devices，SGD）。研究表明，这些策略增加了 ASD 儿童的沟通动机，并提高了其主动沟通能力，特别是 PECS 在改善 ASD 儿童的沟通问题方面起到很重要的作用。

PECS 是一种沟通技术，是为无口语沟通功能者所做的替代性或扩大性沟通系统。这个技术是由美国 Delaware Autism Program 的 Bondy 和 Frost 发展出来的专为 ASD 儿童设计的一套语言沟通法，依儿童的程度分阶段实施训练。PECS 强调 ASD 儿童与人沟通的自发性，它以结构化的环境、程序和教材协助 ASD 儿童学习主动与人沟通；借着强化物，循序渐进地利用图卡句子尺和文字句子尺，让 ASD 儿童建立实用的沟通技巧。PECS 不但有一般非口语沟通辅具的优点，如容易理解及应用、不会影响语言能力的发展等，还能增强儿童沟通的主动性。因此，PECS 特别适用于暂时或者永久性没有口语或者口语能力较弱的 ASD 儿童，发育迟缓儿童，具有社会沟通障碍的儿童以及具有沟通障碍的成人。

图卡句子尺和文字句子尺

PECS 分为六个训练阶段，每个阶段都有清晰的目标。

第一阶段：以物换物

此阶段的目标是希望儿童建立一个沟通的基本模式。当儿童看到一件很喜欢的对象时，要主动拿取该对象的图卡，交到训练员手中，以换取喜欢的物品（此阶段和下一阶段需要两位训练员）。

第二阶段：扩充自发性能力

此阶段的目标为增加儿童沟通的自发性。儿童要自行走向沟通本，拿起图卡，走向训练员，将图卡放在训练员手中换取想要的物品。儿童背后辅助的训练员角色逐渐淡出。

第三阶段：辨认图卡

当儿童建立了沟通模式及提高了沟通的自发性后，可以学习辨认图卡。儿童想得到某一对象时，他要走向沟通板（墙面或柜子侧面固定位置粘贴许多图卡的区域），在众多图卡中取出正确的图卡，走向训练员，把图卡交到其手中。训练员会逐渐增加图卡的数量，让儿童辨认。训练员可以使用不同程度的增强物帮助儿童辨认图卡，例如展示一种儿童喜欢的物品和一种儿童厌恶的物品，让他使用图卡选择想要的物品。训练员亦可以控制空白图卡、彩色图卡、图卡线条、图卡大小对比、图卡位置和图卡立体程度来帮助儿童。

第四阶段：句式结构

当儿童学习了一定数量的图卡后，可以开始教导儿童学习组织句子。当儿童想要得到某一物品时，他要走到沟通板处，拿起"我要"图卡，贴在句子沟通本上，再拿起物品图卡，贴在"我要"图卡之后，然后拿起沟通本，交到训练员手中。

儿童应该先学习最简单实用的句子，例如"我要？（对象）"。训练员在开始时可先把"我要"图卡贴在沟通本上，让儿童拿起"对象"图卡贴上去，以完成句子。当儿童熟悉技巧后，可让儿童自行组织整个句子。

第五阶段：回应你要什么

当儿童使用图卡表达运用自如以后，可以学习响应"你要什么？"的提问。训练员可以运用延迟提示策略来训练儿童，即最初提出问题后可以立即提示，以后可以视儿童的表现逐渐延迟提示，到最后当儿童可以自行响应问题时，训练员便不用提示了。

第六阶段：能回答评论性问题及表达意念

当儿童掌握上述阶段的目标后，可以学习回答评论性和描述性的问题，例如"你要什么？""你看到什么？"和"你听到什么？"等。在这阶段，儿童已经不只表达个人需要，更会学习对事情和环境做出描述和评论。

在家中进行PECS练习，不仅使儿童有大量机会与他人沟通，也为PECS训练提供了基本条件，同样可以增加儿童与他人沟通的自发性。但在家中进行PECS练习，须注意以下几点。

1）家长须测试儿童的强化物，了解其喜欢的物品。

2）要不间断地为儿童创造练习的机会。

3）进行第一阶段和第二阶段训练时，需要两名家长。前面的家长不能辅助，后面的家长可以通过动作辅助儿童完成相应的动作和指令，但切记不要使用语言。

4）辅助要逐渐撤出，情景要过渡自然。

5）当儿童交给家长图卡时就要给予他物品，不要附加条件（如儿童发声才给）。

6）为了让儿童更好地配合训练，可以事先准备好儿童感兴趣的物品作为强化物，但量要少。

7）训练一定要循序渐进，即使儿童可能很快就掌握了前面的两三个阶段，也要按照训练步骤进行，不可以跳跃。

8）尽量丰富儿童的生活经验，如经常带儿童去公园、超市等。在实施一段时间后，儿童的表现会带来意想不到的惊喜。

9）让不同的人与儿童做练习和泛化，一定要对儿童有足够的耐心并帮助其树立信心。

四、如何帮助 ASD 儿童发展主动语言

大多数 ASD 儿童经过一段时间的康复干预后，语言理解和口语表达能力都会有不同程度的提高。但是很多 ASD 儿童出现的口语都是被动的、没有沟通意义的口语。因此，在实施干预的过程中，应注意增强其沟通的愿望，引导 ASD 儿童自发使用语言，让 ASD 儿童体验到沟通过程中的乐趣，他才会更愿意用语言来进行沟通。此外，主动语言的发展对于减少 ASD 儿童的情绪和行为问题也有很大帮助。

（一）积极创造交流机会

积极创造交流机会，创设情境，来促使儿童提出要求，增强儿童主动沟通的意愿，这是鼓励 ASD 儿童使用主动语言进行沟通和交流很有效的方法。例如，在儿童面前吃他喜欢的食物或玩他喜欢的玩具，但不能主动给儿童吃或玩。如果儿童提出要求，就给儿童吃一点儿或玩儿一会儿，以促使儿童再次提出要求。也可以给儿童吃他不喜欢的食物，或把儿童的手伸进大鲨鱼玩具的嘴中，以迫使儿童提出口头抗议。当儿童能够通过要求来获取其想要的事物后，儿童的主动沟通意愿便会明显增强，问题行为也会明显改善。接下来，就可以开始进行其他语言操作，增加儿童的交流和沟通技能。

（二）分阶段教学

儿童的语言发展通常需要经历四个阶段：理解阶段、模仿阶段、提示表达阶段、主动表达阶段。ASD 儿童主动语言的发展也是一个长期的过程，从语言的积累到语言的表达需要多次反复的训练及尝试。

1. 理解阶段－模仿阶段　认知理解较薄弱的 ASD 儿童，一般处于理解阶段和模仿阶段。虽然有的儿童能够模仿稍长的句子，有时在语言提示下也能准确表达出需要，但主动语言很少。由于有些儿童的理解能力欠缺，在泛化迁移时也会出现很多困难，如在家做训练时能够说出"妈妈，我要吃糖"，但在学校的场景需要说出"老师，我要吃糖"时，还会说成"妈妈，我要吃糖"。尽管加上手势提示（指着老师提示人物是老师），儿童仍会说"妈妈，我要吃糖"。这主要是因为儿童不理解这句话的具体含义，只清楚"吃糖"这个词的意思。这种情况下可以这样帮助儿童进行人物的区分。首先，让儿童区分老师和妈妈这两个人物。将妈妈和老师的照片打印出来做成卡片，先让儿童区分哪个是"妈妈"，哪个是"老师"，之后在实际的场景中模拟。有时儿童错将老师说成妈妈，可能是因儿童没有看清人物，这时要引导其看清卡片。例如：将儿童喜欢的物品放在老师的面前，当其仔细分辨并回答正确时再将喜欢的物品奖励给儿童。

2. 提示表达阶段　　当认知理解较薄弱的这一类儿童语言发展到提示表达阶段时，应开始大量运用视觉提示，即利用动作照片、卡片让其练习，把已掌握的词汇在照片设定的场景中表达出来。开始时儿童认知卡片的能力不好，很难区分图片之间的不同，可加上动作表演让儿童记忆，同时及时泛化到生活中。在照片、图片和生活情景相互转换的过程中，也可增加儿童语言的主动性。可以借助图卡并演示图卡上的动作，利用这些直观的方法让儿童了解每个词所代表的意义，同时也积累直观的感性经验。例如，准备几张动作图卡（如"走路""坐""睡觉""吃东西"等），小熊布偶和不同的玩具（如桌、椅子、玩具食物等）。成人利用小熊布偶和玩具食物做出吃东西的动作，并问"小熊在做什么"，同时出示一张"吃东西"的动作图卡并做出相应动词的口型，引导儿童说出该动词，然后让儿童玩小熊布偶和玩具食物以作奖励。

3. 提示表达－主动表达阶段　　对于认知理解较好的儿童在训练过程中过渡相对容易，其本身掌握的词汇较丰富，理解稍欠缺，处于提示阶段向主动表达过渡的阶段。利用"提问"形式的被动交流方法提高理解能力的同时，要从儿童的需求出发，刺激其表达自我需求（想法）。例如，儿童不喜欢吃柠檬，我们可以先把柠檬给儿童，儿童会躲开或者推开，这时候我们提问："想吃柠檬么？"儿童回答："不要。"接着问儿童："不要什么？"儿童回答："柠檬。"我们提示儿童："完整说出来。"儿童："不要吃柠檬。"再提问："谁不要吃柠檬。"儿童回答："我不要吃柠檬。"再提问："为什么不吃柠檬？"儿童："因为柠檬酸。"这样以"提问"的形式来帮助儿童说出完整的句子或因果关系的句子。

另外，带图画的故事书也是提升儿童主动表达能力的必要教学工具。在训练儿童描述短文时，不应一字一字地教其仿说，而应将书上的长句精简为短句，描述时指着图画上相应的人物与场景，穿插一些简单问题，让儿童能够根据图画书上的人物和场景进行回答和描述。此外，通过家长与儿童交流其感兴趣的动画片或电影，也有助于提高 ASD 儿童的理解和表达能力，丰富其语言。

（三）注意事项

在引导 ASD 儿童使用主动语言进行交流时，其发音不一定要准确，但一定要让听的人能分辨清楚他在说什么。如果儿童的表达很难被分辨清楚，需要实施辅助时，要用非言语行为进行提示，如夸张地看着儿童，耸肩摇头表示不明白等。只有在非言语行为提示无效时，才进行少量的语言提示，如"我想要……"，而不是直接提问，如"你想要什么？"。开始时，要用完整的句子进行提示，逐渐过渡到用句子的一部分进行提示，再过渡到用肢体语言进行提示。

虽然主动语言的训练过程离不了辅助、提示，但也要给儿童更多的机会去表达，纠正完善自己的言语。主动语言的发展是一个长期过程，某个阶段会出现效果不明显或停滞现象，只要不断尝试，不断坚持，儿童总会取得进步。

五、如何帮助 ASD 儿童从仿说变成有意义的语言

ASD 儿童的仿说可分为即时性仿说和延迟性仿说。ASD 儿童的仿说与其习惯对语言进行"整体处理"有关，也就是在不理解每个词是什么意思的情况下，先整体记下来，等需要"说话"了，再一股脑地抛出去。ASD 儿童正是用这种整体处理语言的方法积累素材，包括语法、词汇和对语言的回应等，为以后发展有意义的自发语言做准备。

在理解能力较弱的 ASD 儿童中容易出现即时性仿说的情况。例如，让一个 ASD 儿童跟阿姨说"再见"，他会说："跟阿姨说再见"，而不是直接说："阿姨再见"。这种仿说的情况叫即时性仿说，这说明儿童知道应该对他人的沟通做出回应，并想要表达或者分享，但不知道怎样表达出来。这些儿童需要沟通对象进行言语示范，帮助他们学会如何正确回应。在教儿童表达时需要两人来完成这个练习。例如，在练习与他人告别时，妈妈："我们要走了，跟阿姨说再见吧。"妈妈说完后另一位老师或家人抢在儿童说话之前在儿童的耳边说："阿姨再见！"这样儿童每次说的时候都是恰当语言，多次练习后儿童这种"跟阿姨说再见"的仿说语言就会得到改善，也会越来越符合情景。

另一种延迟性仿说，即仿说不会即时出现，而是延迟出现。例如，他们在自由玩耍时会反复重复之前听到过的指令，如"打开柜子，拿出饼干"或者"打开抽屉，拿出勺子"。虽然这类 ASD 儿童会说话，但他们的语言是无意义的，没有达到有效沟通和交流的目的，这严重影响他们的口语表达能力。存在延迟性仿说的儿童，可能并不具有做出正确回应的语言能力。应把大段仿说的语言分解成小块，增强理解，然后重新组合。针对上面的例子，成人需要分别演示每个步骤："打开柜子""拿出饼干""打开抽屉""拿出勺子"，把每一步的意思，都变成实际的操作帮助儿童理解。当儿童理解后，还要让其执行这些指令，这样才能帮助儿童将所说的和所做的联系在一起，让儿童说出的语言具有真正的沟通功能。

此外，还可以用图片来提示 ASD 儿童减少仿说。例如，如果儿童总是延迟仿说动画片的台词，说明儿童很喜欢这一集动画片。我们可以将这集动画片中儿童感兴趣的内容打印出来并制作成卡片，每次当儿童仿说动画片中的台词时，就拿出卡片教导儿童卡片上的内容，提升儿童对延迟性仿说语言的理解和运用能力，从而逐渐减少儿童延迟性仿说的次数。

在实际生活中，能帮助 ASD 儿童减少仿说、增加主动表达的方法很多，但无论选择哪种方法，最终的目的都是让儿童主动说出有意义的语言，并以创造性和逻辑性的思考方式运用这些语言进行沟通。

六、如何帮助 ASD 儿童叙述事情的经过

部分 ASD 儿童，虽然有较好的单词句表达能力，甚至能背诵一大段话，但因缺乏语言组织能力，以致于不能系统地组织一段话，用以完整描述一件曾经发生的事，所以经常会"问一句答一句"，而说话内容也常含糊或出现离题的情况。

教导 ASD 儿童叙述事情经过的前提是儿童要有基础的认知，能与他人进行互动沟通，能理解三词句，也能理解问句，并能运用三词或三词以上的句子表达意思。

基础认知包括知觉、配对、分类、空间、序列、对比、因果、数学。例如，儿童先要有序列的概念，知道事情发生的先后顺序，才可以按事情的先后顺序来叙述事情的经过。在儿童叙述事情经过的过程中还要有因果关系的概念，这样儿童才能将事情的前因后果表达出来，叙述的事件才会更连贯，有条理性，有逻辑性。

叙述事情经过，可分为三个层次。

（一）叙述个人事件

1. **介绍自己的个人资料或介绍他人**　可以准备两张写有儿童个人资料的纸卡，先向儿童讲解个人资料卡的内容并示范叙述儿童的个人资料一次，然后把个人资料卡收起。出示另一张儿童的个人资料卡，并请儿童介绍一下自己，随即指着个人资料卡并以口型示范"我是……"以引导儿童说出自己的个人资料。

2. **叙述个人经历**　准备和个人经历有关的程序图卡，先按顺序逐一出示程序图卡并简述有关程序，期间不时向儿童强调一些核心词汇，最后让儿童根据程序图卡叙述个人经历。

（二）叙述一般性事件

1. **叙述简单事件**　准备和事件有关的程序图卡。先向儿童出示程序图卡，并简述图卡的内容，然后示范按图卡的先后顺序排列图卡并描述事件的经过。

2. **叙述复杂事件**　准备一种儿童喜爱的玩具或游戏，并把游戏的方法和规则拍成照片。利用程序提示卡向儿童叙述游戏的方法和规则，然后与儿童一起进行游戏。最后让儿童根据步骤提示卡描述游戏的方法和规则。

（三）叙述简单故事

复述一个简单故事，包括时间、地点、人物。准备故事内容提示卡和一本儿童熟悉和喜爱的故事书。向儿童叙述故事的内容，同时出示人物、时间、地点、起因、经过、结果和感受内容的提示卡，并逐一示范描述有关内容。然后让儿童复述故事内容。

由于叙事能力涉及时间先后概念、因果关系、逻辑思维等高层次思维能力，所以要根据儿童的实际能力和需要进行有关训练。可利用开放式问题，如"做什么""哪里""怎样"来鼓励儿童思考，以引导其叙述事件的经过。也可先利用儿童熟悉的故事教导儿童叙事技巧，让儿童理解故事内容及回答有关问题。再利用视觉提示来分析故事的背景资料，提供框架让儿童有条理地复述故事。最后，利用日常生活中的经历继续教儿童有关叙事的技巧。

（孙彩虹）

第三节 如何提高 ASD 儿童的社会交往能力

ASD 儿童如不经过系统的康复干预，多不具备独立生活、学习和工作的能力。为了帮助 ASD 儿童提升社交沟通能力和技巧，引导他们将所学到的技巧主动恰当地应用出来，帮助他们更好地了解社交对象的想法、理解社交情境、处理完整的社交信息，以下方法可促进 ASD 儿童社交反应及情感的发展，帮助其像其他儿童一样，拥有精彩愉快的童年。

一、怎样建立依恋情感

儿童的心理健全发展有赖于两种基本的人际关系：一种是亲子的依恋关系，另一种是玩伴关系。对于 ASD 儿童而言，亲子依恋关系表现异常，不会在情感中感受和学习到人际关系的乐趣、依赖和重要性。ASD 儿童往往只留意到眼前的物品，却忽略一直陪在他们身边的父母。儿童持续的逃避或冷淡的反应，让父母无法与其产生愉快的互动。

（一）提高 ASD 儿童与他人的亲密关系

1. 以物为导向转化至以人为导向　观察儿童较容易接受什么物件，并由这些物件开始进行训练，当儿童完全接纳后，创造机会与儿童互动。

2. 及时回应儿童的主动沟通行为　如儿童做出简单发声、伸手指物、抬头看家长、微笑等行为时，要解读儿童需求并及时回应。

（二）建立适当的社交反应

1. 设计游戏障碍　干预者可以适当给儿童设计一些游戏障碍：①利用"拧紧的盖子"，引导儿童寻求干预者的帮助，让儿童通过物品与干预者建立亲密的信任关系。当儿童的目光转向干预者，或者拉干预者的手时，干预者此时应给予即刻帮助，并给予口语赞扬及肢体上的接触。②可以通过互动游戏吸引儿童的注意力，刺激儿童对干预者产生兴趣，吸引儿童与干预者主动沟通。

2. 使用开放式互动与儿童进行沟通　减少"是不是、要不要、对不对、好不好"这类的封闭式提问。开放式提问有助于儿童回答问题时进行主动思考，可以帮助儿童构建正确的表达、互动能力。

3. 明白他人的需要并做出适当回应　如冬天出门时，父母表现出很冷的动作表情，让儿童知道把衣服拿给家长，或通过拥抱给予家长温暖。

希望父母能够在家中全情投入与儿童进行"亲子地板时光"，使儿童每一次的反应都能得到父母的回应。儿童不仅可以从中学习到新的技能，而且对其主动沟通和智力情感的发展也很有利。通过富有情感的交流互动，与儿童建立亲密关系，帮助儿童发展各方面的能力。

亲子交流

二、怎样交朋友

生活中可以通过互动游戏连结儿童与同伴的交流，让他们共同参与游戏活动，并且产生互动行为，建立儿童之间的沟通链，让儿童体会到与同伴互动带来的乐趣，以此来建立同伴之间亲密的关系。

同伴互动

> **游戏示范❶**："猜猜看，神奇的碗里是什么"。干预者准备彩色塑料碗、小动物模型（企鹅）、水果。提前讲述游戏规则，引导孩子闭眼睛，干预者通过描述事物形态，让儿童猜放在彩色碗的东西是什么。回答正确者可将猜到的东西放进提前准备的小动物企鹅肚子里。
>
> **游戏示范❷**：在与同伴分别时，给予同伴爱的抱抱，建立深厚的同学情。
>
> **游戏示范❸**：分享玩具。让儿童与同伴共享玩具，体验分享的快乐。

三、怎样帮助他人

ASD 儿童因被家长过度保护，去关心照顾帮助他人的机会减少了，这很不利于 ASD 儿童的成长。应该多创造 ASD 儿童去帮助他人的机会。

1. **父母要为儿童做好榜样**　父母对儿童的影响力是潜移默化的，他们随时会模仿大人的行为。

2. **鼓励儿童做力所能及的事情**　锻炼儿童的独立性，引导其关爱自己和他人。

3. **让儿童体验被他人帮助的感受**

4. **激励儿童帮助他人**　如帮助家长整理物品，家长应给予儿童奖励，强化此行为。

在日常活动中随时引导儿童，如在上课结束时，帮助老师整理桌椅；在家庭环境中，洗漱时可以帮助弟弟洗手；当同伴摸不到自己嘴巴上黏的异物时，儿童可以帮助同伴清理异物；手工课堂协助干预者粘贴同伴的姓名卡片等。以上帮助他人的行为都需要引导者积极强化，以提高儿童主动帮助他人的动机。

相互帮助

四、怎样做游戏

游戏是儿童用自己的方法，以自己的速度自由地体验事物的活动。在游戏活动中，既可以实践已有的技能，又能发展新的技能，还可以建立他对周围人、事和环境的理解。

游戏种类的选择是多样性的，通过不同种类的游戏可以发展儿童不同的沟通技能。

1. **探索性游戏** 探索性游戏可以让儿童从中体验并发现新鲜事物，帮助儿童发展原有技能并学习新技能。

> 游戏示范❶：通过周围不同的玩具，让儿童对它感兴趣，五六个月的婴幼儿可以通过不同材质的牙胶，体验不同软硬度物体在口腔的感觉，促进儿童口腔发育及对世界的全新探索。
>
> 游戏示范❷：通过敲打音乐木琴，变换不同的音调，让儿童对声音产生兴趣，激发儿童音乐节奏感。

2. **社交性游戏** 社交是两个人或多个人之间的互动，它对于沟通的发展必不可少，具有双向性。儿童可以通过观察和模仿他人的行为进行学习。在互动轮流的体验中，与他人建立社交关系。可以通过和儿童玩躲猫猫游戏，引导儿童将注意力及视线集中于父母面部；多与儿童一起分享好吃的、好玩的，一起排队等待老师奖励；看到好朋友，可以牵手、拥抱、一起玩玩具。通过与他人互动玩耍，提高儿童的社交技能，也发展了儿童的口语表达能力。

3. **运动性游戏** 运动是儿童发育的基础，它在儿童探索周围世界的过程中，让儿童变得主动。运动性游戏可以激活身体的每块肌肉，也锻炼儿童在游戏过程中身体的感知与协调能力。可通过设置情景来激励儿童运动，如和儿童玩抢凳子游戏、跳格子游戏、123木头人游戏、抛接球游戏，帮助儿童体会到运动的乐趣。

躲猫猫游戏

4. **假想性游戏** 假想性游戏通过发挥儿童的想象能力，可在一定程度上锻炼儿童思考的能力，并且激发儿童的创造力。用一些物品来代表和象征其他物品。如用雪花片嵌插飞机在天上飞翔；协助照顾洋娃娃的日常起居、假装手偶作对话、儿童自行扮演另一人物或物体（扮医生、扮花朵）；假想蔬菜很好吃等模拟情景游戏，提高儿童的想象与创造能力。

5. **操作性游戏** 操作性游戏是儿

假想游戏

童发展独立游戏的基础,这对儿童的自尊和独立很重要。尽量给儿童操作的机会,让其具备日常生活所需的精细运动能力,如串珠子、镶嵌板、撕贴纸、拼乐高、拆卸类游戏等,使儿童能够很好地控制手和物品,也可以协调手和眼的动作。

6. **解决问题的游戏** 当儿童有解决问题的能力时,说明其是通过思考并想出了解决问题的方法。对于 ASD 儿童来说,可能需要更多的鼓励与帮助。首先要吸引儿童注意周围的物品和事情,让其产生好奇心,并发现得更多;让儿童做他能够成功的事情,并且鼓励他不断尝试自己解决问题。让儿童体会和思考整个游戏过程。

串珠游戏 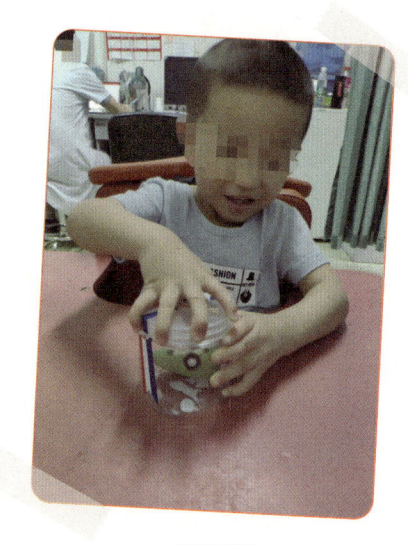　　　　　　　　　　　　打开罐盖

游戏示范❶:在罐子中放入儿童喜欢的小老鼠,干预者将盖子拧紧,让儿童自己尝试打开。

游戏示范❷:干预者奖励儿童棒棒糖,让儿童自己想办法撕开包装。提高儿童动手解决问题的能力。

五、怎样寻求帮助

ASD 儿童在遇到困难时，不会主动寻求他人帮助，即使周围有他人，这些儿童也沉迷于自我重复游戏或放弃原有活动。由于这类儿童不能解决自己现在所遇到的困难，也没有主动寻求帮助的意识，导致其与他人的沟通圈不能启动。

1. 鼓励和引导儿童运用肢体动作及语言主动表达寻求帮助，帮助儿童延展及深化他们的想法。

2. 协助儿童完成想做的事，来扩展儿童的活动及寻求帮助的意识，延续彼此之间的互动。

3. 在儿童游戏活动中，可加入冲突及挑战、制造困难、故意等待等情境，这能让儿童自己解决问题，也可帮助儿童维持较长时间的专注力及警觉状态，并刺激儿童思考问题，引导其主动寻求帮助。

寻求帮助

游戏示范❶：干预者给儿童一个带盖子的小桶，让儿童盛水，观察儿童拿到小桶的反应。当儿童尝试几次打开桶盖没有成功，并表现出快要急躁的时候，干预者要用活泼夸张的表情说："哇，马上打开了"。先转移儿童的注意力，再稳定其情绪，并口语提醒："要不要帮忙？"当儿童没有反应时，如果没有口语表达，可引导儿童用肢体动作表示，将瓶子递给干预者，并表扬儿童很棒，同时说："老师帮你。"对于有口语表达的儿童，引导儿童说："老师帮帮我。"再重复刚才的活动，练习"老师帮帮我"。

游戏示范❷：当治疗师给儿童分享了袋装零食时，让儿童自己撕开袋子，训练儿童尝试自己解决问题，让儿童运用自己的方法再次表达要求，寻求帮助，增加双方的互动沟通。

六、怎样理解他人的情绪、情感

ASD 儿童常常会出现不分场合的哭闹、无法理解他人喜怒哀乐等情绪问题，而情感是驱动社交的源动力，是否能够理解自己和他人的情绪波动对于 ASD 儿童来说极为重要。为了帮助 ASD 儿童理解他人的情绪及情感，可采取以下几种方式进行引导。

1. **引导儿童察觉、感知、共情他人情感** 比如在社会活动中激发儿童的同情心，家长要善于观察和发现，并保护儿童的同情心，建立儿童的分享意识。

2. **正向赞扬、奖励和强化** 当儿童有共同分享或轮流分享的行为时，家长要及时给予正向的赞扬和奖励，并强化这种行为。

3. **抓住时机** 当发现儿童正体验着"高兴""伤心"等情绪情感时，应抓住时机为儿童的情绪命名。

游戏示范❶：干预者设计"汽车过马路"游戏。每个儿童拿着对方喜欢的汽车模型，需要对方将汽车模型从轨道上开向自己，便可得到自己最爱的汽车。当儿童看着汽车模型开向自己表现出非常开心的时候，干预者也做出开心的表情，并用口语描述儿童此时的情绪："你是不是非常开心呀"。

游戏示范❷：多个同伴互动中，通过优质合作伙伴（女孩）示范拥抱老师，让另一个儿童通过同伴行为，主动获取社交线索，学习主动拥抱老师，建立主动的肢体及情感的交流。

情感交流

七、怎样正确表达自己的想法

很多时候，ASD 儿童会表现出漫无目的地来回走动、摔东西，并出现烦躁不安的情绪。他们的行为看似是为了满足某种需求，却没有具体的意图。因此与儿童建立互动，家长就必须把儿童所表现出的每一个行为，都认为是具有目的的沟通；而不恰当的沟通过程，会强化儿童情绪行为问题。应该促进儿童与他人建立正确的沟通方式，让儿童正确表达想法。

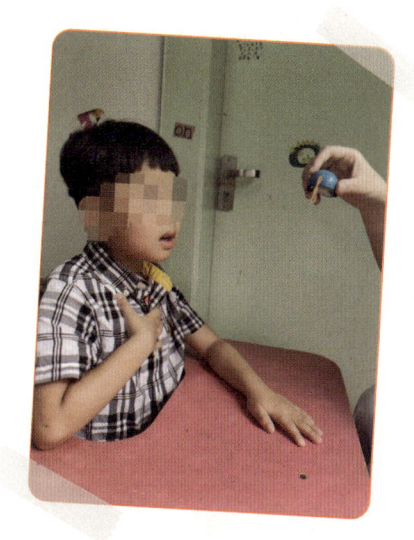

表达想法

> **游戏示范❶**：干预者将积木、盛放积木的盒子放在儿童面前，口语提示儿童："你可以自由玩耍积木"。当儿童玩一会儿，将积木放入盒子，这是儿童在向他人提供讯息："我现在不想玩积木了"。如果儿童不停地摆弄积木，或者将积木丢弃，干预者应通过另一个玩具吸引儿童，并示意儿童将积木放回盒子才能得到另一个玩具。
>
> **游戏示范❷**：儿童想吃水果时，可以通过辅助沟通卡片，指出自己想要的水果和干预者进行交换。
>
> **游戏示范❸**：干预者拿儿童喜欢的小老鼠问他："谁想要玩具？"引导儿童拍自己胸前或用举手的动作来表达自己想要玩具的想法。通过手势动作来辨别儿童的意愿。这些都可以帮助那些没有明确沟通意愿且不会主动表达自己意愿的 ASD 儿童建立正确的沟通动机。

如果 ASD 儿童很少注意身边的人或物时，其主动的口语表达也较少。可以用其感兴趣的游戏活动，并且设计一些变化，能增加儿童主动表达自己想法的意愿。比如情景游戏"超市购物"，让其到售货员处选择自己想要的东西并用口语表达："阿姨我要买东西"，让其感受到他的想法是可以被接纳和被满足的，以此来提高社交沟通障碍儿童的语言应用能力及正确的表达意愿。

八、正确调节和处理情绪的做法

ASD 儿童要学会如何在接受不同感觉讯息的同时，调节自己的反应并保持适合环境的情绪。良好的情绪管理，是开启社交互动的基础。在生活中对于 ASD 儿童糟糕的情绪束手无策，会使得他们在学习、交友、环境适应等方面出现障碍。

（一）常见表现

1. 儿童会因没有即刻的满足而烦躁、大哭、在地上打滚，甚至在情绪不好的时候会做出不良的行为。
2. 儿童会没有原因的焦虑，在房间里不停地走动。
3. 儿童对发生或看到的事情表现得异常兴奋。
4. 儿童在新环境中表现出恐惧、尖叫、想要逃离等。

（二）处理原则

分析原因：①身体状况是否良好，疾病或饥饿等都会影响其情绪；②是否有触觉敏感，不喜欢被人触摸，表现出很强烈的反应；③是否缺乏等待的意识，在"家长没有理解或者即刻满足儿童需求"的信号时就会情绪化。

> **游戏示范❶**：让儿童坐在座位上，等待老师拿教具，分别给每个儿童一支彩笔，干预者口语引导："让弟弟先用彩笔在纸张上作画，姐姐等待"，并协助姐姐共同关注。轮到姐姐时，干预者口语引导："弟弟将手放好，等待姐姐"。在这个过程中儿童如有哭闹，干预者减少口语评判，继续进行游戏流程，减少对儿童过多哭闹的关注，助理干预者视

觉提醒儿童观察同伴的活动。如儿童抢东西，助理干预者协助控制其行为。

游戏示范❷：儿童排队洗蔬菜，建立规则意识及分享控制能力，让儿童学会等待。

等待洗手

九、怎样认识个人责任

儿童恰当的社交表现能提高其生活质量，通过社交活动会使儿童被他人重视和接纳，也有助于帮助儿童学会成人生活，如独立生活能力、工作能力及表现出责任感等。

1. 儿童对个人责任忽略的原因　娇惯、宠溺、过多保护、事事包办等，使儿童不懂得分享，不能意识到个人对自己、对他人、对家庭、集体和社会的责任，没有遵循规范和履行义务的自觉态度。

2. 干预方式

（1）增强独立工作的能力：在生活中，有意识地交给儿童一些任务，给儿童做事情的机会，如轮流做一些力所能及的家务，逐渐教育儿童自己的事情自己做，比如自己丢垃圾、洗杯子、整理桌子、梳妆打扮等。

（2）增强合作能力：儿童与父母共同完成一些事情，比如一起整理玩具。也可以设计一些困难的事情，来锻炼儿童的耐心及不怕困难的精神，激发儿童享受自己成功的乐趣，增强儿童的自信心，并发展其独立性。

自己丢垃圾

> 游戏示范❶：干预者设计情境，垃圾桶旁有纸屑。干预者口语提示并将手指向纸屑："谁丢的纸"，给儿童提供讯息，引导儿童自己将纸屑捡起放入垃圾桶中。当儿童把纸屑放入垃圾桶后，用夸张的声音鼓励并拥抱儿童，强化正行为。
>
> 游戏示范❷："玩具大扫除"。干预者布置任务，谁先将玩具清洗完，就可以得到星星贴画，采取竞赛制度，调动儿童参与活动的能力。
>
> 游戏示范❸：吃饭结束或与儿童玩完桌面游戏后，干预者引导儿童将自己的凳子摆放整齐。
>
> 游戏示范❹："打扮自己"。干预者准备镜子、头花，让儿童对着镜子打扮自己，干预者不评判儿童完成的质量，口语赞扬儿童很漂亮，并表示希望儿童也可以给自己梳妆打扮，提高儿童独立自理的能力。

十、怎样遵守社会规范

良好的规则意识和社会规范能力能让儿童更好地融入和同伴的学习生活中、社会活动中，发挥儿童身上的优势，让儿童感受到被接纳、被认可。对ASD儿童进行社会规范的培养，帮助其形成规则意识，也是培养健全人格、让儿童适应社会活动的重要环节。

1. 规则意识的培养 在日常生活中家长以身作则（如过人行横道、购物），利用形式多样的游戏，让儿童在轻松愉快的氛围中建立规则意识。

2. 模拟情景生活 在情景游戏中假扮坐公共汽车，让儿童体验和实践社会所要求的行为规则，进一步泛化应用到社会活动中。通过各种场景中的符号、标志、图片等帮助儿童建立规则。

3. 巩固和记忆 生活中要反复刺激，不断强化，坚持正向行为的输入；同时多注意儿童好的行为，即使很少也不容忽视，或是通过赞美他人表现好的行为来为儿童提供榜样。

游戏示范❶：干预者故意玩儿童喜欢的形状板，观察儿童的反应，如果儿童吵闹要玩玩具，干预者引导儿童，应该先举手示意，再发表意见。

游戏示范❷：干预者给儿童讲解游戏规则，如果儿童出现乱动、注意力不集中、乱说话等现象，干预者应引导儿童关注自己的面部，并将手放在桌上，认真听他人讲话，禁止乱动，小声说话。让儿童理解在倾听时应保持安静与专注。

游戏示范❸：干预者模拟生活情景，上公共汽车时要排队，过马路时要遵守交通信号依次行走。通过情景模拟，让儿童建立社会规则的意识。

模拟小动物行走

十一、怎样培养公德心

道德习惯的养成一般比道德认识要早。当大脑皮质尚未受到不良影响时，要争取先入为主，建立道德行为的动力定性。培养ASD儿童的公德心，以下几点至关重要。

1. 采取生动形象的正面教育，培养正确的行为规范和道德标准，让儿童拥有正确的自我评价和自制力，这对ASD儿童今后的品德形成具有重要的意义。从正面积极引导，反复强化，加深儿童印象。培养ASD儿童的公德心，会使他们在社会交往过程中与他人建立友好关系，更好地形成他们的人格品质。

2. 父母在生活中，对自身行为的约束力及对事物的评价态度，都会影响儿童的道德情感。在婴幼儿阶段，儿童以模仿性强、直觉行动思维为特点，喜欢模仿大人的一言一行。父母的语言、行为、情绪等，也无时无刻不在影响着儿童。ASD 儿童初步的道德行为与道德判断尚未完全形成，其自控力差，使得其与同伴间易发生冲突，家长在养育过程中要有一定的预见性，及时预防。

3. 当儿童出现不良或异常行为时，不能只通过惩罚或打骂使儿童意识到错误，或使其对养育者产生恐惧。一部分 ASD 儿童存在认知功能障碍，对不正确行为没有经验积累和记忆，需要养育者或专业干预者以言行为榜样，辅助 ASD 儿童建立正确的道德观。对于儿童微小的进步应给予赞美和鼓励，对于错误或失败的行为应及时正面引导。

4. 通过看图讲故事、游戏扮演、形象教学等多种方式，培养 ASD 儿童的是非观念及公德心。

十二、怎样学习社交礼仪

人与人在互动过程中最基本的社交礼仪有持续的眼神注视、表情的变化、双向的沟通等。很多 ASD 儿童会因为不能遵守活动规则，甚至在没有经过他人同意时抢或破坏他人的东西，严重影响 ASD 儿童融入社交环境。因此，培养 ASD 儿童的社交礼仪至关重要。

1. **家庭养育环境的影响**　父母以身作则，在儿童面前可以进行夸张示范，加深儿童对社交礼仪的印象。

2. **帮助 ASD 儿童建立人际关系**　通过游戏活动让儿童对人产生兴趣，愿意和人打交道。比如 ASD 儿童很害怕与同伴接触，可以先模拟与人物模型做游戏。父母拿小人偶和 ASD 儿童打招呼，家庭其他成员辅助 ASD 儿童做挥手、打招呼等动作，并且与小人偶进行握手击掌的动作。在引导下互相友好示意，锻炼 ASD 儿童学习社交的礼仪，并延伸应用到日常生活中。

3. **及时赞扬和奖励**　ASD 儿童做出正确有礼貌的行为时，父母要及时赞扬和奖励儿童。对于理解能力不同的 ASD 儿童，其学习能力和反馈速度是不同的，所以父母要有耐心，把干预融入到日常生活当中，不断强化。通过对儿童的礼仪教育，让其学会交往礼仪，与他人建立友好关系，塑造儿童全新的自我，有利于 ASD 儿童教养的提高和人格的健全发展。

游戏示范❶："认识新朋友"。

干预者先做自我介绍，然后主动向儿童伸手并说"你好"，观察儿童的反应，等待，给儿童主动思考的时间。如果儿童友好示意，鼓励此行为；如果儿童退缩，可辅助儿童完成动作，并鼓励此行为。通过打招呼连结儿童的玩伴关系。

社交互动

游戏示范❷："礼仪之星"。干预者连结家庭、学校，让 ASD 儿童多次充当礼仪之星，让儿童参与社交礼仪活动，亲身感受礼仪之快乐。

礼仪活动

游戏示范❸：儿童很出色地完成某项活动时，干预者第一时间做出击掌的手势，示意要和儿童击掌，赞扬儿童做得好。如果儿童对手势没反应，协助儿童关注干预者的手势并做击掌动作。

（马丹）

第四节 如何提高 ASD 儿童的认知能力

认知是一种高级心理功能，认知能力包括感知觉、注意、记忆、思维和想象等能力。心理学研究表明，3~5 岁是儿童认知能力发展的关键期。由于孤独症是神经发育障碍性疾病，大多数 ASD 儿童存在着认知能力发育受限；同时，提高认知能力，有助于 ASD 儿童社交能力的提高，有利于改善孤独症的核心症状。因此，提高认知能力已成为孤独症康复干预中必不可少的一个环节。

开展 ASD 儿童认知干预前应首先进行认知功能评估（如 PEP-3 的认知部分等）。根据认知功能评估结果，以认知发育规律为依据选择干预内容，借助图形、数字、符号及文字等材料，培养和提高 ASD 儿童的综合认知能力。

本节将对分类、词汇、句子、认识自己和身边的人、数的概念、日常环境、时间概念、颜色概念、空间位置及因果推理、判断和推理等能力的干预方法进行介绍，希望能帮助 ASD 儿童家长或照顾者在日常生活中有效地提高 ASD 儿童的认知能力。

一、如何分类

分类是根据物体的某一共同属性而归并在一起，涉及思维的分析、比较、观察、判断等的基本过程。学习分类可以从单一属性分类到多属性分类，最后过渡到自行分类。

1. 单一属性分类 单一属性是只关注物品本身的某一特点而不管其他特

征，如分类苹果和香蕉。在生活中可以看到各式各样的苹果和香蕉，按名词对苹果、香蕉分类时，就要忽略苹果或香蕉的其他特征，只要把苹果放一起、香蕉放一起就算正确。

（1）原则：在给儿童做单一属性分类训练时，要遵循由易到难的原则，通过游戏的方式，结合生活实际，让儿童在轻松愉快的氛围中进行训练。

（2）干预方法：把生活中的事物按其名称归类，从儿童身边的事物开始做起，如衣服放在一起，鞋子放在一起。此方法适用于对日常用品有简单认知的儿童。

　　如准备若干苹果和西红柿，用方便袋混装在一起，要求儿童分别把苹果和西红柿放在不同的碗里。可以给予适当的辅助，也可以和儿童一起完成，如成人挑选西红柿，儿童挑选苹果，一起完成分类并对儿童进行夸赞。

2. 多属性分类　　多属性分类是找出物品本身具有的两个或两个以上的特征，把具有这些特征的物品归到一起的方法。

干预方法：视觉提示法，适用于任何儿童。利用图片让儿童把与图片相匹配的物品放在一起。如准备两种不同颜色的绒球和两种不同颜色的玩具球，在儿童面前摆放4个收纳盒，让儿童分别把不同颜色的绒球和不同颜色的玩具球装到收纳盒中。

3. 自行分类　　随着儿童对单一属性和多属性分类的掌握，对于物品信息的采集和整理能力的提高，在众多物品当中能够依据自己的思维将具有相同或相似属性的事物进行分类。

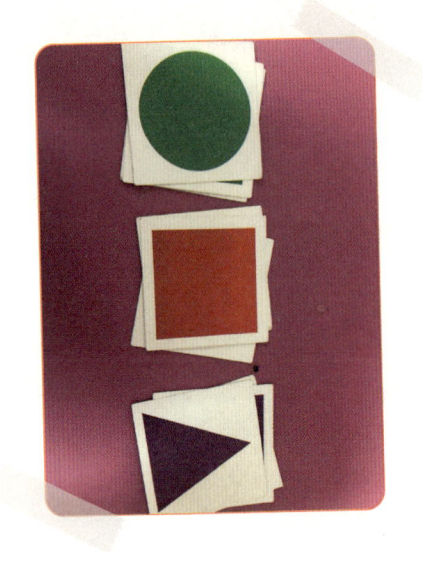

自行分类

二、如何学习词汇

语言是用来交流的符号，最初这些符号是实物本身或肢体语言，慢慢地发展为口语交流。语言的发育需要经过发音、理解和表达三个阶段，从咿呀发音到会说单词，再逐渐到组成句子，一般来说先会用名词，而后才会用动词、代词、形容词和介词等。儿童若想说出完整的句子，首先要学会句子中的每一个词。

儿童先学哪些词汇，后学哪些词汇，是有规律可循的。大多数儿童最先学会的词汇是"爸爸""妈妈"，而 ASD 儿童最先学会的可能是某几类汽车或某几个数字。原因很简单，普通儿童接触最多的就是爸爸、妈妈，爸爸、妈妈的逗弄、爱抚使得他们对声音和人物都产生了极大的兴趣；而 ASD 儿童最感兴趣的可能是汽车、数字。所以 ASD 儿童先学会哪些词汇和他们对待事物的熟悉程度及兴趣有很大关系，同时也应参考普通儿童掌握词汇的发展规律。

"爸爸、妈妈、汽车"都属于名词范畴，名词分为初级名词、中级名词和高级名词。在给 ASD 儿童做词汇训练时，结合 ASD 儿童的自身情况，可从初级名词开始，当掌握了初级名词后，再利用已掌握的名词扩展到与之相关联的其他词汇。

1. 初级名词　包括各种水果、蔬菜、动物、生活用品的名称等，从中选取儿童感兴趣的名词开始教。

> 干预方法：利用儿童喜欢的物品，适用于有喜欢的强化物的儿童，把教学目标和喜欢的物品相结合，提高儿童学习的积极性。

准备儿童喜欢的一辆玩具小汽车和水果若干，让儿童用他（她）喜欢的小汽车把水果运送到固定的位置。在运送的过程中，成人需要强调的是车中的水果，让儿童注意并认识。当儿童对水果不感兴趣时，可以随时调换物品，让儿童在一种愉悦的氛围中掌握物品的名称。

2. 中级名词　中级名词对于儿童理解能力的要求又提高了，需要在掌握初级名词的基础上，对初级名词进行概括总结。中级名词包括类别名词（如水果、蔬菜……）、自然名词（如秋天、森林……）、地点名词（如超市、商场……）等。

> 干预方法：可以采取实际场景和卡片相结合的方式，加深儿童的理解，奖励正确的卡片指认行为，提高儿童学习的积极性。

准备水果卡片、自然界的名词卡片、地点的名词卡片若干张，让儿童根据指令寻找到相应的卡片。当儿童找到卡片时，奖励儿童观看与之对应的视频。

3. 高级名词　高级名词包括抽象名词和角色名词。

> （1）抽象名词：大多数指的是一种现象或场景，如城市、角落……指的不是一个具体的物品或图片，儿童理解起来非常困难，家长应在日常生活中特定的场景下随机教学，以使儿童能充分理解其中的含义。

（2）角色名词：大多代表的是一种职业，在教学的过程中，要让儿童学会抓住事物的特征，从而分辨各种职业。

当名词的词汇量积累到 50～100 个时，可以扩展动词、形容词、空间词汇、数量词汇等。

对于 4 岁以下小年龄段的儿童，可以采用早期介入丹佛模式、地板时光等，多跟随儿童，在生活中、游戏中、自然情景下，诱发儿童主动学习感兴趣的词汇，不断积累词汇量，做到能泛化、会运用，为学习如何组句、理解句子结构做好坚实基础。

三、如何学习句子

有些儿童能够认识许多卡片，但口语表达却仅停留在单词水平，无法达到句子的阶段。

句子的学习可从简单的短语教起，从短语再向句子过渡。ASD 儿童大多通过刻板记忆学习句子，不能够灵活应用。可采用填充的方法，把要学习的短语和句子整理出基础句型，在基础句型上扩展和泛化。基础句型的整理应从生活实际应用出发，结合儿童日常生活需要，整理出最基础、最实用的短语、句子，便于儿童掌握。

（一）短语

1. 短语一　吃_____。如吃苹果，吃香蕉，吃米饭，吃好多鱼。
2. 短语二　我的_____。如我的汽车，我的面包，我的玩具，我的牛奶。

（二）短句

1. 短句一　我要_____。如我要棒棒糖，我要小飞机，我要推土车。
2. 短句二　_____在_____。如妈妈在做饭，小猫在吃鱼，小狗在啃骨头，小朋友在扫地。

（三）长句

1. **长句一**　妈妈，我想_____。如妈妈，我想去游乐园；妈妈，我想买汉堡包；妈妈，我想玩滑梯。

2. **长句二**　我不_____我要_____。如我不喜欢上课，我要出去玩；我不喜欢积木，我要小汽车；我不想洗澡，我要睡觉。

以上句式都可以通过给小朋友讲绘本的形式或情境教学法，让儿童理解和掌握。需要注意的是，在讲解绘本的过程中，成人的语言难度及句子长度要与儿童的语言水平匹配（略有难度），便于儿童理解，而不是朗读绘本内容。

四、如何认识自己和身边的人

ASD 儿童缺乏自我意识，呼名反应差。为了让儿童认识自己，要在日常生活中经常呼唤儿童的名字，并保持称呼的一致性，帮助儿童对自己的名字有意识，进而认识自己。在生活中，可以采用以下方法进行操作。

1. **认识自己**　当呼唤儿童的名字没有反应时，提高声音或变化不同的音调以吸引儿童的注意。如果儿童听到后仍没有反应，可通过身体的碰触，如挠痒痒，拍一下他（她）的身体，帮助其回应；当儿童开始出现反应时，成人要及时察觉并给予积极的回应以奖励这种行为，使之以后更频繁地出现。积极的回应是指儿童喜欢的、能鼓励儿童增加呼名反应行为出现的事物，如奖励给儿童他（她）喜欢吃的食物、喜欢的玩具，或者陪他（她）做感兴趣的事情等。

2. **认识他人**　注意游戏要有趣味性，音调音量要有适当的变化，情感丰富，带动儿童在游戏中的积极性。当儿童对自我有了一定的认识后，可以利用儿童喜欢的物品与儿童进行互动，在互动中熟悉自己的同时认识身边的人。

3. **指认照片**　有的儿童对卡片特别感兴趣，可以把身边常接触的人的照片，装订成小册子，让儿童通过这些卡片学会指认。

儿童的学习大多都是源于生活的。在生活中，儿童有充足的机会理解自己和他人。想带儿童出门时，让儿童分辨自己和他人要穿的衣物、鞋子，学会让儿童主动参与，通过生活中的活动提高儿童的认知能力。需要注意的是，要和儿童建立良好的互动，让儿童在一个轻松愉快的氛围中学会需要掌握的内容。

五、如何理解数字的概念

一部分 ASD 儿童对数字有特殊喜好，好像不用教就能认识许多数字，但对于更多的 ASD 儿童来说，数字的概念是抽象的，是难以理解的。ASD 儿童认识数字比较容易，但理解数字代表的含义及在生活中应用数字可能会非常困难。如何学好数的含义对于日常生活非常重要，接下来看一下如何理解数字的概念。

1. 认识数字　从数字的配对开始，儿童能把相同的数字匹配，再进行数字选读。利用儿童喜欢的玩具，挑选出对应的数字，可以奖励儿童对应数字的玩具。

如把 1~10 的数字排在玩具汽车轨道上，让玩具汽车通过这些数字。每通过一个数字时大声说出来，儿童需要听从指令把汽车停放在相对应的数字上。可以反复进行游戏，直到儿童认识轨道上的每一个数字。

2. 点数　运用回合式教学法，选取一个儿童需要掌握的数字，利用儿童喜欢的物品作为动机，反复训练，直到儿童能正确点数对应的数字。训练前提是儿童会数数和认识数字。

游戏：点按发声

准备 3~5 个一按就会发声的玩具（如会发出声音的小猪），排成一排，用手指去点按，并配合说"1、2、3、4""停"，再反复，音调可以适当变化，直到儿童能自己点数；再增加玩具的数量，让儿童自行完成点数，然后把小猪换成其他玩具，练习点数不同的物品。

3. 比较多少　理解数字所代表的数量多少，利用视觉刺激，从视觉上形成差异，突出多和少的概念。

如准备一袋奶豆，分别让儿童数出 20 个奶豆和 5 个奶豆放两堆，问儿童想吃哪一堆奶豆。如果儿童能自主拿取，就告知他（她）选择多的还是少的；如果不能，可以辅助其完成。利用视觉上的差异，让儿童明白多和少的概念，以及数字所代表的数量。

4. **次序（第一个、第二个、最后一个）** 采用社交故事的形式，在社交故事中可以加入配图或其他帮助理解的材料，帮助儿童理解次序的概念。要求儿童的智龄在 4 岁以上。

游戏：森林运动会

准备 3 个儿童喜欢的动物模具（大象、小猪、猎狗）、3 条跑道和领奖台，模拟赛跑的形式。在一声令下后，大象第一个到达终点，小猪第二个到达终点，猎狗最后到达终点。让儿童根据到达的顺序把动物模具放置在相应的领奖台上，从而理解次序的概念。

5. **钱币** 对于认识钱币、已学会简单加减法的儿童，应教会儿童如何在生活中利用钱币获取想要的物品，从而正确运用数字。通过情景教学的方式，不断为儿童创造购物的环境，让儿童理解钱币的概念。

次序

游戏：买零食

准备一些儿童喜欢吃的零食，给儿童一些相应的钱币。让儿童用手里的钱向家长购买想要吃的食物，学会使用钱币。在生活中，通过训练让儿童能自己在超市结账，加深对钱币概念和数量的理解。

通过对数字概念的理解和掌握，能够提升儿童的思维能力，帮助儿童更好地融入社会，为其生活提供便利。

六、如何理解日常环境

ASD 儿童主要表现是社会交往、社会互动障碍和兴趣狭窄、重复刻板行为，他们往往只对生活中的某件物品感兴趣，对于生活环境比较刻板，不易接受改变。如果出现环境的变化，他们的情绪会变得焦躁不安，甚至会出现自伤或攻击他人的行为。想要让儿童适应环境，就必须教会儿童理解日常生活环境，在理解的基础上，适应生活环境的改变，尝试交流。

利用儿童在生活中已具备的生活技能，诱导儿童自己动手操作，在生活中通过实践，加强对日常环境的理解；培养儿童能在不同的环境下，学会照顾自己、适应环境。

（一）照顾自己

锻炼儿童在不同的环境中学会生活自理，面对不同的问题可以自己处理。照顾者根据儿童的能力等级，制造对应的生活情景。随着年龄的增长，ASD 儿童一定要学会生活自理。生活自理包括进食、穿脱衣物、大小便管理、洗漱、睡眠等。涉及的日常环境包括就餐地点、就餐工具、卫生间（男、女）、不同气候对应的衣物变化等。为了让儿童学会照顾自己，可以为儿童做出一天生活的日程表，用照片、图片或文字的形式告知儿童如何在自己所处的环境下安排生活，如起床、穿衣、洗脸、吃饭、去超市、看电视、睡觉等。

一天生活的日程表

（二）适应环境

通过不断地泛化，针对同一个场景变化不同的形式，加强理解能力，改变儿童对日常环境的刻板印象。利用图卡对同一个生活环境做不同图卡的展示，如教室，除了儿童熟悉的教室图卡，还可给儿童提供 2～3 种不同的教室图卡，这些图卡统称为教室，让儿童理解教室的真正含义。

七、如何理解时间的概念

时间对于儿童来说是一个抽象的概念，既看不见又摸不到，只能通过知觉及生活的规律来认识。认识时间有助于儿童理解生活中涉及时间概念的日常用语。ASD 儿童可能很快会认识时钟上的数字，但当被问到"现在几点钟"或"现在是上午还是下午"时却可能答不出来。理解时间概念能帮助 ASD 儿童预知事情发生的次序，增加他们的安全感。

时间涵盖了秒、分钟、小时、日、月、年及代表着时间节点的白天、夜晚等。

如何让抽象的时间具体化，帮助儿童认识时间呢？由于 ASD 儿童多倾向于强化记忆，缺少灵活运用和综合分析的能力，因此进行时间的学习必须从儿童的生活着手。针对以下几个时间概念进行简要的操作说明。

（一）白天、夜晚

最容易理解的是白天和夜晚，抓住白天和夜晚的特点"亮的、有太阳的"和"黑的、有月亮的"去教。在生活中，每天早起时都指着太阳告诉儿童现在太阳出来了，是白天；晚上睡觉时，指着窗外告诉儿童"天黑了，月亮出来了，是夜晚，要睡觉了"。直到儿童能正确分辨白天和夜晚。

（二）早上、中午、晚上和星期几

一天当中的早上、中午、晚上和星期几可以利用 ASD 儿童的视觉优势去制订时间表，如把儿童最喜欢做的事情拍成照片，对于认识文字的儿童可以制作文字卡片，做成课表的形式，让儿童清晰地认识到这个时间段的含义。

ASD 儿童每做一件他喜欢的事

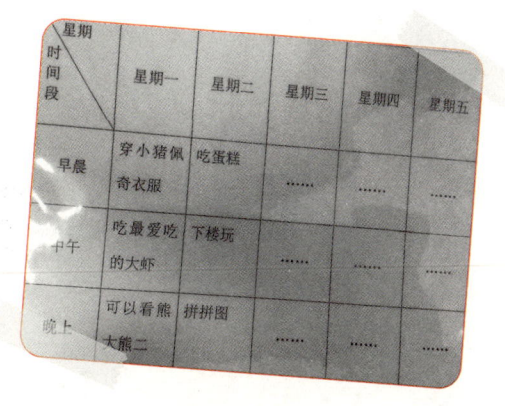

理解时间概念

情时，都要再次强调所对应的时间是什么时候，目的是加深儿童对时间的理解。

（三）昨天、今天和明天

对于一件事情来说，昨天是事情已经过去了，今天是正在发生、正在进行的，明天是事件还未发生、没有到来。

1. 对于昨天的理解 可以把今天发生的让儿童印象深刻的事件拍成照片，也可录像。在第二天时告诉儿童昨天做了什么，或询问儿童什么时候去的某某地方，什么时候吃了哪些食物，什么时候玩了哪些游戏等。可以让儿童在提前拍好的一堆照片中找出昨天都做了哪些事情，加深儿童对于昨天的理解。

2. 对于今天的理解 今天发生的一些事情有开心的，也有不开心的。晚上睡觉前，可以抓住儿童印象深刻的事件进行回忆，和儿童一起说一说今天发生的事。

3. 对于明天的理解 可以说一些儿童特别期待的事情，告诉他明天可以去做。

（四）首先……然后……最后……

事态的发展过程同样涉及时间顺序，一件事情的发生可以分步骤进行。利用儿童喜欢做的事情把每个步骤制作成卡片，让儿童进行排序。例如喝可乐，如果想要喝到可乐，首先要做的是打开瓶盖，然后倒入杯中，最后喝掉可乐。让儿童自己动手去操作，在实践中理解事情发生的先后顺序。

首先　　　　然后　　　　最后

理解时间发生的先后顺序

当儿童对时间有了充分理解后，就能更好地适应和理解生活中的一些常识，如剪头发、做饭等。

八、如何理解颜色的概念

颜色是建立在感知觉基础上的抽象概念。应建立儿童对于颜色的认知，提高事物的深层理解，满足生活需要，如对红绿灯的分辨等。

儿童学习颜色初期，对于色彩明亮的颜色较易掌握，如黄、绿、红、蓝等颜色，其次是其他颜色。学习颜色的数目应由少到多，逐渐增加，避免太多的颜色给儿童的认知和选择造成混乱。儿童习得的顺序也会因个体情况而有所不同，应遵循由易到难的原则。

（一）颜色配对

挑选出儿童喜爱的、色彩明亮的两种颜色，准备好与这两种颜色相同的卡片或喜爱的玩具，家长手中拿其中一种颜色，在儿童面前摆放这两种颜色的卡片或玩具，要求儿童挑选出和家长手中颜色相同的卡片或玩具。

游戏：送小鱼回家

分别准备蓝色和绿色的小筐、蓝色和绿色的小鱼模具。配合故事：天黑了，小鱼游累了，要回家了，我们帮助小鱼找到和自己颜色一样的家吧。让儿童能分别把相对应颜色的小鱼放在相同颜色的小筐里，待儿童掌握后逐渐增加颜色的种类。

（二）颜色分类

在学习颜色分类时，最初选择两种颜色的物品除颜色不同外，形状、大小要保持一致，数量由少到多。在物件的选择上，

颜色配对

可按儿童喜欢和不喜欢分类。

准备两种不同颜色的物品数个，在收纳筐上贴上对应颜色的视觉提示卡片，让儿童扮成小熊，增加学习的兴趣，分别对两种颜色的物品进行分类。

当儿童能正确分类时，可增加物品的数量，对于物品的形状、大小也可不做统一的规定，直到儿童能自行把一堆不同颜色的物品或卡片正确分类。

颜色分类

（三）颜色辨认

把儿童喜欢的物品装扮成要辨认的颜色，同时注意颜色和物品的匹配要符合实际情况，能在两种或两种以上的颜色中正确选择出指令的颜色。当进一步泛化到不同物品上时，也能正确指认出相应的颜色。接着可增加其他颜色的辨认学习。

准备不同颜色的苹果（可以用彩纸自制模具）。让儿童找红色的苹果"吃"，如果儿童不配合，可利用喜欢的物品去诱导，找到红苹果换取喜欢的物品，增加儿童的主动性。直到儿童能在不同的物件中都能将红色正确辨认出来，再学习其他颜色。

颜色辨认

九、如何理解空间位置

空间的概念包括物品恒存的概念、物我空间关系、物与物的空间关系、平面空间关系等。

人必须要有良好的空间概念才能很好地应对生活中的某些事情，如辨认路途、找出相应位置上的物品、把形状各异的物品规整地放在同一个整理箱中等，良好的理解空间位置能提升一个人解决问题的能力，亦有助于提高判断力和推理能力。

（一）物品恒存的概念

部分 ASD 儿童对于喜欢的物品能主动去玩、去看，但是当物品被手帕盖住时，可能并不知道物品恒久存在、不会凭空消失，而认为东西不见了。这时儿童只会用哭来表达自己的不开心，并不知道物品就在手帕下，只要把手帕拿起来就可以发现下面的物品。让儿童理解物品是恒久存在的意义在于使他懂得在有需求时能主动去寻找，有助于提高儿童的注意力和观察力。

游戏：捉迷藏

把儿童喜欢的食物或玩具在儿童看得见的情况下，用手帕盖住，诱导儿童主动揭开手帕，找到物品。如果儿童很难理解，在初期时，可以不用全部都盖住，留在外面一小部分，给儿童视觉上的提示。当儿童能找到后，可增加难度，在儿童看得见的情况下，把物品完全藏起来，并询问儿童："怎么不见了？藏在哪里了？快点把它找出来"。诱导儿童主动寻找消失的物品。在每次藏在同一地点的东西都能被找到后，可变换不同的地点、不同的物品或人物，直到儿童都能很快地找出来。

（二）物我空间关系

从出生开始，婴儿就会通过感知觉发展物品与自我之间的空间关系。由最初短暂的注视物品到跨越中线追视物品，由听到耳边的声音转头到有声响就能主动寻找声源，过渡到能伸手抓物、把物品放在自己的体侧。随着月龄的增加，儿童逐渐能辨认以自我为中心的位置和方向，理解上下、前后、左右的空间位置关系。

游戏：会跳动的魔法棒

用可控的能变出糖果的小道具，假设成会变魔法的魔法棒，放在儿童的身后并配合着说："魔法棒跑到你的后面了，让我们一起说变、变、变，看一看你的后面有什么"，然后把变出来的糖果送给儿童。用同样的方法去教上下、左右。如果没有可控的道具，可以和儿童说："妈妈会变魔术哦，要注意喽，变、变、变"。在儿童还未注意时，把东西快速放在儿童旁边，奖励给儿童。这种游戏既有趣味性，又能让儿童变得积极主动。

（三）物与物的空间关系

物与物的空间关系指的是任何客观物体在空间中都占有一定的位置，且与周围的物品存在着空间上的相互位置关系。在日常生活中，随时随地都可以让儿童自己操作和体会，例如常喝水的水杯和桌子的关系。水杯放在桌子的上面，视觉上非常直观，当儿童想喝水时，告诉他（她）水杯在桌子上，可以加重语气重点突出方位词。

游戏：淘气的小青蛙

让儿童手中拿着小青蛙，训练其听从指令，把青蛙放在不同的位置。故事：有一只小青蛙，它非常调皮，喜欢蹦呀蹦。看，它蹦到了桌子上面，又蹦到了椅子下面。它不安分地上下跳着，一会儿又蹦到了柜子的后面……通过操控小青蛙，让儿童很好地理解物与物的空间位置关系。

（四）平面空间关系

由立体的三维空间过渡到书本上的平面空间，对于 ASD 儿童来说非常困难，在教儿童的过程中，可以将立体和平面结合起来一起教。当书本上出现龟兔赛跑的画面，谁在前，谁在后，可以通过实操去解释给儿童听；通过两个人扮演乌龟和兔子赛跑让儿童明白前后在平面上的概念。

十、如何理解因果推理

因果关系是指两件事情之间存在着必然的联系，由一件事情导致另一件事情的发生。人们从事情的因果关系中提炼信息，推理出可能发生的事情。

对于儿童来说，了解因果关系，有助于整合信息，更容易理解世界，解决问题，适应社会环境。发育正常的儿童能很容易地在生活经验中明白因果关系，但对于 ASD 儿童来说却非常困难。他们常常试图用哭闹或其他不良行为以期达到目的，而很难理解更深层次的因果推理。在教儿童的过程中需要逐步深入，从由自己行为引发的因果关系到思考推理因果，不断提升儿童的认知理解能力。

（一）自身行为引发的因果关系

儿童在探索物体和环境的过程中会尝试不同的方法以达到目的。在进行听指令能力训练时，运用自身行为听从指令而得到自己想要的物品或想做的事的因果关系，可以为 ASD 儿童制订特定的训练方法。例如：因为你安静地坐在椅子上，所以才得到了一颗糖的奖励；因为你做出了"谢谢"的手势，所以我才会帮你打开水瓶。

如生活中，豆豆是小宝儿最喜欢的零食。妈妈把小宝儿要学习的内容列好清单，让小宝儿依次完成学习任务，每完成一项内容，就会奖励一个豆豆。慢慢地小宝儿懂得了他（她）是因为听妈妈的话、去完成学习内容才得到的豆豆。小宝儿听话的次数越来越多，学习的积极性有所提高，完成的效率也非常高。

（二）推理因果

随着对行为引起的因果关系的理解，要诱导儿童去思考一个行为背后可能会出现哪些结果，而不是等待结果的产生。如儿童不好好吃饭，那么结果可能就是肚子会饿、妈妈不会带儿童出去玩等。

提高推理因果的理解，能帮助儿童提高解决问题的能力，更好地回答别人提出的为什么。例如，当正在跳舞的娃娃突然停下来不会动了，儿童会想到是不是开关被关上了，能主动找到开关，重新启动；当老师问儿童："今天妈妈为什么没有带你出去玩呀？"儿童能回答出因为"早上不听话，妈妈生气了"。

当儿童能回答简单的问题时，利用卡片提高儿童对因果关系的理解。准备若干组因果关系的卡片，把代表结果的卡片依次呈现给儿童，并提问为什么，让儿童去思考回答,可以给予适当的辅助。如果儿童回答不出来,把另一张卡片展示给儿童看,能做演示的可以做演示,分析讲解给儿童听;然后扩展到相近的问题,引导儿童回答;每回答对一个问题,可奖励一个小博士粘贴并进行夸赞。

十一、如何进行判断和推理

判断是依据所看见的或所听到的得出结论。推理是在这个结论的基础上,猜

推理因果

测、联想到其他事情,从而得出一个新的结论。儿童要学会判断和推理,就要首先进行分类、理解、概念方面的学习和练习,使他的思维活跃起来,不再局限于对具体事物的感知,逐步向逻辑思维过渡,才能完成正确的判断和推理。如果儿童无法理解抽象的概念,可从生活实践中诱导儿童对于发生的事情做出判断,根据儿童自己的判断推理出可能会发生的结果。让儿童有亲身体验的过程,在这一过程中加深其理解力,逐步过渡到抽象思维。

游戏:寻找铃铛

准备一个小铃铛,一名成人穿的衣服有两个口袋,当成人把铃铛放进不同的口袋里时,儿童能根据听觉系统判断出铃铛在哪个口袋里。如果儿童不知道怎么做,第一次可以示范,在儿童面前把铃铛放进口袋中,帮助儿童把铃铛找出来;当儿童了解了游戏规则后,再把铃铛放进其他口袋中。

游戏升级:一个铃铛,两名成人,两件衣服有四个口袋,游戏规则同上。可以加入辅助和提示,让儿童在游戏中逐渐掌握和理解判断和推理的意义。

将生活实际与卡片相结合,回答出"为什么",学会抓住事物的特征和属性,从而做出合理的推断。

游戏:"解决问题小能手"

准备若干组与生活相关的卡片(每组卡片包括事件发生的原因和结果,例

第二章 康复干预

如手脏了，要洗手等）。与儿童做情景演示："妈妈的手好脏呀，妈妈该怎么办呢？妈妈要去洗洗手"。接着妈妈到洗手池去洗手。然后把图示"手脏了"的卡片给儿童看，并询问："手脏了怎么办？"让儿童在多张卡片中，把图示"洗手"的卡片找出来。

游戏升级：当儿童理解了"手脏了要洗手"时，倒序出示卡片，展示给儿童的是图示"洗手"的卡片，让儿童推断出"为什么要洗手"。有两张图示"手脏了"的卡片，分别是"手上沾了泥巴"和"作画后手上沾了水彩"的卡片，要求儿童能将两张卡片都选出来。

儿童的思维模式已经由具体向抽象过渡，接下来可以让儿童自行对卡片的内容进行整理总结，将一件事情完整地展示出来。

准备成组的卡片，每组卡片至少或超过3张，表达的是一个完整的事件，让儿童能依据事件的发生发展合理排列出正确的顺序过程。

游戏升级：把两组完整的卡片摆放在儿童面前，分别将其中一张卡片调换，让儿童找出其中的错误，并能把正确的卡片调换回来。

对于ASD儿童来说，找出事物的规律并预测出下一步是非常困难的。可以从最简单的规律开始教。例如，按一定规律排列不

判断和推理

同颜色的两种积木，最初可设置儿童容易接受的简单的规律，如"红绿红绿"，逐渐增加难度（如"红绿绿红绿绿"等），循序渐进，使儿童逐渐学会找规律。

当儿童的能力达到"能讲简单的小故事"水平时，可逐渐增加难度，让其在没有任何视觉提示下，仅根据成人提供的故事片段，推断出接下来的故事情节。

总之，家长或抚养人可从日常生活中密切观察ASD儿童的行为表现，与医生和康复治疗师一起对儿童的认知能力进行详细评估，找出存在的认知能力问题，依据儿童认知能力发展规律，制订合理、实用和易于操作的认知能力训练方案，促进家庭康复的发展。采用游戏的方式，强调在轻松、愉悦的环境中，提高ASD儿童的认知能力，提升其日常生活自理能力，以助于改善其社会交往、交流能力。

（贾飞勇）

第五节 如何提高ASD儿童的生活自理能力

生活自理一般是指自我服务性活动，包括衣食住行所涉及的各方面常用能力。ASD儿童由于自身的障碍与缺陷，生活的基本技能往往落后于同龄儿童。所以，一定要依照儿童的各年龄阶段培养其生活自理能力。

任何一项生活自理活动都是由几个环节组成的。训练前，首先将活动分解成若干个环节，然后将每个环节逐一进行训练。可以从第一个环节开始训练，可以从最后一个环节开始训练，也可以从最简单的环节开始训练，具体情况依儿童的能力而定。当每个环节都能完成得很好时，将各个环节连成链条，训练儿童活动的连续性、完整性。

一、怎样上厕所

（一）训练时要把握以下原则

1. **细心观察** 要教会儿童如何表达便意。首先家长要时刻仔细观察儿童表示要大小便时的情绪和行为，如扭动身体、来回转圈、坐立不安、打冷颤、手摸裤子、咬牙、活动中突然停下发呆、回避人、扯人的衣服或手、神情紧张、脱裤子、藏或盖住脸、让你看他湿了的裤子或自己试着拿掉裤子、停止正在进行的活动、表情怪异或有些安静、触摸或握紧他穿的尿布等。必要时记录下来，让身边的人都了解儿童的便意表现形式。

2. **及时提醒** 发现儿童的便意表现行为，家长直接让儿童说"上厕所去"，再拉着儿童的手去厕所，教儿童脱下裤子，上完厕所家长要积极地表扬。通过多次反复训练，把行为和语言结合在一起，当儿童有便意的时候，就会用语言告诉家长了。

3. **辅助到位** 发现儿童不知道厕所在哪里，或者虽然知道却没有表现出要去的样子，在提醒上厕所的同时用手指出厕所的位置。如果看到儿童还是没有反应，就带儿童走进厕所，同时夸奖他："对了，真棒！"在辅助几次后，观察儿童是否有独立反应的能力，一旦有了就要降低辅助的程度。

对着马桶小便

（二）训练过程

训练上厕所，以马桶为例，首先要让儿童理解上厕所的过程，可以采用视觉提示的方式，在马桶旁贴上上厕所过程的图片。儿童按照步骤进行自我管理。

1. **小便训练** 训练步骤如下。

① 在马桶前站好；

② 脱下裤子；

③ 男孩站位对准马桶，女孩坐在马桶上，将小便排入池内；

④ 小便完后穿好裤子；

⑤ 冲水；

⑥ 洗手。

2. 大便训练 训练步骤如下。

① 脱裤子；

② 坐在马桶上排出大便；

③ 取手纸，擦屁股；

④ 将手纸扔进垃圾桶；

⑤ 穿好裤子；

⑥ 冲水；

⑦ 洗手。

坐在马桶上大便

在大便训练过程中，儿童学会用手纸擦屁股是难点，需要用更多的时间练习此项技能。练习擦屁股的时候首先让儿童学会擦这项技能。家长把手纸撕下来折成合适的小块递给儿童，让儿童擦拭一下就扔掉，多擦拭几次，擦不干净家长再帮忙擦拭，通过多次练习后儿童就能熟练擦干净了。然后再教儿童学会撕手纸和折成小块。

冲水

二、怎样坐下来好好吃饭

ASD 儿童在饮食行为方面存在很多问题，一方面是由于 ASD 儿童自身对食物的高选择性，另一方面是由于家长教养方式不当。早在儿童添加辅食阶段，就应该让儿童接触各种味道、质地、颜色的食物，避免由此引发的后期挑食问题。另外，要尽早让儿童全程参与食物的采购与准备过程，有助于帮助儿童较早地认识、了解各种食物。

（一）饭前准备

在吃饭前，家长告诉儿童今天准备吃什么，大概介绍一下，让儿童去看、去摸、去闻，感受食物的颜色、质地、气味；也可以介绍食物的种类，帮助儿童认识食物。

（二）吃饭过程

吃饭过程训练步骤如下。

1. 先让儿童洗手后坐在餐桌前（根据个体需要可选择佩戴围嘴）；
2. 把饭碗、菜碟放到儿童可以够到的位置；
3. 左手扶住或拿起饭碗；
4. 右手正确拿好勺子或筷子；
5. 舀一口饭、菜送到嘴里；
6. 重复上述步骤直到把饭菜吃完；
7. 吃完饭后擦嘴、洗手。

坐在餐桌前吃饭

（三）注意事项

1. 确定每日三餐时间　每日三餐有固定时间，帮助儿童逐步养成规律的饮食习惯。

2. **严格控制零食**　严格控制儿童在吃饭时间以外随意吃零食的行为。

3. **及时夸奖**　开始将食物分成小份，每次放一小份在碗里，儿童吃完及时夸奖，让儿童理解家长的要求是"吃完饭"。训练中根据儿童的能力逐步增加每一份的分量，使儿童逐渐养成吃饭习惯。

4. **排除儿童吃饭时的干扰因素**　如座位附近儿童喜欢的玩具、音乐刺激、电视及其他电子设备等。

5. **其他需要注意的问题**　儿童刚开始使用筷子、勺子时，家长不要过度强调抓握的方式；饭掉在桌子上了，直接告诉儿童怎么办，不要训斥；儿童要离开饭桌之前通过语言或肢体辅助其坐下，让儿童知道饭没吃完不能离开饭桌。

三、怎样做家务

家务囊括了家庭里所有琐碎的事情，包括扫地、擦桌子、整理个人物品、收拾房间、洗衣等等，让儿童在生活中学、在生活中感知，全面提升儿童的生活自理能力。

（一）训练过程

1. 扫地

（1）用具：扫帚、簸箕、垃圾桶。

（2）流程：①双手握住扫帚柄，身体前倾；②扫帚在脚前贴着地面，往左前方一下一下地扫；③将垃圾扫成一堆；④将垃圾扫进簸箕内；⑤将簸箕里的垃圾倒进垃圾桶里；⑥将用具放回原位置。

扫地

2. 擦桌子

（1）用具：脸盆、水、抹布。

（2）流程：①在脸盆中倒入一半水，将抹布打湿；②拧出抹布多余的水；③从桌子的左上角开始，擦到右下角；④将擦脏了的抹布在脸盆中清洗；⑤拧干抹布；⑥将用具放回原位置。

3. 收拾玩具

（1）用具：玩具箱（大、中、小3个）。

（2）流程：①告知儿童大号玩具箱里放大件玩具，中号玩具箱放书籍，小号玩具箱放零散玩具。②收拾散落在房间内的玩具、书籍，站在大号玩具箱前告诉儿童，找出大的玩具；站在中号玩具箱前，让儿童找出书籍，大书放下面；站在小号玩具箱前，让儿童将剩下的玩具装入箱内。③找出每个箱子的盖子并盖好。④将玩具箱放回原位置，并夸奖儿童。

擦桌子

4. 整理床铺

（1）准备物品：儿童床（包括褥子及床单）、枕头、被子、椅子。

（2）流程：①把被子和枕头拿开，放在椅子上；②从床单的四个角方向将床单拉平整；③将被子放在床上摊开，长的一侧叠一半，另一侧同上，再将宽的一侧叠进一半，另一侧同上，将叠好的被子放在床头方向中间；④将椅子上的枕头放在叠好的被子上；⑤收拾完毕，夸奖儿童："你会整理床铺了，好棒"。

整理床铺

（二）注意事项

1. 布置的"任务"不能太难。

2. 给儿童正确的指导，不要帮儿童做。

3. 指导儿童的方式可以是口语说明或非口语的手势和示范，提示内容必须符合儿童的理解程度。

四、怎样穿脱衣物

穿脱衣物涉及很多内容，包括动作协调、衣服分类、前后里外等概念的理解，穿、脱、系、拉、挂、取、整等动作的运用，根据天气冷热情况来决定穿什么衣服，根据个人喜好选择衣服等等。如果穿脱衣物相关的概念理解对了，那么穿脱衣物就变得容易了。

（一）穿衣服

1. 家长穿短袖衬衫给儿童做示范。

2. 家长拿着衬衫，让儿童先把右胳膊伸进右侧袖子里，从右肩把衣服拉到左肩，再把左胳膊伸进左侧袖子里，穿上衣服系上扣子。

3. 儿童自己穿衣服，反复多次练习，家长耐心教导。

4. 儿童学会穿短袖衬衫后再训练儿童穿开领套头衣服。

穿衣服

（二）脱衣服

1. 让儿童拉开拉链。

2. 把衣服两边打开至肩膀。

3. 右手从背后拉左手衣袖，左手在正面拉右手衣袖。

4. 脱掉衣服，并挂在衣架上。

脱衣服

（三）穿裤子

1. 家长给儿童示范穿裤子的过程。

2. 让儿童坐在床边，两只手捏住裤腰的松紧带，辅助儿童把左脚伸进左裤管，右脚伸进右裤管。

3. 把左裤腿拉上来，再把右裤腿拉上来。

4. 站起来把裤子提到腰上。

穿裤子

（四）脱裤子

1. 家长帮儿童把裤子脱到双踝处，让儿童坐到床边，接着把裤子脱下来。

2. 家长帮儿童把裤子脱到膝盖处，让儿童坐到床边，接着把裤子脱下来。

3. 让儿童自己从腰部开始，独自把裤子脱下来。

脱裤子

（五）系扣子、拉拉链

儿童学会自己穿衣服后，系扣子或拉拉链是后续的一项技能，可以把系扣子或拉拉链做为单独的一项技能进行训练。

1. 系扣子　先找一件有大扣子的衣服让儿童练习。训练时先帮儿童把扣子和扣眼摆整齐，并把上面第一个扣子系好给儿童做示范，然后辅助儿童系扣子。通过反复练习，儿童能熟练系扣子后，再逐渐教儿童自己对扣眼系扣子、衣服穿在身上系扣子等。

2. 拉拉链　先将带拉链的衣服铺在桌面上并反复拉合拉开几次给儿童做示

范，然后再教儿童拉拉链。通过反复练习使儿童学会拉拉链，最后再练习把衣服穿在身上拉拉链。

五、怎样洗漱

先将目标分解成若干个步骤，然后对照被训练的儿童，看他们哪个步骤有问题，依儿童能力采用示范和辅助进行训练。

（一）洗手

1. **需要的用具**　香皂、毛巾。
2. **步骤**

① 挽起袖口，打开水龙头；

② 双手放在水下，将手弄湿，关上水龙头；

③ 拿起香皂涂抹在手上；

④ 放回香皂；

⑤ 双手搓出泡沫；

⑥ 打开水龙头，清洗双手；

⑦ 关上水龙头；

⑧ 拿毛巾，擦干手；

⑨ 将毛巾挂回原位。

3. **注意事项**　预防儿童在洗手过程中玩水或香皂；将洗手步骤制成图片贴在水池旁；若选用洗手液，先练习按压洗手液的动作。

洗手

（二）洗脸

1. 需要准备的用具　脸盆、毛巾。
2. 步骤

① 在脸盆里倒入适量的温水或打开水龙头，将手浸湿；
② 双手贴脸，由上向下搓洗；
③ 将毛巾浸湿；
④ 把毛巾拧干；
⑤ 打开毛巾擦脸；
⑥ 把毛巾浸入水中或打开水龙头，将毛巾冲洗干净；
⑦ 拧干毛巾；
⑧ 擦干手；
⑨ 挂起毛巾。

洗脸

（三）刷牙

1. 所需用具　牙刷、牙膏、杯子、毛巾。
2. 步骤

① 拿到牙具，将漱口杯接满水；
② 往牙刷上挤适量牙膏；
③ 将牙刷在漱口杯里浸湿；
④ 右手拿住牙刷放入口中；
⑤ 刷左边的牙；
⑥ 刷右边的牙；

109

⑦ 刷前边的牙；

⑧ 放下牙刷，端起杯子喝水漱口；

⑨ 放下杯子；

⑩ 打开水龙头，冲洗牙刷；

⑪ 关上水龙头；

⑫ 放回牙具；

⑬ 用毛巾擦干手和嘴。

刷牙

3. 注意事项 训练前先练习漱口、刷牙的基本动作；将刷牙步骤制成图片贴在儿童刷牙时可看到的地方。

六、怎样购物

购物是日常生活中必不可少的一项活动，对于ASD儿童，超市充斥的各种声音、人群、琳琅满目的物品、杂乱的场景及各种不可预测的感觉刺激，很容易引起ASD儿童的情绪变化并引发诸多的问题行为出现。

（一）购物流程

1. 提前告诉儿童将面对什么场景或用情景故事引出购物需求。可以这样问儿童："琳琳，你想吃零食比如奶片、海苔、苏打饼干吗？你选一下。妈妈想喝花生牛奶，爸爸打电话说晚上要回家吃饭，你来帮爸爸选一下吃什么菜"。

2. 引导儿童说出或选择自己喜欢吃的零食图片，并帮助爸爸选择食物，列入购物清单之中。

3. 带儿童一起去超市购物，告知儿童外出需要遵守的规则。

4. 根据购物清单选择物品。

5. 排队付钱。

6. 回家与家人分享购买的物品。

（二）注意事项

1. **避免太多物品干扰**　家长提前熟识超市物品的放置位置，避免物品太多给儿童造成干扰，使儿童忘记购物清单而乱跑。

2. **及时引导**　家长紧随儿童，如果儿童乱拿物品，家长及时上前出示购物清单引导儿童迅速选择。

3. **适时分享购物经历**　等待排队结账的过程中，家长可以和儿童描述都买了什么，点数买了多少件，和儿童一起分享购物的快乐。

4. **提前备好礼物**　儿童购物没有耐心，带上儿童最喜欢的物件，可以是喜欢吃的东西、玩的玩具，缓解儿童情绪，减少行为问题出现的频次。

购物

七、怎样使用交通工具

交通工具是人们在日常生活中用于代步外出活动的工具，生活中经常使用的交通工具有汽车、公交车、地铁、自行车、摩托车、火车、飞机、轮船等。公交车是城市交通中使用最多的交通工具，因此以公交车为例教儿童如何使用交通工具。

（一）乘坐公交车前的准备

1. **理解公交车的简单结构及功能**　如刷卡机、投币口、座位、扶手、前门、后门及线路指示图等。

2. **教会儿童认识公交站牌**　让儿童理解在公交站牌处等车和上下车、公交站牌来回两个相反站点的位置关系。

3. **教会儿童识别公交线路图上的箭头指示标记**　引导儿童明白当前站点和将要去往的目的地。（备注：不认识汉字的儿童运用视觉卡制作流程图，每到一个站点进行标记。）

（二）乘车流程

1. 提前告知儿童要去哪里，坐几路公交车，到哪里下车。

2. 就近在公交站牌处等候公交车，准备公交卡或零钱。

3. 核对好车辆信息，车停稳后刷公交卡或投币乘车。

4. 上车后及时坐好，抓牢前面座椅的扶手，注意听报站，准确判断站名信息。

5. 根据线路图及广播提示，到达目的地站点时有序下车，观察周围来往的车辆，注意安全。

公交站

（三）注意事项

独立外出建议带好通讯或定位设备，随时监护儿童的安全。

有序乘车

八、怎样使用通讯工具

通讯工具可以帮助人们与外界进行联络，常用的有手机或者电话。

（一）使用前的准备

1. 认识手机和电话。
2. 理解和操作手机及电话。
3. 认识"0到9"10个数字。
4. 接听手机、电话流程视觉配图。
5. 拨打手机、电话流程视觉配图。

112

6. 家长与儿童模拟接听电话，结合儿童的兴趣活动选择简单话题展开。

7. 家长与儿童模拟打电话，选择儿童熟悉的话题展开对话。

（二）使用步骤

1. 接听电话

① 电话铃声响起，拿起电话放在耳边接通；

② 手机响起滑动或按键后放在耳边接通电话；

③ 听对方说话并回应；

④ 等待对方说完话后挂断电话。

2. 打电话

① 先写出要拨打的电话号码或熟记电话号码；

② 一手拿电话一手拨号；

③ 号码拨通后放在耳边；

④ 听到对方应答，正确表达所要描述的事情；

⑤ 等待对方说完话后挂断电话。

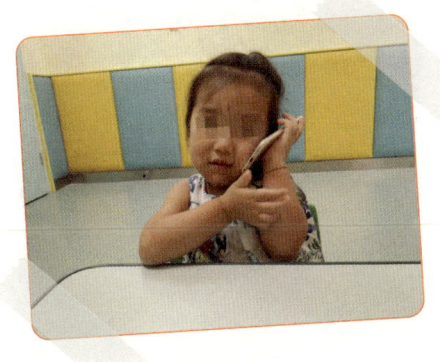

拨打手机　　　　　　　　　　拨打电话

九、怎样使用公共设施

公共设施是指为市民提供服务的各种公用设施。以常用的交通灯及斑马线为例。

（一）使用前的准备

1. **认识交通标识**　教儿童认识交通信号灯及斑马线等相关的交通标识。
2. **学习交通规则**　教儿童学会相关的交通规则，如过马路，左右看，红灯停，绿灯行，黄灯亮了等一等。
3. **场景模拟**　可以用各种小汽车、马路、行人及红绿灯的模型，模拟过马路的场景。当红灯亮的时候，行人停下来，各种小汽车快速行驶，行人在斑马线旁排队等候；绿灯亮的时候，车辆停下，行人排队通过斑马线。使儿童懂得如何安全过马路。

认识红绿灯、斑马线

（二）社会实践

刚开始在成人的陪同下过马路，成人在一旁做讲解。比如，红灯的时候说："小明，看，红灯，不能过马路"；绿灯的时候说："绿灯了，我们一起过马路。"下一次，要求小明说出"妈妈，红灯，不能过马路；绿灯了，妈妈，我们一起过马路"。通过反复演练，让儿童懂得交通规则。尝试几次后，可以慢慢让儿童自己独立过马路。

过马路

(三)注意事项

1. **尽量消除儿童的不良情绪**　儿童在公众场合表现出烦躁、哭闹、尖叫、捂耳朵等情形，可能是感知觉异常或是受到过惊吓或伤害，产生恐惧等不良情绪。首先要对儿童耐心安抚，消除其恐惧心理，必要时进行角色扮演或脱敏疗法，逐步让儿童接触事物。如效果不明显，直接带儿童脱离所接触的事物，或者转移其注意力。

2. **根据儿童的发育水平制订训练目标**　制订训练目标时，应根据儿童的发育水平，遵循从简单到复杂的认知规律进行。

十、怎样外出就餐

(一)外出前的准备

1. **提前告知**　就餐前，提前告诉儿童就餐地点，看照片或先带儿童去看一下，熟悉一下吃饭的环境，能够大大降低儿童在陌生环境中的焦虑。

2. **预先演练**　先在家中练习整个"外出就餐"的过程。看菜单、点菜、在等待的时候绘画或者做有趣的事情，提醒儿童坐在自己的位子上。

3. **准备好奖励物品**　外出就餐前，提前准备好儿童喜欢的食物或玩具。在儿童吃完饭和成人交谈的时候，将儿童喜爱的物品给儿童，让其从事自己喜欢的活动。

(二)就餐步骤

① 进入餐厅找座位坐下；
② 等待服务员点餐；
③ 等待上菜；
④ 菜品上桌后一起用餐；
⑤ 等待所有人吃完饭，离开餐厅。

（三）用餐过程常见问题的应对方法

1. 儿童在处理声音、动作、视觉方面有困难

（1）坐在餐厅角落，这样只有两个方向是有声音的；

（2）不要坐在洗手间、厨房或者过道旁边，尽量把儿童安排在人少的位置，减少刺激；

（3）如果餐厅里的声音对于儿童来说过于嘈杂，可以备几个耳塞随时带着或坐在靠近门的位置出去走走。

2. 儿童不愿意坐在自己的椅子上

（1）可以坐在高背隔开的位子上，防止儿童离开；

（2）让儿童带上纸笔、书或者玩具等随时有事做。

3. 儿童等餐不耐烦，离开座位或大叫、哭闹

（1）避免等位时间超过5~10分钟的餐厅，避开用餐高峰；

（2）提前给餐厅打电话订位；

（3）随时注意儿童的需求，不要让他的杯子、盘子都空了；

（4）引导儿童游戏互动，学会等待。

外出就餐

（赵宁侠）

第六节 如何提高 ASD 儿童的精细运动能力

大多数 ASD 儿童手部精细运动能力欠缺，肌肉协调性和控制力差，导致很多儿童可以推着桌子跑，却不能用勺子舀起饭粒；经常用整只手去抓取东西，却不会用拇指和食指捏物品。

一、操作物品的基本技能

儿童在体能和认知的发展过程中，常常运用双手进行探索，并且在探索中不断尝试操作物品或者玩具，逐步建立在日常自理和学习上所需的手部功能。

（一）伸手取物

1. 准备 儿童一般通过视觉协助来判断物品的位置，然后向目标伸手取放。伸手取物的准备，主要是指视觉（凝视、追视、视线转移等眼球运用）在伸手取放物品的过程中的运用。

2. 伸手 儿童能否准确地对着目标方向伸手，除了视觉协助判断目标的位置外，还要看手、肩、臂是否有足够的支撑力和活动幅度，让儿童自如地把手伸向目标。

3. 取物 指用手抓握物品的能力。4～6 个月的婴儿主要用掌心抓握，7～9 个月时，抓握的部位逐步从掌心移到桡侧（即大拇指、食指中间），并从掌心的粗略抓握，逐渐发展成前三指（即大拇指、食指和中指）及前二指（即大拇指和食指）相对精细的抓握方法。

4. 放物 包括张开手的能力和摆放物品位置的准确性。如果手不能张开，就不能把物品从手中放下；摆放物品的准确性需要一定的手眼协调能力，儿童15个月左右大时，就能准确地摆放物品。

（二）基本操作能力

1. 初期探索 儿童出生后，便可以运用肌肉控制和感官认知等基本元素了解周围的事物，逐渐建立基本的操作能力。

2. 建立基础 儿童6个月后，开始运用多元化的技巧，即运用双手来操控物品，包括用手拨动、摇晃、拍打、敲击、推拉、拾放等，操控的物品以玩具为主。

3. 提高能力 儿童大约1岁时，可通过实际接触和操作，逐渐加深对物品的理解。1岁以后操作技巧更为复杂和精确，包括拉拉链、翻转容器、打开盖子、翻书、套圈、摆形状板等，操作的物品主要包括日常用品和玩具。

（三）双手协调

双手协调是指同时使用双手操作物体的能力，如将物体从一只手中传递到另一只手中，同时使用双手进行游戏（串珠子、拍手）等。随着双手协调动作的发育，每只手可完成不同的动作。

婴儿在3个月左右时，开始建立双手在身体中线活动的能力；4~6个月时，能用双手配合拿着一件物品；约6个月时，开始掌握把物品从一只手转移到另一只手上，并且能运用双手做出相同的动作；大约1岁左右时，儿童的左右手开始逐步分工，左手和右手各自扮演不同的角色，但这个分工可以长达几年；在发展过程中儿童会不断尝试不同的双手配合模式，大约在2岁以后，才开始偏向一只手为主的用手。

（四）生活自理动作发育

生活自理是基本日常生活的重要内容，包括更衣、进食、保持个人卫生

（如厕、洗漱、修饰）等。不同生活自理动作的发育对个体能力的要求不尽相同，需达到一定发育水平后才能完成。如更衣，只有当动作协调能力发育到一定水平后，才能使身体各部分顺利进入相应的衣服空间。

（五）手眼协调

手眼协调是指在视觉配合下手部精细动作的协调性。由于成人反复示范和儿童不断模仿，儿童逐步学会了熟练地摆弄和运用物体的能力，如用茶杯喝水、用匙子吃东西、穿衣服、扣纽扣、戴帽子、揩鼻涕、洗手等。

手眼协调包括上肢肌肉控制能力（主要包括肩、臂和手三个部位）、眼球肌肉控制和视力、手和眼的协调运作能力等。在日常生活中，可通过上肢控制的稳定程度和手眼配合的准确程度，作为建立手眼协调能力的依据，如搭高积木、穿珠子等活动。

（六）握笔写画

握笔写画所需要的基础能力除取物、双手配合和手眼协调外，还受到儿童的专注、模仿、记忆、视觉辨别等能力的影响。这段时期儿童一般用手掌心握笔，在纸上涂鸦。

1. 握笔动作发育 无论是绘画还是书写，都要以灵活运用手中的笔类工具为前题。一般而言，儿童多在1岁到1岁半时，开始探索和认识笔和纸的功能，2到6岁是儿童握笔动作迅速发育的阶段，包括手掌向上握笔、手掌向下握笔、手指握笔。其中手指握笔是正确的握笔写画姿势，主要以拇指、食指及中指握笔。初期采用的前三指握笔方法较为粗略，有时甚至用前四指或者前二指。2到3岁时儿童可握住靠近笔尖的部位，主要依靠肩关节的活动进行绘画和书写，再逐渐发展为用肘部来控制笔的运动。5到6岁时发展为用手指的活动来控制笔的运动，逐渐精细灵活。在握笔绘画和书写动作中，离躯干中线越近部位的活动越来越少，而躯干远端部位的活动越来越频繁。

手掌向上握笔 　　　　　　手掌向下握笔 　　　　　　手指握笔

2. 绘画动作发育　大多数儿童在 15 到 20 个月就开始出现无规则、无目的的乱涂乱画。5 岁左右能完成水平线、垂直线、圆圈、正十字、正方形、交叉线和三角形等图形的绘画。随着手部动作控制能力的发育及练习经验的增多，从最初无目的地涂抹到开始有目的地绘画需要经历乱涂阶段，组合阶段（能对基本图形进行较为精确的临摹、组合和绘画），集合阶段（能将几个图形、图像组合），图画阶段（组合图形的数量增多，内容更为复杂，绘画动作更为精确）。儿童达到每一阶段的具体年龄存在较大的个体差异。

（六）文具用品的操作

1. 基础能力　文具用品操作的基础能力，除了伸手取放物品、基本操作能力、手眼协调和双手配合运用等能力外，还需要儿童对物品（即所使用的文具）有所认识，如纸除了写画外，还可以折出有趣的东西；尺子可以连线，也可以帮助画图等。

2. 使用剪刀　主要建立在手眼协调和双手配合运用能力上，只有这两种能力达到相应水平，儿童才能正确地抓握剪刀、开合剪刀，并且准确地沿着目标线条把纸剪开。

3. 折纸　此项活动对视觉辨别和空间概念有较高的要求，儿童一般要在 5~6 岁时才能掌握如何把一张平面的纸张折叠成立体形态。儿童先要明白纸能折的概念，然后再学习折纸的方法。

二、怎样操作各种玩具

儿童玩玩具，就像成人劳动一样重要。很多家长不愿意让儿童玩玩具，认为这样是浪费时间，还不如学一些知识。其实通过玩玩具，可以使儿童增加想象力，扩大眼界，丰富知识，同时也减少儿童的无理取闹和问题行为的发生。因此，必须给儿童准备适当数量、适合儿童发育水平并有教育意义的玩具。

（一）如何选择玩具

1. **适合儿童的年龄特征**　儿童的年龄不同，对玩具的兴趣也不同。年龄较小的儿童，注意力维持时间较短，喜欢玩构造简单、与生活内容相近的玩具，如皮球、锅具等，且选择玩具的种类不宜过多，避免分散儿童的注意力。年龄较大的儿童，喜欢玩复杂的玩具，如拼板、结构积木等，可适当增加玩具的种类和数量。

2. **安全、坚固耐用**　儿童的好奇心强，容易无意识地破坏玩具，故必须注意玩具的质量，容易脱落、掉漆、易碎等玩具不建议给儿童玩。另外过小、尖锐的物体，如玻璃弹珠、带尖的工具等，容易吞入腹中、刺破手指，也不建议给儿童玩。

3. **具有教育意义**　购买玩具时要加以选择，有的玩具不但可以发展儿童的想象力、创造力，还有一定的教育意义，如各类积木、娃娃家玩具等。相反，像木枪、长刀等玩具，会使儿童模仿战争，且容易受伤。

4. **符合卫生标准**　选购玩具要注意是否无毒、无味，且儿童的玩具必须经常消毒，部分毛绒玩具不易清洗且易携带细菌，不建议给儿童玩。

（二）指导策略

1. **3岁以前**　此阶段儿童学习操作玩具，多通过他人的示范及讲解，从而模仿并进行简单操作，可使用示范演示法（为儿童进行示范演示，儿童模仿）、操作讲解法（边操作、边讲解，同时进行）和模拟尝试法（让儿童通过模仿进行尝试）等。

可选择的操作类玩具包括：①声响玩具，如儿童琴、沙锤、碰钟等；②穿孔玩具，如大珠子、穿线板、大扣子等；③拾物玩具，如纸团、核桃、夹子、勺子、碗等；④触物玩具，如积木块、泡沫块、毛绒玩具、砂纸等；⑤滑行玩具，如自行车、平衡车等。

2. 3~5岁　此阶段儿童对操作玩具有了一定的技能，对其指导就要注重引领式的操作暗示，可通过对操作过程的演示和指导来进行引导，可使用操作暗示法（操作过程中通过情景引导，暗示儿童思考），程序演示法（将操作程序进行演示）和图示指导法（将操作步骤通过图示的形式展示）等。

可选择的操作类玩具包括：①编制玩具，如纸、绳、丝带等；②穿孔玩具，如系扣子、塑料管、小珠子等；③拾物玩具：如筷子、镊子、分豆玩具等；④球类玩具，如篮球、足球等。

3. 5岁以上　此阶段儿童主要以自主操作学习为主，给儿童抛出问题，以启迪的方法让儿童尝试对玩具的操作，以同伴的操作展示和互助交流、学习以及看图提示等进行自主探究，指导重在引领、鼓励和肯定。可使用问题质疑法（提出问题，引导儿童思考），操作展示法（儿童自己展示操作方法，互相借鉴）和同伴互助法（儿童在小组活动中互相帮助，解决问题）等。

可选择的操作类玩具包括：①编制玩具，如毛线、丝线等；②穿孔玩具，如小珠子、穿系鞋带等；③组装玩具，如七巧板、百变拼等；④棋类玩具，如跳棋、围棋等。

（三）如何正确操作玩具

许多儿童在操作玩具的过程中，仅仅对玩具的一部分感兴趣，不会正确操作玩具，更不会用玩具来进行游戏和交往。所以不仅要注重培养儿童的精细运动能力，更要发展其社会交流能力。

1. **假想游戏玩具的操作**　ASD儿童想象力比较缺乏，不会进行假想游戏，对于大部分假想游戏玩具都不是很喜欢，也不会玩，因为玩这些玩具需要有想象力。因此，在使用游戏玩具时，一定要提前设计好需要儿童参与的游戏。根据儿童的想象力、社交能力发展不同，游戏的难易程度、玩具的多少都应不同。可从最简单、儿童最常接触到的娃娃家游戏开始，如给娃娃喂食、穿衣、洗漱等，再逐渐过渡到更为丰富的游戏活动中去，如需要多人参与、合作的游戏。逐步提高儿童的认知能力，培养儿童动手、动脑的能力，开发思维、锻炼操作技巧和手眼协调的能力。

2. **交通玩具的操作** 许多 ASD 儿童倾向于玩玩具的一部分，而不是整体，如玩汽车时只关注轮子的转动。因此，应先让儿童认识汽车的整体和部分，以及各种颜色、质地、功能、大小、种类的交通工具类玩具。通过提高儿童对火车、汽车及各种工程车构造的认知和了解，结合游戏和玩具的功能，让儿童进行组装、拖拉和整理等，提高其动手意识和管理自己物品的能力，而不单纯只关注转动的车轮。如利用卡车运输"货物"，固定的汽车停在固定的"车位"等。

3. **拼板玩具的操作** 拼板玩具由各种形状各异、内容丰富的拼板组成，通过对图形的组合、拆分、再组合，锻炼儿童独立思考的能力和持之以恒的精神。开始时，可选择 3 至 4 块较规则拼板组合的玩具，再逐渐过渡到较为复杂、不规则、组合多样的拼板玩具。在教儿童玩拼板时，应先从一块开始，即将其他拼板都摆放好，只留一块给儿童，待熟练后再逐渐增加，直到儿童独立完成所有拼板。整个过程要注意强化和辅助的运用。

简单拼版玩具

4. **积木玩具的操作** 积木玩具种类繁多，开始时可选择儿童容易抓握、易于拼插的积木，如木质、大块塑料或泡沫类的积木，再逐渐过渡到较复杂、体积较小的积木，如乐高积木。普通儿童玩积木乐此不疲，是因为他们在玩积木的时候，一直在想象着各种各样的场景。而 ASD 儿童，因为缺乏想象力，所

复杂拼版玩具

以积木在他们眼中就是木头而已，两块木头叠在一起，就是两块木头叠起来，而不会觉得是一座高楼。因此，在玩积木玩具时尽量不要让儿童单独玩耍，要积极参与儿童的游戏，用示范、语言来提示儿童。如可一起搭建游览过的建筑，摆放去过的场所等，同时可结合物体之间的关系，如比较大小、按数取物等，培养其合理组合搭配的意识和空间想象能力。

大型积木玩具 　　　　　　　　　　　小型积木玩具

（四）注意事项

1. 了解玩具性能　每当有新玩具时，应先教儿童了解该玩具的性能、如何操作及如何爱护，切不可让儿童养成随意敲打、破坏玩具的习惯。每次给儿童买新玩具不宜过多，一两种即可。

2. 参与儿童游戏　家长要经常与儿童一起玩玩具，以提高儿童对玩具的兴趣，参与游戏会给儿童带来无穷的乐趣。同时家长还要给予儿童指导、鼓励并提出一定的要求。

3. 及时引导　儿童玩玩具时，家长要以同伴的身份参加游戏，必要时加以引导。如儿童拿了新玩具，不知如何玩，或对某件玩具失去兴趣，就在桌上乱打或抛掷，这时家长应及时引导儿童正确操作或更换玩具，既减少了儿童不正确的操作行为，又减少了玩具的损耗。

4. 合理解决儿童之间的纠纷　儿童因年龄小，动作不协调、不一致，沟通也存在缺陷，有时会出现摩擦或矛盾。这时家长应及时介入，帮助儿童解决纠纷，如儿童会因争夺玩具而哭闹，也会因玩耍方式不同而出现分歧等，可抓住时机教儿童学习分享、等待、轮候、合作等。

三、如何绘画

2岁的儿童处在涂鸦期，对乱涂乱画非常感兴趣，所以应在儿童1岁时就为其准备画笔，让其尽情涂鸦。这样，当儿童到了3岁时，便能画一些简单的富有童趣的画。

（一）熟悉作画材料

为儿童提供纸张、笔等绘画材料时，最初应选择便于儿童抓握的蜡笔或油画棒，逐渐过渡到铅笔、彩铅、水溶性彩铅、水彩笔、水彩颜料等；纸张应选择较厚、较大、不易破损的纸，逐渐过渡到普通的图画本或专门的绘画用纸，如素描纸、水彩纸、水粉纸等。教儿童作画之前，应先让其认识和逐步学会使用这些材料。对于较小的儿童，可从磁力画板或可擦的画板开始学起。

（二）掌握基础线条的画法

开始学习绘画时，不要让儿童完成整个作品。可提供一幅不完整的图画，让儿童填充需要练习的点、直线、曲线、圆圈

笔类材料

纸张类材料

可擦类材料

点的画法

波浪线的画法

螺旋线的画法

等，来锻炼儿童手腕的肌肉力量和灵活性。如事先准备好图画，让儿童用点或线画上"雨"；画海浪时，让儿童练习画波浪线；画棒棒糖、小蜗牛时，教儿童顺着一个方向画螺旋线等，整个过程可融入游戏的形式。

（三）掌握简单物体的画法

在儿童掌握了点、线、圆圈等画法的基础上，应逐渐训练儿童画出象征性的图形，以表示一定的物体形象。可从儿童比较容易掌握的圆形开始，如画苹果、糖葫芦等。再逐步过渡到四角形、长方形，如画手帕、窗户等。然后由浅入深，如画太阳、帽子、船、车、房子、人物、动物等。在具备以上能力后，可开始学习独立绘画、按要求绘画、命题画、创意画等，此阶段儿童年龄一般在3岁以上。

圆形物体的画法 　　方形物体的画法 　　简单物体的画法

126

（四）掌握涂色的技巧

在日常生活中要有意识地培养儿童对颜色的兴趣，逐步认识3~6种颜色，如红、绿、蓝、黄、黑和褐等。在能画图形以后，可让儿童开始学习涂色。开始时，可为儿童提供事先准备好的简单图案，线条要粗、轮廓要明显；也可让儿童自己画出图形轮廓，再用自己喜欢的颜色去涂色。

开始练习涂色的图案应尽量规则，使用一种颜色的笔即可，这样儿童不易涂出轮廓，也不易混淆颜色，然后逐渐过渡到较复杂的、需要多种颜色的图案。

选择涂色笔应从较粗的蜡笔或油画棒开始，逐渐过渡到较粗的水彩笔，再到普通的水彩笔、彩色铅笔等。当儿童可较好地完成一幅画后，也可增加画面效果，使用水溶性彩铅进行涂色，然后用水进行晕染，增加美感。

水溶性彩铅涂色

（五）给予儿童鼓励

儿童刚开始画画时，一般画的线条都很轻、弯弯曲曲，这时要鼓励儿童大胆作画，必要时给予辅助，尽量调动儿童学习绘画的积极性和参与的兴趣。

四、如何书写

儿童4岁以后便可开始教其写字，切不可操之过急，应循序渐进，更要注意培养儿童的兴趣。

（一）认识田字格

掌握田字格各部分的名称，如横中线、竖中线、上半格、下半格、左半格、右半格等，不仅利于儿童空间能力的发展，也利于儿童写字时对文字间架结构的理解和掌握。

（二）选择合适的笔

儿童开始学习写字时，应使用铅笔，但绝对不能用自动铅笔，同时要注意笔尖的长短。初学写字的儿童，笔尖不宜过长，从削铅笔的部位算起，一般在3厘米左右，铅芯外露不超过1厘米较为合适。对于握笔姿势不正确的儿童，建议使用三角形铅笔，必要时可选择一些辅助器具，如握笔器等。

（三）正确握笔

只能用右手拿笔，笔杆右斜靠住虎口，用拇指和食指轻轻捏在笔的前端，长短适中，以眼睛能看见笔尖为宜。以中指的第一关节和第二关节连接处抵住笔杆，无名指和小指并列顶住中指，手掌中空，感觉其中像握了个鸡蛋。手掌外侧自然摆放于纸面，书写时手腕灵活带动手指。随着运笔动作的不断成熟，除了手部，其他部位应当放松，身体端正，坐位姿势趋于垂直，这种姿势可以减少手臂的支撑作用，使手的动作更为灵活、自由。

正确握笔姿势 　　　　　　正确坐姿

正确的写字姿势：
头正、肩平、身直、足安

（四）做好写字前的准备

在写字之前，要全面了解儿童的书写状况，以便合理地开展书写活动。如

先使用较粗、较轻的笔，锻炼儿童的手眼协调能力和手部肌肉力量；先在较大的纸上练习，再向有格子的纸、本子过渡；可先自行设计适合儿童的、边框明显的大格子，再向普通大小的田字格过渡，不可要求过高。笔顺颠倒、错误的现象在儿童身上很普遍，应慢慢予以纠正，切不可谩骂讽刺儿童，以免伤其自尊。

（五）循序渐进地进行书写活动

教儿童学写字应从简到难，先任其涂鸦，再从画线条、画图形、填色等入手；待儿童具备一定的绘画能力后，再教儿童写好基本笔画；最后进行汉字的书写。下笔之前，先让儿童观察字的每一笔都在什么位置上，看准汉字的结构，要先行示范，然后下笔写，写完后再进行比较。儿童在 4 岁左右便可有目的地教其简单的数字、汉字及字母。

（六）培养书写兴趣

在学习过程中，要始终以鼓励为主，肯定儿童的成绩；对于细微的进步，都及时给予表扬。讲解时需耐心，要抓住要点，用精炼的语言把有关知识讲解清楚，避免儿童产生厌烦情绪。选出写得好的字，张贴在儿童可以随时看见的地方，不仅增加了儿童书写的兴趣，同时又鼓励了儿童，使其增强了自信心。

（七）注意事项

1. 儿童写字不可过早，应该在 4 岁以后。

2. 儿童写字不可过量，时间太久，容易疲劳，而且容易产生厌学情绪，反而适得其反。

3. 儿童写字不可操之过急，越小的儿童，注意力越低，所以应当把枯燥的写字加以变化，以游戏的形式吸引儿童。

五、怎样做手工

做手工是儿童非常喜欢的一项活动，形式多样，如剪纸、折纸、泥工等，对培养儿童认真观察、有意注意及耐心细致的习惯有非常重要的作用。做手工既能培养儿童的想象力，形成立体空间观念，又有利于发展儿童的创造性思维。

（一）如何折纸

折纸活动深受儿童的喜爱，是一种手、脑、眼并用的行为，可使儿童认识边、角、线、中心点、中心线、对角线、几何图形、空间方位等，初步建立几何和数学概念，同时可培养儿童独立思考、克服困难及手眼协调等能力。

1. 准备阶段

（1）创设环境，激发兴趣：在开展手工活动前，可在室内布置好环境，给儿童一个身临其境的感觉，这对引发儿童兴趣极其重要。如折纸活动前，可用五颜六色的纸折出各种飞舞的"蝴蝶"，用绿色纸折出许多可爱的"小青蛙"，用红色的纸折出各种"花"等，装饰在室内，尽量调动儿童折纸的兴趣。

（2）提供充分接触材料的机会：儿童的手工制作意图大多是在接触材料的过程中逐渐产生的，因而要多为其提供与材料充分接触的机会。如让儿童在使用各种软硬不同的纸等活动中，了解纸的软硬程度及易变化、易造型等特性；还可让儿童在玩纸的同时进行各种活动（如撕纸后玩"下雪"的游戏，团纸后玩"踢球"的游戏等）。在与材料接触的过程中，儿童会对折纸活动产生兴趣，愿意去操作。

（3）明确制作意图：儿童手工制作的意图是在干预者的引导下逐渐产生的，因而在做手工时要引导儿童逐渐明确制作的意图。如儿童拿起一张纸，无目的地玩耍，干预者可及时启发儿童联想："你想用纸折成好看的东西吗？"等等。在引导儿童欣赏折纸作品的过程中，也可向其提问："你想不想也做一个？"以此激发儿童的创作兴趣，产生明确的制作意图。

2. 构思阶段　　儿童明确制作意图后，进入构思阶段。构思指在头脑中通过想象和思考，对制作的造型、色彩、装饰、成品效果等各构成因素进行全面计划与思考的过程。由于儿童处在直觉行动思维阶段，因而在手工制作早期很少有计划、有目的地构思，大多是在行动中随着材料形状的改变，随时改变制作意图。如儿童在泥工活动中，随着泥巴变长，会联想到要做一个"小棒"，随着泥巴变圆，会联想到要做一个"皮球"等。根据这一特点，在构思阶段的指导可从以下方面入手。

（1）帮助儿童积累各种事物的表象：手工制作中，儿童需要积累各种事物的表象，这样才能使儿童有目的、有计划地进行构思。可让儿童通过看、摸等方式加强对表象形体的记忆。如引导儿童对动物形象进行分析，可启发儿童思考："它的身体是什么样的？头是什么样？耳朵是什么形状的？尾巴是长的还是短的？"等等，在分析时，还可利用儿歌、谜语等来帮助儿童加深对表象形体的记忆。

（2）提供多种材料，引导儿童进行联想：不同的物质材料具有不同的工艺性能和特征，分别适用于不同的造型要求。儿童在进行手工制作活动时，应为其提供丰富的活动材料，必要时可创设美工区，让儿童根据自己的意图选择材料，充分发挥想象力，构思出多种制作方案。如进行纸工活动可选择的材料包括各种纸张，如手工纸、卡纸、皱纹纸、海绵纸等，各种粘贴用胶，如胶水、胶棒、双面胶、乳白胶等，各种辅助工具，如剪刀、尺子等。

3. 制作阶段

（1）培养儿童折纸的兴趣：在选择折纸题材时，要选择儿童常见且感兴趣的内容，让儿童带着积极的情感参加活动。①儿童维持注意的时间很短，较小的儿童可通过做游戏、听音乐等方式吸引儿童的注意力，较大的儿童可通过读儿歌、讲故事等方式吸引儿童的注意力，在轻松的环境中学习，不仅可激发儿童的兴趣和热情，充分调动其主动性和积极性，而且对培养儿童的手工技能有很大帮助。②绘画是儿童喜爱的活动，将折纸与绘画相结合，会使折纸作品更加生动有趣；同时也可用儿童的折纸作品装饰室内环境。在折纸完毕后，可引导儿童将作品贴在底纹纸上，鼓励其通过想象，添画上富有新意的形象，组成一幅有立体感的图画，从而培养儿童的审美能力，进而提高手工制作的水平。

（2）从折纸的基本技能入手：掌握折纸的基本技能是折纸活动的前提。在折纸活动中，要引导儿童掌握对边折、对角折、双正方形折、双三角形折、集中一角折、四角向中心折等基本折法。

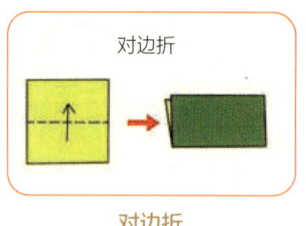

对边折

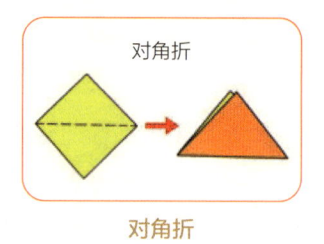

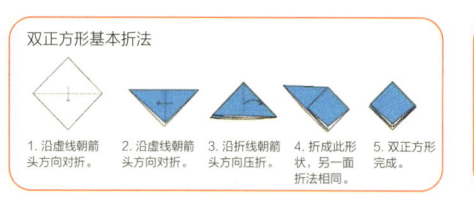

对角折

双正方形基本折法

1. 沿虚线朝箭头方向对折。
2. 沿虚线朝箭头方向对折。
3. 沿折线朝箭头方向压折。
4. 折成此形状，另一面折法相同。
5. 双正方形完成。

双正方形折

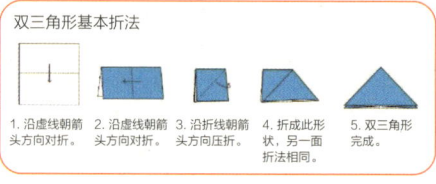

双三角形基本折法

1. 沿虚线朝箭头方向对折。
2. 沿虚线朝箭头方向对折。
3. 沿折线朝箭头方向压折。
4. 折成此形状，另一面折法相同。
5. 双三角形完成。

双三角形折

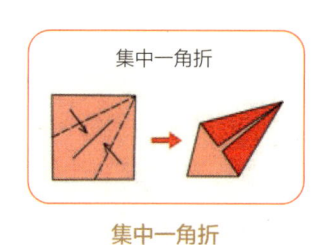

集中一角折

向心折

四角向中心折

（3）探索有效的演示和讲解方法：演示和讲解在折纸活动中非常重要。演示的时候应准备比儿童的纸大 2~3 倍的纸张，力求色彩鲜艳并富有美感，保证每位儿童都能观察清楚。讲解时可进行步骤分析，即将讲解演示的第一步固定在展示板上，再演示第二步，将第二步也固定在展示板上，以此类推，直到完成作品。还可使用恢复原形法，引导儿童将已经折好的作品打开，然后根据折痕的提示折回原形，这些折痕为儿童进行折纸作品的再造提供了参考依据，降低了活动难度。

（4）鼓励儿童独立完成作品：折纸活动的重点是激发儿童的折纸兴趣和探究欲望，而不是教会儿童折多少数量的作品。首先要让儿童认识常见的折叠符号，如折叠线符号、中心线符号、对折符号、反折符号、曲折符号等，然后循序渐进地引导儿童按图示进行练习。当儿童遇到困难时，可采取小组合作的方式，为儿童提供自己解决问题的机会。如儿童仍不能完成作品，可适当给予提示和指导。

步骤分析法 　　　　恢复原形法

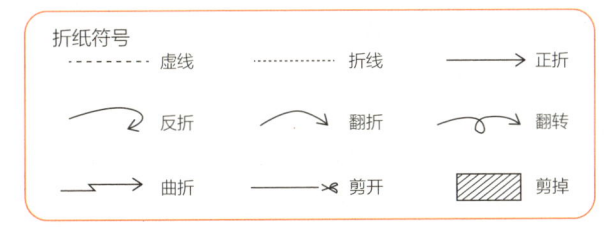

折纸符号
虚线　　折线　　正折
反折　　翻折　　翻转
曲折　　剪开　　剪掉

折叠线符号

在折纸过程中，儿童会有不断的新发现和乐趣，能够在不知不觉中培养儿童的积极性和创造性。折纸活动应融入儿童的每日常规活动中，会使儿童终身受益。

（二）如何剪纸

大约从2、3岁开始，便可尝试让儿童开始使用剪刀。使用剪刀需要手指间配合完成开合的动作，要真正熟练地操作，大多数儿童要到6岁以后才能完成。对儿童来说，剪刀看似是一种很危险的工具，但如果选择合适的安全剪刀，并在正确的指导下使用，可促进儿童手指控制、手眼协调等能力的发展，而且能为儿童增加很多手工活动的乐趣。

1. 安全取、放剪刀　使用剪刀前，必须先教会儿童正确拿取剪刀的方法，既不能伤害到别人，又不能伤害到自己。教儿童拿取剪刀，应选择儿童用安全剪刀，让儿童用手拿剪刀柄，不要拿剪刀尖，剪刀尖应朝向前方。递出剪刀时，不要把剪刀尖递给对方，接过剪刀时，应接过剪刀柄的部位。可让儿童练习传递剪刀，使其熟练掌握并养成习惯。

133

安全剪刀

传递剪刀正确方法

2. **正确拿、握剪刀** 在教儿童握剪刀时，可采用手指游戏或编成儿歌来进行。如大拇指是爸爸，食指是妈妈，中指是姐姐，编成儿歌："小剪刀，向前伸（剪刀尖不能指向自己），两个山洞竖起来，上面山洞爸爸钻（大拇指放到剪刀上面的孔内），下面山洞妈妈姐姐钻进去（食指和中指放到剪刀下面的孔内），小剪刀和宝宝乐开花。"在游戏过程中，儿童很快就能掌握正确拿握剪刀的方法。

正确拿握剪刀的方法

3. **灵活使用剪刀**

（1）随意剪：随意剪即纸上没有线条，儿童可以随意剪纸，适用于儿童初学用剪刀时。儿童可以凭借想象把纸剪开，没有要求，没有对错，这样儿童会大胆地使用剪刀，很有成就感。

（2）沿线剪：

1）一刀剪：给儿童准备一些一厘米宽的纸条，上面画有较明显、容易辨认的直线，儿童可以一刀沿线剪断。可设计一些粘贴性的活动，让儿童把剪下的碎纸片贴成漂亮的图案，如贴小路、贴高楼等。这样儿童既感兴趣，又增强了用剪刀的积极性。

一刀剪 　　　　　　　　　剪纸贴画

2）两刀剪：为儿童准备一些二三厘米宽的纸条，上面画有直线，需要儿童沿线两刀剪下。在教儿童连续剪时，可利用儿歌来告诉儿童把剪刀"口"张大，然后"咬下去"。如"我来变个大老虎，张大嘴巴咬下去，一口一口全吃光"等。

3）连续剪：练习技能时应先剪直线再剪曲线。当剪一些较复杂的图案时，可教儿童转纸、不转剪刀的方法。在活动中，可设计一些游戏，如"开火车"，让"剪刀"当"火车司机"，需要使"火车"行驶在"铁轨"上等来调动儿童的兴趣及注意力。

通过这些方法，可很快地帮助儿童掌握使用剪刀的正确方法。此外，2~3岁的儿童，肌肉力量及协调性发展不完善，可在日常生活中多进行锻炼小肌肉的活动，促进儿童小肌肉快速发展，同时也使儿童运用剪刀能更加灵活自如。

（三）如何做泥工

泥工活动深受儿童喜爱，不仅能锻炼儿童手指的协调性、灵活性，还能逐步提高儿童的审美能力和创新能力，促进儿童的全面发展。

1. **认识泥工材料** 泥工活动中应选用适合儿童使用的超轻黏土、空气黏土等，不仅便于塑形，完成作品后更容易保存，而且会配套图样、辅助工具等。

黏土

泥工工具

2. **掌握泥工基本技法** 泥工活动应由易到难，由简到繁，做好一个复杂的形体，要学会揉、搓、压、粘、捏、拉、分等基本技法。

在掌握这几种基本技法后，引导儿童自己动手操作，让儿童有玩泥的意愿，如团泥、双手交替团球、捏泥、搓长、搓圆、压扁（用手掌）、压坑（用物品或手指）、捏尖、用工具造型、组合平面造型、组合泥块完成立体造型等。要注意强调所做的形体要光滑，形象生动，激发儿童的创造性。

3. **选择不同颜色的泥料** 掌握泥工的基本技法后，要引导儿童选择不同颜色的泥料，塑造出真实、生动、形象的物体。如儿童在做各种动物、食物时，搭配不同颜色的彩泥，会使整体作品色彩鲜艳，更容易引起儿童手工活动的兴趣。

4. **制作各种形态的作品** 儿童泥工制作的技能技巧不断提高，要鼓励其不断创造，推陈出新。如儿童学会做"皮球"时，可把"皮球"的上下轻轻压平，在一端插上一根"把儿"，就变成了一个苹果。

当儿童掌握由某种物体形态变成各种物体形态的规律后，要引导儿童举一反三，捏出类似的其他物体。这也是发展儿童想象力、创造力、审美力的大好时机。如儿童在做人物形象时，可让儿童观察人物表情，做成笑、哭、怒等各种表情的人物。

（四）注意事项

1. 学习各种工具和材料的使用方法　要根据儿童身心发展的年龄特征，有选择地引导儿童学习一些工具和材料的基本使用方法。用确切、浅显的语言讲解步骤，让儿童通过自己的思考，在理解的基础上掌握技能技巧。

2. 有计划地提供练习机会　可先进行分步练习，再进行整体练习。开始分步练习时，时间短一些；进行整体练习时，时间可相对长一些。分步练习可帮助儿童确切掌握每一种动作的方法与要领；整体练习则可帮助儿童掌握系列活动之间的联系。

泥工造型

3. 将手工制作与绘画结合起来　在手工制作中添加绘画，能激发儿童对手工制作的兴趣，发挥其制作与装饰的能力。

4. 将手工制作与游戏相结合　儿童喜欢游戏，把手工制作融入游戏之中，潜移默化地使儿童在玩中学、寓教于乐，达到游戏和教育的双重目的。

六、怎样使用文具

文具主要供 3～12 岁的儿童使用。

（一）选择文具的原则

1. 适合儿童年龄　应考虑儿童的年龄特点，尽量选择儿童文具，确保安全性。

2. 在正规地点购买　应尽量在正规商场和文具店购买儿童文具。绘画颜料、橡皮、涂改液等文具用品，应有"环保、无毒"等标注字样，清楚标明产品名称、执行标准、生产厂名、厂址、警示用语、使用时应注意的事项、生产日期、保质期等内容。

3. **注意文具的气味**　在选购儿童文具时，应打开闻闻气味，如果有明显刺鼻的气味或者添加了香精而造成的不正常浓烈香味，则不要购买。

4. **注意文具的外形**　手工剪刀、刀片应为圆弧顶端，不应为锐利尖端，确保安全；应注意笔帽安全，笔帽的直径应大于 16 毫米，笔帽上需要有一条连续至少 6.8 平方毫米的空气通道，这样可减少使用者误吞后窒息的危险；练习本不能太白（亮度应不大于 85%），太白了会刺激、损伤儿童的眼睛，影响视力。

安全笔帽

（二）文具的种类

儿童文具种类繁多，可以简单分为以下几个类别。

1. **纸质类**　包括图画本、绘本、素描本、方格本、田字本等。

2. **笔类**　包括铅笔、圆珠笔、钢笔、记号笔、蜡笔、彩笔、水彩笔等。

3. **工具类**　包括文具盒、笔袋、尺子、儿童剪刀、橡皮擦、涂改液、涂改带、书包等。

纸类文具

笔类文具

工具类文具

（三）如何教儿童管理文具

管理好文具是培养儿童学习新习惯的开始，也是培养儿童责任心、进一步增强保管自己物品意识的最好时机。文具管理包括帮助儿童学会摆放物品，整理文具，学会思考。一个会整理自己物品的儿童，思维也会有条理性；而一个不会管理自己的儿童，会很难适应学校的学习生活。

1. 管理及使用本子 为儿童准备好硬纸板或塑料制的本皮，可以防止本子损坏或弄脏。写字时教儿童把底边弄平或用硬纸板将本子的下边盖好，防止本子翘边。如果儿童写错了或者写得不好，不要将这页撕下来，可使用橡皮或接着在后面写，这样会看到自己努力的痕迹。用过的本子也可保存起来，适当给儿童翻看自己的进步，可以鼓励并增进儿童的自信心。

2. 管理及使用铅笔 每天削好几支铅笔摆在文具盒或文具袋里，让儿童自己准备好橡皮、直尺等必备文具，使用后数一数自己的铅笔及其他文具数量对不对，使儿童对自己的物品有初步的归属感及管理能力。

自粘书皮

3. 管理及使用书籍 经常使用的书要包好书皮，写好姓名。可使用一次性自粘书皮或塑料书皮，使用一次性自粘名签为儿童写好姓名。教儿童按使用频率进行摆放，如常用书籍放在一侧，不常用书籍放在另一侧，摆放时书名要露在外面，这样在使用时会更加方便。

4. 整理书包 应选择多个口袋、便于整理的书包。常用的物品放在方便拿取的口袋，不常用的物品归类放在书包的其他口袋里，如水彩笔、学具等。固

自粘名签

定的物品放在固定位置，如水杯放在水杯网中，这样儿童在拿取物品时容易找到，并且能更好地培养儿童整理归纳的能力。

（郭岚敏）

第七节 如何管理 ASD 儿童的问题行为

ASD 儿童在人际交往、语言交流、思维等各方面都存在严重障碍，致使其情绪和行为问题更加突出，多数表现为发脾气、大声喊叫、自我刺激等，甚至出现攻击、自残等问题行为，这些问题行为的存在严重影响其各项功能的发展。因此，找到问题行为的原因，合理管理问题行为，是 ASD 儿童康复干预的重点内容。

一、如何管理发脾气与攻击性行为？

（一）出现发脾气与攻击性行为的原因

ASD 儿童常常无法表达自身的愿望、需求及其他感受，他人也往往揣摩不透儿童所有的想法，因而不能及时满足其愿望或需求，帮助儿童解决困难。例如，儿童为了得到糖果、糕点或古怪的东西，常常会出现尖叫或大声哭喊、跺脚、踢东西、撞头、大发脾气、攻击等行为，这些行为甚至会持续几个小时。

（二）管理发脾气与攻击性行为的策略

针对儿童发脾气与攻击性行为，可根据儿童的表现，分析其问题行为存在的原因，采用适当的方法处理。如在街上或商店等公共场所发生此类行为时，最常用的解决办法是尽快将儿童从现场带离（即逃离现场），因为公共场所不适合对此类行为进行管理。如在家中，一旦儿童出现尖叫、发脾气的行为时，只要没有自伤行为，可以不予理睬，并坚持到其平静为止。如儿童出现攻击性行为，可把儿童带到单独的房间（隔离室）内，隔离一段时间，待其停止尖叫、发脾气后，立即给予关心、爱抚或表扬、赞许及适当的奖励（强化物）。采取坚持不予理睬至儿童平静的做法时，不会使儿童的行为立即停止，所以需要"钢铁一般的神经和聋子一样的耳朵"，一定不要在儿童脾气爆发时给予关注。

当儿童发生尖叫、发脾气行为时，千万不要想以某种"东西"来"安抚"儿童，使其平静，其结果反而会让儿童"意识到"，想要得到"东西"，就要用尖叫、大发脾气来达到目的。也不要用拍打、吓唬的办法来阻止。当儿童稍大时，在某种程度上懂得并能使用词语时，可在其发脾气时，用坚定的声音或态度对他的行为做出回应，尝试使儿童去听从"常规的"控制方法。

二、如何管理破坏与乱动他人物品的行为

（一）出现破坏与乱动他人物品的行为的原因

ASD 儿童由于认知发展方面存在障碍，不会进行建构性游戏，往往想通过探究身边事物的简单性质，而表现出对事物的破坏行为。破坏性行为的后果是严重的，如为了"探索"周围事物是怎样的，把书本、窗帘等撕开；用积木去打破电灯；从撕裂声或破碎声中得到令其满足的刺激；不理解大物件不能装进小物件的道理，就把它们统统地破坏掉；为了嗅某些味道，将弄到的排泄物涂洒在墙壁上等等。

（二）管理破坏与乱动他人物品的行为的策略

1. **破坏性行为出现前**　应考虑提供一个让儿童无法进行破坏的环境。根据儿童特点，安排一个安全的环境，把易碎的物品藏起来或放到其拿不到的地方。提供一些会在触觉和视觉上使儿童感到愉快或感兴趣且不易碎、易搬动、

大而坚实的物品供其游戏。有条件的家庭，可设计一个无法破坏的专门房间或区域供儿童游戏。

2. **破坏性行为出现时**　最好的办法是尽快把儿童从行为中转移出来。可用拥抱、搔挠等游戏或做一个儿童喜欢的动作、活动，让其转移注意力，逐渐让儿童明白，这样的行为是被禁止的。用大喊大叫、愤怒指责或打骂来阻止儿童的破坏性行为是不可取的。

3. **替代策略**　解决问题的真正办法是设计一些儿童感兴趣的活动或事情让其完成，如涂画、做简单的家务、玩有趣的游戏等，让活动融入儿童每日的生活里，才有可能逐渐淡忘并放弃破坏性的行为。对于具有严重破坏性行为的儿童，在其行为消失前，最好有专人的监护和跟踪。对语言理解较高的儿童，可用一些表示与其行为相关的用语。如对他说："这是爸爸的，那是妈妈的""别人的东西不能动"……当儿童出现符合规范的行为时，立即给予表扬、奖励，使其慢慢意识到不能随意破坏不属于自己的东西。

三、如何管理自伤行为？

（一）出现自伤行为的原因

ASD 儿童经常出现自伤行为，如打自己、拔头发、咬手、撞头等。自伤的原因常有两个方面：一是无事可做；二是在集体环境中未被他人注意、理睬。应根据自伤行为的不同程度、原因等进行管理。

（二）管理自伤行为的策略

1. 不同强度自伤行为的管理

（1）严重的自伤行为：如抠眼、撞头等行为发生时，应立即采取行动制止，并采用一些必要的措施（如戴上防护工具手套、头盔等）以保证儿童的身心安全。只有当儿童不抠、不抓、不撞时，才给予表扬与注意。此时，要让儿童明白，我们只是不关注他的行为，而非不关注他本身。

（2）相对轻微的自伤行为：可用"漠视法"来矫正。当多次矫正无效时，可采用一些积极的处理方法，如发出指令"把手放在膝盖上""手放在桌上""站起来""坐下""蹲下"等动作，使儿童手、脚无法去做自伤行为，并使其学习一些新的动作和行为。

2. 不同原因自伤行为的管理　对有自伤行为的儿童，除及时矫正外，还应仔细分析原因，多给予安抚和照顾，有目的、有计划地给予帮助，使其自伤行为逐渐减少乃至消失。

（1）因受挫折、困惑、烦恼而发生自伤的儿童：对于此类儿童要额外增加照顾及安慰。如8岁的儿童，父母因工作出差3天，将其托付某人照料，儿童因接受不了这种照顾者的改变，就去抠已经结痂的伤口，甚至用尖锐物品去刺自己的手指。在这段时间里，儿童需要额外的关照，但又无法表达自己的感受，也不理解父母什么时候回来，这些不愉快就使其产生自伤行为。所以，对于此类儿童需要很大的耐心和对其细致入微的观察和了解，才能处理好儿童的自伤行为。

（2）因活动太少、空闲太多而经常发生自伤行为的儿童：对于此类儿童应尽量设计更多活动，积极创造条件，鼓励其参与各种趣味的学习和游戏活动，以充实儿童的时间，从而避免其终日空闲，无事可做，出现自伤行为。

（3）为了寻求个别注意或刺激而引发自伤行为的儿童：对于此类儿童，只要行为无危险，就可不予理睬，待行为停止后，才对其关注或予以表扬。

四、不怕危险和特殊恐惧的管理

(一) 不怕危险儿童的管理

1. **出现不怕危险行为的原因** ASD 儿童对周围事物的危险性常常毫不在乎，如喜欢攀高，在高处狭窄的突出物上行走，从高楼窗户探出身去，在马路上无视来往车辆等。儿童出现不怕真正危险的行为，是由于他们缺乏对事物的判断力，不懂得某些行为会对自己带来伤害或死亡。

2. **管理不怕危险行为的策略**

> (1) 教导安全规则：预防危险发生，教导儿童懂得常用的安全规则，如穿越马路，避免火灾，使用电和煤气的安全事项等，让儿童明白并遵守这些规则。
>
> (2) 减少发生危险的环境因素：尽量去除发生危险的环境因素，把常见的危险品放好，楼道、阳台、窗户设置防护栏、安全网等。
>
> (3) 看护好儿童：平时一定要注意看护好儿童，在出现险情时，立即抱住或控制住儿童，并用短语警示："不行！不可以！"特别要注意 2～5 岁的儿童，因为这个年龄阶段的儿童最不怕危险。

(二) 特殊恐惧的管理

1. **出现特殊恐惧行为的原因** 很多 ASD 儿童总是紧张和害怕，对某些实际上无害的东西或环境会产生恐惧或烦恼，出现尖叫、哭闹等情绪失控的情形。想了解 ASD 儿童这些恐惧的由来，通常比较难，有时可能是由初始经历引起的，有时也可能是环境的刺激引起的。

2. **管理特殊恐惧行为的策略** 对这样的儿童应尽快弄清使其出现情绪失控的原因，尽可能迅速地阻止这种反应。在原因弄清后，让儿童离开这种会使他恐惧和烦恼的环境，让其感到舒服。离开后，若儿童仍尖叫、哭闹不休，可用消退法处理，即对此行为不予理会或过度关注。处理每一种恐惧都应慎重考虑后做出决定，但并不是犹豫不定；同时必须要有信心，相信自己解决问题的能力，还要坚持到底。

（1）初始经历引起的恐惧：如开始穿新鞋时，磨痛脚跟而引起对穿鞋的恐惧；第一次洗手、洗澡时，受过烫而引起恐惧洗澡等。在恐惧消失之后很长一段时间里作为日常生活习惯而延续下来的恐惧问题。

处理时可通过逐渐接触引起儿童害怕的环境来消除恐惧。具体过程要安排细微转化的程序，也就是一点一点逐步增加儿童与恐惧事物的接触，使其逐渐适应，消除恐惧。如前面提到对穿鞋恐惧的儿童，首先找到他喜欢吃的食物，每当他吃喜欢的食物时，把一双鞋放在旁边，颜色一定是儿童喜欢的。在他吃完之前，把鞋拿走。如果儿童反应强烈，可将鞋短时间或远距离放置，逐渐延长鞋在旁边的时间并尝试拉近鞋与儿童之间的距离。反复多次，使儿童平静地接受鞋。此时，可在儿童进食期间，尝试把鞋穿到脚上，时间再次逐渐加长。当儿童适应后，可尝试在早晨起床后把鞋穿上。

（2）环境刺激产生的恐惧：如对刺耳的噪声、明亮的灯光、敏感的触摸（理发、剪指甲）等刺激产生的恐惧。ASD儿童似乎对这些刺激感到很痛苦，而并不是大惊小怪、小题大做，经常引起强烈的恐惧和抵制。

可通过模糊感官刺激或转移注意力的方法让其在不知不觉中接触，逐渐接受，消除恐惧。处理时必须尽量镇定，坚持用平静的安慰和转移注意力来帮助他。如对触觉敏感的儿童，要坚持一人抱住儿童，给予一定的压力，不让儿童挣脱拥抱，并分散其注意力（听音乐、唱歌、讲故事等），另一人快速洗或剪头发。在

> 儿童对自己的仪表、装饰感兴趣时，此类问题比较容易解决。对噪声敏感的儿童，可让其坐汽车、火车、飞机适应噪声；也可以进行感觉统合训练，帮助其脱敏，消除恐惧。

五、好动儿童的管理

（一）出现好动行为的原因

部分ASD儿童表现出无法长时间坚持做某件事情，如无法久坐，无法玩一种玩具或游戏，不听他人把话说完等，总是不断地变换所做的事情。这与儿童的注意力和兴趣有关系。如果儿童的意志力和韧性较差，无法坚持，或对从事的事情不感兴趣，就容易出现一件事情还没做好就迅速换做其他事情的现象。

（二）管理好动行为的策略

1. 无法久坐的儿童 应对其制订科学的体能活动日程表，安排一定的运动和锻炼身体的时间，这是能坚持坐好的有效途径。通过体能的训练，不仅会消耗儿童多余的精力，还能使其肌肉、骨骼都得到锻炼，脊柱的支撑能力会不断增强。另外，在体能训练中，儿童的意志力和韧性也得到了加强，使儿童不会因一点累的感觉就无法坚持坐好。

2. 注意力不集中的儿童 不要轻易打扰正在专注地做感兴趣事情中的儿童，或要求儿童停下来去做其他事情。如儿童正在玩自己喜欢的建构游戏，已经建成大半，到了开饭的时间，妈妈认为儿童只是在玩，所以让儿童停下来，洗手吃饭。这样的做法会使儿童认为，可以在事情没有完成之前就去做其他事情。另外，当发现儿童注意力开始分散，可主动加入活动，鼓励并陪伴儿童把事情完成。如儿童在画画时能很快地勾勒出轮廓，但涂色时就会因为重复地做涂色的动作而无法专注。这时可陪儿童一起完成涂色的部分，每当儿童完成一个轮廓的颜色，可与其一起讨论下一个轮廓的颜色，这样儿童手部的弧形肌肉可得到适当的休息，也有利于儿童重新把注意力放回涂色活动当中。

3. **不听他人讲完话的儿童** 应注意在说话时与儿童保持同一水平线，看着儿童的眼睛，同时也要求儿童看着讲话者的眼睛，这样有利于儿童专注于与他人的沟通。另外，要注意说话的语速和音量，尽量用儿童可听清并理解的语速和音量来表达意思，使儿童能听懂；否则，儿童会把注意力转移到其他地方去，左顾右盼。

六、安静儿童的管理

（一）出现过度安静行为的原因

过度安静的 ASD 儿童与过度活跃的儿童相反，终日平平静静，从不探索外界，对泥土、沙子等一点儿兴趣也没有，甚至连拿勺子吃饭、摆弄面前玩具的"力气"都没有。尽管这类儿童造成的麻烦少些，但其自封自闭的极度孤独，影响了自身的发展。针对此类儿童，应尽量引导其融入外界环境，走出"孤独"的世界。

（二）管理过度安静行为的策略

1. **尽快被儿童接纳** 要尽可能融入儿童的世界，被其接纳。必须仔细观察，发现儿童的喜好、习惯。开始时，要依照儿童的习惯，做同样的事情，如儿童吃东西就和他一起吃，儿童玩游戏也和他一起玩，让儿童同化、接纳，并对"你"产生兴趣。如开始时与儿童进行平行游戏，然后逐渐转换为合作游戏，逐渐融入儿童的世界。

2. **用有趣的游戏活动培养儿童的兴趣** 被儿童接纳后，便可尝试带其去做各种各样有趣的游戏和活动。在活动中要对儿童进行鼓励和帮助，积极培养和激发儿童对周围事物的兴趣，让其认识到外界事物的精彩和多样。

3. **使用正性强化** 在活动中，不要限制、批评和指责儿童的表现，要以正强化为基础，及时地表扬、称赞和肯定儿童的举动，逐渐使儿童认识到自己的兴趣和能力，从而达到对参与游戏、活动及对外界事物产生兴趣的目的。

4. 培养儿童各方面的能力　在对外界事物产生一定的认识与兴趣后，可加强培养儿童其他方面的能力。如带儿童到公共场所、海边、公园去旅游、度假等，创造社会交往的场面，在丰富的社会环境中使其增长知识，提高语言、社交等技能，扩大与人接触的环境，逐渐使儿童摆脱自封自闭的行为。

七、退缩儿童的管理

（一）出现退缩行为的原因

有些 ASD 儿童明显孤僻、胆小、退缩、沉默寡言，不敢与其他儿童交往，宁愿一个人呆着，也不愿到陌生的环境中去；即使随着时间的推移，也很难适应新的环境。这类儿童从小适应能力差，对新环境感到特别拘谨，不愿接触人，害怕失败。同时，有的家长把儿童关在家中让其独自玩耍，较少与其他儿童交往；或对儿童过于溺爱，过多照顾与迁就等，也会使儿童难以适应新的环境。

（二）管理退缩行为的策略

1. 培养儿童独立自主的能力　要使儿童建立信心，让其学会自己管理自己、自己的事情自己做。家长一定要放手给儿童锻炼的机会，相信儿童的能力，不要过度溺爱和代劳，避免造成儿童的过分依赖，要逐渐使儿童丢掉依赖心理，学会独立。

2. 为儿童与同伴交往创造条件　要创造条件，让儿童多参加社会活动，鼓励儿童与同伴交往。对已经出现退缩行为的儿童，应增加其外出的机会，使儿童逐步适应各种环境，帮助其克服孤僻、退缩的心理。对儿童在社交中表现出的合群现象及时给予奖励和强化。

3. 注意循序渐进　不可强行扭转儿童的退缩行为，避免使儿童恐惧不安，更加害怕与人接触。应注意循序渐进，通过坚定的信心、耐心和良好的社交关系，帮助儿童逐渐克服退缩、恐惧的心理。

八、如何管理刻板行为

（一）出现刻板行为的原因

ASD 儿童的刻板重复行为，如固定地坐在某一位置上，走某个固定的路线并买同样的物品等，实际上是从感情上企图把事物的秩序引进他们混乱、封闭的世界中。儿童常常要求事物保持原样甚至拒绝变动，这种固执不变的行为，是因为不懂得事物变化的作用与意义，以及变化的规律，也不明白变化后将发生什么，将带来什么，所以拒绝变化。当环境变化时，儿童难以接受，甚至大哭、大闹、长时间尖叫。

（二）管理刻板行为的策略

1. 利用儿童视觉优势　应拒绝配合其刻板僵硬的行为，将其生活安排得井然有序。可利用儿童的视觉优势，为其建立每日视觉日程表或各项活动日程表。儿童了解到将发生什么之后，会感到舒服、安全。在儿童有准备之后，逐渐引入变动。在儿童拒绝变动时，要和蔼、耐心，还要坚持不懈地阻止儿童继续出现带来诸多不便于日常生活常规的行为。

2. 使用塑造改变的方法　在进行每日各项活动的时候，不妨有意识地在每一天里，在许多方面都进行一点小小的变化。如安排课程项目、时间或内容的变化；出门时，行走路线的变化；家中摆放的装饰位置、形式的变化等。利用渐渐变动的生活环境，让儿童慢慢习惯常规生活中的变化，塑造儿童接受社会生活中出现变化的能力。

如儿童拒绝放开拿在手中的一张卡片，若强行把卡片拿掉，儿童立刻就用手指甲重重地挠脸。针对这一行为，可采用一种比较缓慢且不使他感到烦恼的办法，如每天晚上在儿童睡觉之后，从卡片上剪去一小块，直到卡片消失为止，儿童也不再狂怒地尖叫，不再伤害自己。

3. 积极地帮助儿童培养合理的生活常规　可安排儿童感兴趣并能积极主动参与的建设性活动。在活动中，善于发现儿童的兴趣点，培养其更为广泛的爱好和合理的生活常规。同时尝试用一种新的、合理的生活常规去代替儿童的刻板行为。

阻止儿童各种令人不便的刻板行为时，应先着手去处理其中最令人讨厌的或最严重的刻板行为，并且需要坚持到底，不能因为困难就半途而废。合理的生活常规一旦牢固的确立了，再处理其他相对容易的问题，就更容易。

九、自我刺激行为的管理

（一）出现自我刺激行为的原因

ASD 儿童经常出现一些奇特的动作和表情，如扭曲手指、怪异的跳动、挤眉弄眼等。产生这种行为的原因可能有两个：其一，儿童用古怪的表现引起公众的注意；其二，儿童可以从这些怪异的动作中得到某种自我刺激或满足。

（二）管理自我刺激行为的策略

1. 引起公众注意的行为　对于此种情况，可以不予理睬，使用消退法使儿童逐渐减少自我刺激行为。如在公共场合发生，应尽快带儿童离开，切忌用打骂、训斥等方式强化其不正确的行为。

2. 得到自我刺激或满足的行为

> （1）限定场合和时间：可把儿童的动作限制在一定的场合和一定的时间内。如在外出、郊游或处于众目睽睽之下，应立即加以制止，如当他扭曲手指或转动双手时，要轻轻地握住他的手，逐渐地给他一个概念——这种行为是不能接受的，即用一个行动和一个词（或短语）提醒或制止他。还可以把一些物品交给儿童提着、拿着，不让他有空闲的双手去做那些奇怪的动作。而当儿童在家中

时，可为其设置一定的自由时间，可以是在完成固定的一日常规活动后或完成某个任务后。在这段时间内，儿童可以自由地、尽情地出现自我刺激行为，直到下一个活动或任务开始。

（2）用有意义的行为替代无意义的行为：最根本、最有效的解决办法，是让儿童在每日里有更多事情可做，通过学习、活动去充实时间，培养和发现儿童的兴趣，用其他有意义的行为去替代毫无意义的行为。

十、其他问题行为的管理

（一）令人难堪问题行为的管理

ASD 儿童在交往方面存在着质的缺陷，不仅表现在对交往兴趣的缺乏，也表现在与人交往中不适应甚至出现难堪的行为。如不会根据社交的情景和场合来调节自己的行为，以至当众说出令人难堪的话，做出令人难堪的事，使父母和他人感到尴尬，也影响其社交的发展。令人难堪问题行为的干预策略如下。

1. **严格禁止不符合社会规则和规范的行为**　由于儿童对社会上的规则、规范不理解而出现的与社会不相适应的行为，如在商店里，拿起东西就吃、就走，不付钱；当众无知地脱裤子小便等。一旦这种难堪行为开始，就紧紧拉住儿童，同时用坚定的语气告诉他："不行！""不准碰！""不能拿！"等，使其逐渐明白"不行"是严格禁止的。

2. **培养儿童符合正确社交规则的行为**　阻止儿童不符合社会规则和规范的行为后，要针对问题，分析原因，制订相应的计划进行训练，以增加儿童符合社会规范的行为。如进行购物游戏，开商店活动，如厕的方法等活动。ASD 儿童一旦学到一条规则，往往会在各种情况下都遵守。如待人接物的礼节，客人来去的迎送礼貌，在社交场合的礼仪等。可针对儿童制订一系列社交规则，防止"不适应"的行为出现或重复发生。

3. 给儿童树立良好的榜样　需要注意的是，在ASD儿童面前说话、做事，要特别小心谨慎。成人骂人的口音和语调、诅咒语的强烈感情和语气等，给儿童鹦鹉学舌创造了机会。儿童会用这些话语，反复地再现给他人。成人丑陋的行迹或举动，也会形成儿童刻板动作的模式。所以要注意成人的社交语言和举动不要给儿童树立不良行为的样子。

（二）课堂问题行为的管理

ASD儿童入学后，仍会存在人际交往障碍，很少参加集体活动，不能遵守课堂行为规范，出现拍桌子、尖叫、晃手、擅自离座等问题。课堂问题行为干预策略如下。

1. 弱化声音刺激，改善教室布置　如儿童擅自离开座位捡东西，是因想感受到物品落地、挪动椅子的声音刺激，从而获得自我感觉刺激。因此，矫正擅自离座行为必须弱化声音刺激。首先可从改善教室布置入手，如在教室地面上铺上地毯，以便弱化物品撞击地面产生的声音，从而减少儿童的离座行为；其次尽量选用特殊材料制作的教具，如硅胶材料等，受到撞击也不会发出声响。

2. 调整教学策略　让儿童参与课堂教学中，能增强其成就感，从而强化儿童的正向行为，提高学习质量。如儿童喜爱认识汉字，教师可据此调整教学策略。在语文课上，安排一些教学活动，如与认读词语有关的小游戏等。游戏过程中，教师可添加一些儿童感兴趣的元素，引起儿童参与的兴趣，从而使其积极参与课堂教学，养成正确的课堂行为规范。

3. 适当忽视、及时强化　儿童的一些问题行为是为获得教师的关注，针对这些问题行为，教师应给予忽视。儿童无法获得满足感，就会降低该行为的发生概率。在儿童弱化问题行为时，教师需要及时给予强化，使儿童获得成就感，再次降低问题行为的发生概率。如儿童一节课离开座位五次，教师不予理会；当一节课离开座位的次数下降到四次或更少时，教师对儿童的进步进行社会性强化，即给予表扬；在儿童逐渐降低离座次数后，教师持续给予强化，通过此方式规范儿童行为。

（三）睡眠问题行为的管理

ASD 儿童常见的睡眠问题主要有：昼夜节律不规律，入睡和维持睡眠困难，睡眠质量不高，早醒，不良的睡眠习惯，频繁醒来，睡前扰乱和抵抗行为，包括哭闹、尖叫、发脾气、甚至自伤行为、失眠、睡眠异常等。睡眠问题对儿童的发展将带来许多不利的影响，容易使儿童出现更多的挑战性行为，加重其一些典型症状，包括刻板行为、社交困难、情绪和行为问题。睡眠问题行为干预策略如下。

1. 建立良好的睡眠卫生习惯　包括帮助儿童建立良好的睡前惯例，实施持续的睡眠作息表，确保儿童睡眠时的房间是黑暗且安静的，避免在睡前进行高度刺激的活动等。建立良好的睡前惯例是利用连锁的原理，使行为链中的每个行为成为下一个行为的前奏刺激，最终引起儿童顺利地表现出睡眠行为。良好的睡前惯例可以是：首先，和儿童一起回顾今天进行的活动；其次，洗澡；然后，让儿童躺在床上，听家长讲故事；最后，关灯，睡觉。家长可以用视觉日程表或故事的形式向儿童展示这一睡前惯例。建立良好的睡眠卫生习惯将教给儿童如何表现恰当的入睡行为，有助于替代不良的入睡行为。

2. 使用消退与逐渐消退策略　一些儿童的入睡困难表现为睡前哭闹，拒绝入睡，或夜醒后哭闹拒绝继续入睡，而这些行为均是期望获得家长的关注。因此，家长可以使用消退策略，通过忽视儿童睡前的各种扰乱行为或夜醒，来阻断儿童哭闹与获得家长关注或逃避睡觉的联系，从而减少儿童的睡前扰乱行为。

但有时使用消退策略会导致消退爆发，儿童往往会在此时出现更多的消极行为，甚至出现自伤行为；而且有时儿童的消退爆发将持续较长时间，家长很难坚持使用该策略。对于这种情况推荐使用逐渐消退策略。首先，家长在让儿童睡觉后离开儿童的房间，忽视儿童抵抗入睡的扰乱行为一段时间，第一次实施时，通常为 5 分钟；之后，家长快速地查看儿童的睡眠情况，但应尽量少地给予关注，并马上离开儿童的视线。家长按照指定的行为干预计划，逐步增加忽视儿童的时间，从而达到消退策略的效果。

3. 减少入睡前时间　要减少儿童入睡前时间，可以将以下两种策略联合使用。其一，当儿童两晚能够在 15 分钟内入睡时，将入睡时间提前半小时。若儿童不能在 15 分钟内入睡，则延后 15 分钟入睡。实施此策略时，要求儿童每天早上在同一时间醒来且不允许在规定的睡眠时间以外入睡。其二，当儿童不能在上床 15 分钟内入睡时，家长让儿童离开床，进行其他活动 1 个小时，然后再让儿童上床睡觉；若仍不能在 15 分钟内入睡，则要继续活动 1 个小时后才能入睡；即在延迟入睡时间后，儿童不能快速入睡，儿童将在一段时间内不能入睡。

（四）青春期问题行为的管理

ASD 儿童步入青春期，由于家庭教育缺失，与家长日常交流过少，缺少同伴交往，更缺少社会规范的熏陶，导致儿童情感依恋建立不足，很多问题行为没有得到正确引导，便会出现较为频繁的自慰行为等青春期问题行为。青春期问题行为干预策略如下。

1. 促进家校沟通　对于 ASD 儿童的教育来说，家长的作用非常重要。积极与家长进行沟通，让家长意识到家庭教育的重要性，要求家长多关心儿童的生活与学习，使儿童感受到家长的关心，从而产生安全感。与此同时，将常用的一些简单方法传授给家长，通过双方共同合作的方式帮助儿童逐步改善问题行为。

2. 针对学校生活采取有效措施

（1）分解教学目标：针对儿童的特点和实际情况，降低学习要求，将适合的教学目标融入各个教学环节中，实现小步骤教学；将一些教学活动和学习任务分解为多个小任务，以提高儿童完成任务的可能性，减少其利用自慰等行为来逃避学习任务的机会。

（2）明确提出指令和要求：在课堂活动中，儿童常常因无法理解教师的指令而无所事事。因此，教师在每个活动开始前都要用简单的语言或手势给予儿童明确、清晰的指令，清楚地提出学习任务的要求，减少其自慰等行为出现的可能性。

（3）增加课堂及课间活动的机会：儿童在触觉、嗅觉等方面可能会有特殊的需求，故在一段时间后就要产生自慰等行为，教师可通过让儿童活动身体等方式来让其获得感觉刺激上的满足。如在课堂学习与活动中，每隔10分钟左右让儿童离开座位，可认读词语、擦黑板、回答教师的问题等。同时，提供一些教具，允许儿童触摸或操作。课间可让儿童玩一些喜欢玩的游戏，亦可由教师主动带领共同参与活动等。

（4）提供发泄的空间：针对儿童的自慰等行为，考虑其行为与情绪发展特点，可为其提供适度的发泄空间。如发现儿童自慰行为出现，则及时采取身体限制措施，阻止其行为继续；另一方面，在制止没有效果且要求强烈的情况下，可去洗手间或其他较隐秘的场所，几分钟之后再将其带回教室，使儿童建立起应在适当场合做适当事情的概念，帮助其逐步形成并强化社会规则意识。

总之，对于ASD儿童的问题行为，要去理解为什么儿童行为特别，在儿童行为出现时要立即做出反应，好的行为要奖励，不好的要及时阻止。在阻止时，要用简单易理解的语言。对于儿童问题行为的处理，要保持统一的处理方式，温柔地坚持。

（王峤）

第三章
家长及家庭成员的重要作用

第一节 家长及家庭成员的作用

ASD 是一种多领域功能受损的神经发育障碍性疾病。其严重的社会交往障碍使大部分儿童不能正常融入社会，严重影响其身心健康及生活质量，也给家庭带来了沉重负担。ASD 儿童的干预一定是以家长为主导、家庭为核心开展起来的。家长是孩子最好的老师，家庭生活是康复干预的最佳课堂。为帮助 ASD 儿童最大限度地参与社会，让 ASD 儿童家庭走向幸福，每个家庭成员都应竭尽所能发挥自己的优势与作用，为孩子营造一个最佳的家庭干预环境，以科学的干预方式实施家庭康复，并且充分整合和利用现有的各项资源为己所用。

一、家长的心理变化过程

每个孩子都是家长的宝贝，当孩子被怀疑或确诊为 ASD 时，家长很难接受，其心理反应是较为复杂的，要经历一系列的心理变化过程。随着对 ASD 的认识，家长的心理变化常有以下表现。

1. **怀疑和震惊** 所有的 ASD 儿童家长都要经历确定诊断所带来的应激反应这样一个过程。很多家长在早期已经觉察出自己的孩子与同龄儿童之间的不同，但是他们对孩子的孤僻、淡漠多倾向认为是胆小、内向，认为随着孩子的成长，这些都会改善，因此面对医疗机构所做出的 ASD 诊断，家长们往往表现出怀疑和震惊，甚至表现为坚决不接受的态度。家长潜意识中不承认这样的结果，期许医生是误诊，在对他人讲述的过程中，过多和努力地讲述孩子接近正常的表现，本能地回避典型的异常表现。怀疑医生诊断的家长会花时间、花精力、花金钱到处求医，甚至会很长时间反复奔波于全国各大专业机构就诊，期望听到否定该诊断的信息，正是在这样的怀疑和反复求证过程中错失了孩子的最佳治疗时机。

2. **紧张、焦虑和愤怒**　由于家长对 ASD 缺乏了解，担心和纠结孩子的预后，在就诊时有较大一部分家长显得紧张不安、顾虑重重，经常反反复复询问医生许多问题，如"什么原因造成这种疾病""我们应该怎么办""怎么治才能治好""能治好吗""以后会不会变成傻子""能不能上幼儿园""能不能上学"等。当孩子被确诊时家长显得非常激动甚至愤怒，较难接受事实，会反复问"为什么我的孩子会得这种病？"家长长期处于这种紧张、怀疑和焦虑的情绪中，使孩子无法得到及时的治疗。待家长不得不面对现实的时候，却错过了最佳治疗时机，影响孩子的预后，家长又不停地自责、懊悔和争吵，担心孩子的将来等。当面对 ASD 儿童的特殊行为问题时，家长常常会因为无从下手和无法胜任而焦躁不安。长时间的求医和干预治疗，也给家庭带来了沉重的经济负担，甚至造成家庭破裂。家长的精神压力巨大，更加重了家长的焦虑情绪。总之，大多数 ASD 儿童的家长会因一系列的负面情绪长期处于紧张和焦虑状态。

3. **急于求成和期望过高**　家长经初步了解 ASD 的相关知识后，非常期望有特效的方法进行治疗，往往会去尝试各种可能的办法，更多的是希望有特效药，让孩子能够痊愈，而且尽快痊愈，对疾病的治疗抱有过高的希望。家长往往会反复询问专业人员："多长时间能够治愈""孩子什么时候可以上学"等问题。这个阶段家长最容易"病急乱投医"，容易上当受骗，耗资巨大却收效甚微，还会耽误孩子接受科学干预。因此，处于此阶段的家长更应该冷静理性，深入了解 ASD 儿童的特点和影响预后的因素。

4. **自责、压抑、沉闷和缺乏信心**　很多家长认为孩子患 ASD 是由于自己对孩子缺乏关心、教养方式不当造成的，从而感到内疚和自责。家长会逐渐了解到大多数 ASD 儿童的预后差，即使接受最良好的干预治疗，孩子仍会存在社会交往和交流困难、行为问题、多动等，很难达到同龄儿童的水平；且干预治疗又是相当长期的过程，需要家长投入巨大的精力和财力。当一些家长在付出极大的努力后，孩子的治疗效果并不乐观时，就会失去对孩子康复的信心和希望，家长会产生严重的挫败感，心情压抑沉闷，甚至发展为抑郁。

5. 过分顺从和过于依赖 ASD 儿童多伴有不同程度的多动、兴奋、易激惹、注意力不集中、刻板和重复行为等。长期面对这类孩子，家长会感到精疲力尽，对孩子的教育束手无策。因此家长在干预治疗上特别依赖医生和专业康复治疗人员，认为把孩子交给专业人员治疗就与自己无关了。

ASD 儿童在康复干预中，经常出现不配合、哭闹、发脾气等情况，家长认为孩子患病已经很可怜了，出于心疼和保护孩子的目的，不舍得让孩子再受委屈，因此对孩子过于溺爱，对孩子的不良行为和异常症状一概顺从，致使 ASD 儿童的不良行为越来越被强化。

ASD 儿童家长存在较为复杂的心理状况，这些心理状况会直接影响 ASD 儿童的康复。家长良好的心理状态对 ASD 儿童的康复和预后具有积极和肯定的意义。因此，针对家长的心理问题应给予相应的心理指导，家长也要寻求正确的方法缓解和调整自己的心理状态，尽快接受和面对现实，理性思考孩子的相关问题，不走弯路。对于孩子被诊断为 ASD 后两年仍不能以良好的心理状态面对自己孩子的家长，应寻求专业心理治疗人员的帮助。

二、家长应怎样看待 ASD

1. 了解孤独症障碍的基本知识 ASD 儿童疾病的转归和预后与家长掌握的 ASD 知识存在显著相关性，而家长普遍对 ASD 认识不足。对 ASD 典型症状有相当程度准确认识的家长比例偏低，这会阻碍 ASD 儿童的早期发现，推迟就诊年龄，错过最佳治疗时机，降低专业干预、家庭指导和家庭疗育的有效率。因此，家长应从各个渠道多关注 ASD 儿童各方面的发展，与专业人员沟通了解 ASD 的相关知识，了解自己孩子存在的主要障碍及发育水平，可采取的主要干预方法，如何根据专业人员的指导积极开展家庭疗育。还可以与其他家长多交流康复干预治疗的经验心得。

2. 理性看待 ASD 的预后 据不完全统计，有超过 40% 的家长认为"ASD

是不可治愈的终生障碍"。其中有30.4%的家长认为"ASD虽是终生障碍，通过有效干预可以正常生活"；9.4%的家长认为"ASD可以像正常人一样生活"；47.7%的家长持有保守态度，认为"不可能完全治愈，但干预会有一些效果"，这部分家长往往会采取积极的态度配合并进行康复干预；另有12.6%的家长认为"ASD不可治愈，是家庭和社会的沉重负担"。以上这些看法都过于片面。一旦发现孩子"有问题"，家长就应该及时就诊，迅速调整心态投入康复干预的治疗中。整个家庭成员的意见要统一，这样才可以有效地促进ASD儿童的康复进程。大量的ASD康复案例证明，经过积极、有效的康复干预，大多数ASD儿童会有乐观的预后，将来能很好地参与社会。总之，家长越早发现、越早治疗、治疗越规范，预后越好。

3. **改变观念，重视家庭干预** 有人对8个城市309名ASD儿童的家长进行问卷调查，结果显示57.4%的家长认为ASD儿童的主要康复场所为专业康复机构，只有25.6%的家长认为家庭是主要康复场所，多数家长认为ASD儿童的干预主要依赖于专业人员。正确的观念应该是在专业人员指导下实施的、以家庭为核心的康复干预模式。家长是孩子最好的老师，家长积极、努力掌握相关的康复干预原则和方法，并在儿童的生活情境中认真实施，所起到的作用和所取得的效果要远远好过仅仅依靠专业人员所起到的作用和所取得的效果。

三、得知孩子患病后，父母该怎样做

1. **尽快调整心态** 当得知孩子患病，父母往往很难接受，大多都会经历上述心理变化过程。作为家长应该迅速调整好心态，面对现实，寻找科学的干预途径，尽量少走弯路，千万不要贻误孩子的治疗时机。

2. **掌握相关知识** 父母要通过各种渠道掌握ASD的相关知识。父母掌握的相关知识越多，越有益于孩子的家庭干预，得当的家庭干预可以显著改善孩子的预后。想要孩子康复效果达到最佳，父母一定是双重角色——照顾者和干预者，孩子的干预是家长的一项长期任务甚至是终身任务。家长掌握的专业知识越多，越能科学有效地帮助孩子。

3. **理性对待患病儿童** 父母不能因为孩子患病而过多地照顾甚至溺爱，更不能剥夺孩子正常发育和锻炼的机会。要让孩子像普通儿童一样学习自己吃饭、穿衣、上厕所、洗漱等日常生活能力。ASD 儿童与普通儿童有不同的表达方式、行为方式及处事之道，父母要做的就是与孩子之间架起一座沟通的桥梁，通过各种方法来了解孩子的喜怒哀乐，引导其逐渐适应日常的生活。

4. **选择适合的康复机构** 及时、尽早干预对 ASD 儿童的预后至关重要。无论父母是否接受孩子患病这一事实，也无论有多少犹疑和焦虑，当得知孩子患病后，要尽快为孩子选择一个适合的康复机构，第一时间接受科学、规范的干预。一旦错过早期干预的时机，将无法弥补。父母需要时间慢慢接受这个事实，但孩子却不能等待，必须及时、尽早进行干预。

合适的康复机构应该具有合法的开办资质、专业的儿童康复团队、切实可行的家长培训与指导、规范的干预程序、科学的干预方法、良好的干预环境和稳定的患源，这样的机构才能为儿童提供专业有效的康复干预。

5. **必须有自己的生活** 父母接受孩子患病的事实后，仍然要有自己的生活，不能把全部的重心都放在孩子身上。父母一定要从阴霾中走出去，有能力获取更多资源，不能因为 ASD 孩子而变成一个"孤独家庭"。只有父母身心健康，才更利于帮助孩子康复。

四、家庭其他成员的作用

家庭其他成员，是指除父母外的家庭成员，包括 ASD 儿童的兄弟姐妹、爷爷奶奶、姥姥姥爷等，他们和父母一起构成 ASD 儿童的家庭环境。家庭环境对孩子的身心健康、品行塑造有着深远的影响；而对于一个 ASD 儿童来说，良好的家庭环境更是极其重要。在这个环境中，虽然父母对 ASD 儿童的康复起关键作用，但其他成员对 ASD 的基本认识、基本态度和经济支持对儿童也是至关重要的。家庭所有成员能正确对待孩子，共同努力、团结一心、目标一致地为孩子创造良好的教育及生活环境，孩子才能得到最好的康复。

1. **其他家庭成员对 ASD 基本认识的了解** 每一个孩子都是爷爷、奶奶、姥姥、姥爷心中的宝贝，他们对孩子的疼爱远远超过父母，甚至达到溺爱的程度，他们很难接受"孤独症"这个名词与自己的孙儿、孙女有关。在他们的眼里，孩子会走、会跑，能吃、能睡就是没有问题，语言稍微落后只是暂时的，等大了就会越来越好。父母必须多向其他家庭成员讲解 ASD 与正常儿童的异同及康复干预的影响，并对其他家庭成员进行"孤独症家庭指导"培训，把医生、专业人员教授的家庭指导方法教给其他家庭成员，把家当做康复干预室，把康复干预融入孩子的日常生活，每时每刻都引导儿童向好的方向发展。只有整个家庭成员的认识和康复意见统一，才会对儿童的康复治疗起到最大的作用。

2. 其他家庭成员对儿童父母提供必要的心理支持　当 ASD 儿童父母处于消极的心理阶段时，医生、治疗师、特教老师等专业人员的心理指导固然重要，但是其他家庭成员对儿童的治疗态度积极和配合，会为儿童父母提供强大的精神动力和信心。因为家庭是儿童和父母生活的主要场所，所以其他家庭成员的支持是儿童父母强有力的精神支柱。

3. 必要时其他家庭成员可对儿童父母提供经济支持　ASD 儿童的治疗是个长期的过程，很多家长会放弃自己的工作陪伴孩子辗转于各个康复机构。长期的康复治疗及日常生活开销让很多家庭难以承受，而我国目前对 ASD 儿童的治疗还不能完全以医保支付，对于 ASD 儿童成年后的技能培训、就业培训、养老等方面还没有健全的政策法规。因此，为 ASD 儿童放弃正常的工作是不明智的，理性的做法是由 1 名家庭成员负责 ASD 儿童的生活照料和康复干预，其余家庭成员工作，以保证家庭的经济收入，作为孩子长期康复教育的经济来源。

五、家长及家庭成员对 ASD 儿童未来的影响

家庭在儿童成长中的特殊地位使其承担了比学校、社区和社会更重要的责任。ASD 儿童在家庭中除了得到生活上的照顾和情感上的支持外，更重要的是要得到各种技能的训练和行为的干预，这将对儿童的预后产生积极有益的影响。家长及家庭成员的不同应对态度对 ASD 儿童的预后影响巨大，也会直接影响周围人对 ASD 儿童的认识。重视家庭对儿童的影响，并通过各方面的共同努

力，促使家庭发挥其更大的作用，这将为 ASD 儿童创造良好的家庭和社会环境，对儿童将来入托、入学、融入社会有深远的影响。

1. 积极的态度对 ASD 儿童未来的影响　有的家庭在得知自己的孩子患病后，会尽快调整不良情绪，团结一致以积极的心态对待病情。这种态度可以使家庭迅速面对和接受孩子的问题，带孩子到相关机构进行早期的康复干预治疗，并在专业人员指导下，积极开展家庭干预。在家庭干预过程中，家庭成员同心协力，客观面对孩子的疾病，不惧怕来自家族和他人的议论，坚定地以孩子的社会性发展为根本目标，对因为自己的努力所带来的孩子的变化而欢欣鼓舞。因此，正反馈的心理和行为会促使整个家庭不断前进和进步，这无疑会改善 ASD 儿童的预后，使其越来越向好的方向发展。

2. 焦虑不安的态度对 ASD 儿童未来的影响　有的家庭在得知孩子患病后，不知所措、焦虑不安，这种态度致使家长既不相信又反复求医验证，甚至反复进行试验性康复治疗，家人的意见不统一，摇摆不定，没有明确的目标，茫然无措，忽视家庭康复干预，结果花费了大笔金钱却收效甚微。这种盲目的行为会耽误孩子宝贵的最佳康复干预时机。这样的家庭对医学诊断持怀疑态度，不相信专业人员的指导，却很在乎家族和他人的议论，不承认自己孩子存在问题，又对孩子的发展忧心忡忡。这种焦虑不安的态度会耽误儿童的系统康复干预，严重影响其预后，阻碍其融入社会。

3. 不知所措的态度对 ASD 儿童未来的影响　有的家庭在得知孩子患病后，深信医生的诊断，陷入极度悲观的状态。家长带孩子到相关机构进行早期的康复干预治疗，将全部希望寄托在康复教育机构，认为能将自己孩子的疾病彻底治好。当发现康复效果未能达到自己的预期时，就会有放弃的想法。时而抱有期望，时而想要放弃，他人的议论常常会让家长不知所措，甚至常常对自己的孩子采取暴力行为，这样的家庭也会严重阻碍儿童良好未来的发展。

4. 放弃的态度对 ASD 儿童预后的影响　有的家庭在得知孩子得的是一种无法治愈的疾病后，便采取彻底放弃的态度。他们怕别人议论，把孩子封闭在家里。对孩子的发展漠不关心，对孩子长大后的境况麻木不仁。在这样的家庭中，只要某位家庭成员对儿童的康复干预持放弃的态度，就会引发这样或那样的矛盾冲突，甚至引发不能化解的家庭矛盾，导致整个家庭分崩离析。这样的家庭是 ASD 儿童参与社会的最大阻力。

六、家长如何与相关专业人员合作

ASD 儿童的康复干预是一项长期而艰巨的任务，相关专业知识、最新的研究成果、最新的支持政策等都可以为 ASD 儿童的家庭提供巨大的帮助。获得这些资源的最直接方式就是要有相关专业人员的帮助，因此如何与相关专业人员及时、紧密的合作，是家长应该重点考虑的问题。家长要与专业医生、康复治疗师、康复护士、特殊教育教师、普通学校教师、营养师、心理医生等专业人员保持密切联系，积极参加医疗机构、康复机构、特教学校等组织的家长座谈、家长培训、家庭指导、各种公益活动等。专业人士会提供家庭干预训练、养育指导等专业知识及指导方案。随着孩子年龄增长，遇到的问题会越来越多，家长面临的压力也会越来越大，面对这些问题家长更需要专业人员的定期指导和帮助。

（郭岚敏）

第二节 家长如何与儿童相处

家庭生活是孩子生活中最重要的组成部分，家庭教育则是孩子接受的所有教育中最基础最关键的部分。可以说家庭环境是早期对抗 ASD 这种疾病的主战场，打好这一仗对孩子的一生都有深远的影响。家庭环境是家长可利用的最大、最有力的资源，利用好家庭环境对孩子尽早进行家庭干预，可以为孩子后期各项能力的发展及社会属性的形成奠定坚实基础。那么在家庭生活中，家长应如何与孩子相处呢？对孩子的陪伴、对孩子生活习惯的培养、对孩子多重能力的开发……处处都有技巧，时时都需精心，做父母不易，做 ASD 儿童的父母更是难上加难。但家长一定要坚定一个信念：对于我们的家庭、我们的孩子来讲，我们是无可替代的，通过有效的学习与培训，我们今天的知识和努力将成为改变孩子未来的力量！

一、怎样引导孩子游戏

怎样和孩子一起玩呢？玩，是和孩子相处的开始，也是很多家长的疑惑，尤其是面对这样一个"拒人于千里之外"的特殊孩子，我们更不知道该如何下手。

31 个月大的阔阔是一个 ASD 小男孩，他正像平时一样坐在地板上，将一种"多米诺骨牌"积木一块块排成直线。妈妈在他的对面坐下，像他一样将积木排成一排。阔阔发现了妈妈的积木，在他注视积木的时候，妈妈边说"推积木"边示范推的动作。随着一排积木依次倒下，妈妈拍着手兴奋地喊着"倒喽！倒喽！"母子俩看着对方微笑，继而大笑起来。接着妈妈指着阔阔的积木说"推"，并抬了抬阔阔的小手。在妈妈的引导下，阔阔推倒了自己的积木。在积木倒下的时候，妈妈再一次拍着手，兴奋地喊着"倒喽！倒喽！"。阔阔开始再次排积木，妈妈极其自然地将积木放到自己的面前，在阔阔需要时为阔阔递上一块积木，偶尔在阔阔排好的积木后面再加上一块，母子俩开始轮流排积木。当积木排的足够长时，他们重复上面的游戏，一起兴奋地拍手呼喊，相互模仿对方的动作和声音。随着游戏的继续进行，妈妈将积木排成不同的形状引导阔阔进行模仿。玩了一会儿，阔阔的注意力转移到了一个装玩具的整理箱上。妈妈发现他在看整理箱时，问他是否想要玩整理箱。阔阔站起来，推了推整理箱，妈妈说"我们玩开小车的游戏吧"，然后把阔阔放进整理箱中，开始推着阔阔边跑边发出"呜呜"的声音,还不时停下来,按按阔阔的小手说"嘀嘀"。阔阔开始模仿妈妈的声音,并在妈妈停止推车时伸出小手,让妈妈按自己的小手,和妈妈一起说"滴滴"。

阔阔和妈妈的互动游戏是从妈妈极为"自然"地加入阔阔伴有刻板行为的独自游戏开始的。他们一共进行了两个家庭小游戏,这两个游戏都是自发的、随意的、没有任何的压迫感,并且让参与游戏的人都有了愉悦的体验。这就是游戏的特质。在游戏的过程中,孩子的社交能力、模仿能力、语言能力、情绪情感以及对周围的环境和人的关注程度都得到了很好的发展和锻炼。虽然游戏本身没有很强的目的性,但游戏活动的过程就是一个良好的家庭干预过程。因而想和孩子进行较为理想的家庭游戏,家长需要知道和孩子一起玩什么,怎样玩可以使孩子感到更快乐和更愿意接受家长。

(一)为孩子选择合适的家庭游戏

1. 要追随孩子的兴趣,玩孩子感兴趣的东西　孩子的兴趣是游戏的开始。当孩子对某物品高度感兴趣时,他们就会努力获得该物品,观察该物品,并以某种行为操作物品。当孩子出现此方面表现时,对于物品或游戏的主动要求及形成的积极情绪就可以开启与孩子的游戏互动。阔阔妈妈就是利用阔阔喜欢排列积木这一刻板兴趣发起了一系列成功的亲子互动。抓住了这一点,与孩子的游戏互动就有了一个良好的开始。

2. 怎样利用孩子感兴趣的内容开展游戏

> (1)了解这一阶段的孩子大多喜欢什么样的游戏;
> (2)知道家中有哪些可利用的材料;
> (3)再经过反复地尝试,就可以为孩子找到合适的家庭游戏了。

适用于各阶段儿童的游戏活动举例详见表 3-1～表 3-5。

表 3-1　适用于 0～6 个月儿童的游戏

游戏活动	玩教具	发展能力
观察、触碰悬挂物体	发声、发光、色彩鲜艳的悬挂类玩具	发展视觉、听觉能力，增强对周围环境的感知能力
藏猫猫、搔痒痒游戏	彩色脸谱或亮片软布	发展视知觉能力，加深对色彩及对人的认识，建立良好的情绪社交体验
给儿童戴上可以发声的手镯、脚环，帮助其做被动的律动操	手镯、脚环、摇响玩具等	发展听觉、粗大运动、手眼协调能力及对初级因果关系的理解
利用能够发出声音的填充玩具或电动玩具等，引导儿童在不同的位置进行寻找，如盒子下面、毛巾下面、衣服下面或身体后方等	填充玩具、电动玩具、容器类道具等	发展认知能力、社交行为、运动功能及对初级因果关系的理解
弹弹球：家长辅助儿童稳定坐在大的健身球上，利用球的弹力使儿童有节奏地上下弹跳	健身球、律动音乐	发展感知觉，社交行为，建立良好的情绪社交体验

表 3-2　适用于 7～12 个月儿童的游戏

游戏活动	玩教具	发展能力
大、小不倒翁：先拿出一个小的不倒翁玩具，与儿童一起反复观察、练习推倒不倒翁，然后让儿童坐在家长的腿上左右摇晃，学习不倒翁，可边玩游戏边朗读有关不倒翁的儿歌	不倒翁玩具	发展认知能力、社交行为、运动功能及对初级因果关系的理解
亲子互动搭建积木	大块木质积木	发展视觉、精细动作、手眼协调能力，建立良好的情绪社交体验
推滚皮球	皮球、布口袋等	发展坐、爬、行等粗大运动，手眼协调能力，以及认知能力
找找好朋友：将娃娃、毛绒动物、小汽车等玩具放在儿童的周围，让儿童按指令将玩具递到家长手中，家长可根据拿到的玩具模仿声音或动作引起孩子的兴趣	娃娃、毛绒动物、小汽车等各类玩具模型	发展认知能力、社交行为、语言理解、表达及模仿能力
"兔打飞人"敲击游戏	"兔打飞人"玩具	发展感知觉、认知能力、精细动作、手眼协调能力及对因果关系的理解
利用小推车、拖拉玩具练习站立、行走	小推车、拖拉玩具、小椅子等	发展站立、行走等粗大运动，提高对周围环境的探索能力

第三章 家长及家庭成员的重要作用

弹弹球游戏

"兔打飞人"敲击游戏

表 3-3　适用于 1~2 岁儿童的游戏

游戏活动	玩教具	发展能力
形状配配对	简单图形、人物、动物、水果蔬菜、日用品等大木钉形状镶嵌板、十三孔智力箱等	发展认知能力、精细动作、手眼协调能力及注意力等
颜色配配对	颜色匹配板、颜色匹配套柱、雪花片、串珠等可进行颜色匹配的玩具	发展认知能力、精细动作、手眼协调能力及注意力等
串项链：选择大小、颜色不一的串珠，与儿童玩穿项链、戴项链的游戏	不同大小、颜色、质地的串珠、塑料管等	发展感知觉、认知能力、精细动作、手眼协调能力、社交行为、语言理解、表达及模仿能力
套叠游戏：选择可套叠的玩具或物品，与儿童轮流游戏及引导儿童独立进行操作	套杯、套圈、套娃及可叠放的盒子或杯碗等	发展认知能力、社交行为、手眼协调能力，及对因果关系的理解
户外运动	滑梯、秋千、攀登架等	发展粗大运动，提高对周围环境的探索能力，发展解决问题的能力及乐观积极的态度

169

表 3-4 适用于 3~4 岁儿童的游戏

游戏活动	适用玩教具	发展能力
布袋寻宝：将积木、乒乓球、硬币等若干物品放于布袋内，让儿童将手伸入布袋，按要求进行取物，此游戏家长与儿童可轮流进行	布袋一个，玩具、日用品若干	发展感知觉、认知能力、社交行为、语言理解、表达及模仿能力，有利于建立积极的情绪
拼图、拼插、搭建积木等游戏	拼图、各类拼插积木、蘑菇钉板等	发展形状、空间推理等认知能力、精细动作、手眼协调能力及注意力等
涂鸦游戏：利用手、脚等身体部位及各种工具蘸取水粉颜料在大白纸上进行涂鸦，这个游戏可邀请多个孩子共同参加	各类绘画用具、吸管、布条、印章等	发展感知觉、认知能力、运动功能、手眼协调能力、社交行为、思维能力及建立积极的情绪
过家家，可邀请多个孩子共同参加	角色游戏玩具（如娃娃家、玩具医院用具）	发展认知能力、尝试建立伙伴关系等社交行为，初步理解社会生活
户外运动：骑车、球类运动、攀爬、追逐游戏等	相应的玩具、器材等	发展粗大运动、社交行为，提高对周围环境的探索能力，发展解决问题的能力及乐观积极的态度

表 3-5 适用于 5~6 岁儿童的游戏

游戏活动	适用玩教具	发展能力
角色游戏：与儿童共同阅读一个绘本故事。根据故事情节，选择角色扮演。游戏过程中可发挥想象添减内容，视情况选择多个孩子共同参加	故事书、相应道具、布置好的场地	发展思维等认知能力、尝试建立伙伴关系等社交行为、语言理解、表达及模仿能力，初步理解社会生活
材料画创作：家长可以和儿童选择适当的材料，如树叶、豆子、手工纸、布料、海报等，利用撕、剪、贴等多种方式制作材料画	树叶、豆子、手工纸、布料、海报、胶棒、剪刀、卡纸及颜料等	发展认知能力、想象力、精细动作、手眼协调能力、注意力，发展解决问题的能力及乐观积极的情绪等
棋类、牌类、拼图等益智游戏	各类益智玩具	发展智力，提高思维的敏捷性，培养竞争意识，促进中级、高级情绪的发育
过家家：可邀请多个孩子共同参加	角色游戏玩具（如娃娃家、玩具医院用具）	发展认知能力、尝试建立伙伴关系等社交行为，初步理解社会生活
健体游戏：跳绳、跳圈、户外大型体育器械等	相应的玩具、器材等	发展粗大运动、社交行为，提高对周围环境的探索能力，发展解决问题的能力及乐观积极的态度

第三章 家长及家庭成员的重要作用

涂鸦游戏　　　　　　　　　　　材料画创作

家长可以受上述游戏的启发，为孩子们创造出更多更好的适合他们的游戏，还可以在游戏的过程中添加很多孩子喜欢的个别元素，使游戏变得更具趣味性，更能受孩子们的欢迎。此外，除了上述可利用的玩教具外，家长还可以从生活中挖掘很多与孩子进行游戏的材料，如大的电器包装纸壳可以做一个简易的房子或滑梯；纸杯涂上颜色可以制作成可爱的手偶玩具；口服液的药瓶可以制作成风铃；晾衣服的架子可以跟孩子进行各种假扮游戏……只要善于观察、思考和学习，智慧的家长一定可以提升孩子的智慧！

（二）让游戏变轻松的贴心小提示

身体接触的活动很受孩子们欢迎，如嬉戏或打闹、音乐游戏、挠痒痒游戏、跑跳和跳舞等。但也会有一些反应淡漠的孩子，他们并不主动参与这些游戏。家长可通过细心观察，了解这些孩子可能感兴趣的物品，包括可以产生感官效果的玩具，如泡泡、气球、珠子、沙球、发声玩具、振动器和纸风车等。只要在日常生活中多留心观察，总会发现可以引起孩子注意和兴趣的很多物品或活动。

在互动中保持孩子的积极性尤为关键。阔阔妈妈正是遵循了这一游戏原则，追随孩子的兴趣适时转换游戏内容，并抓住适当时机完成了模仿、沟通、互动、情绪体验等重要的家庭干预内容，取得了良好的效果。

家长还应该试着在孩子的游戏中扮演角色，引导孩子尝试各种体验，可以帮助孩子发掘更多的快乐。如何让孩子接受你在他的游戏中扮演角色呢？从积极主动帮助孩子开始：亲近孩子，坐在孩子前面，赞美他，夸奖他，让孩子确实感受到舒服，帮助孩子达成他的目标，而且不向孩子索要任何东西。如果孩子伸手去拿某个东西，那么就给孩子这个东西的一部分，或者把东西推给孩子。灵活地帮助孩子处理困难，如此，你的存在可以切实帮助他达成目标，你对玩具的处理也不会干扰孩子。当孩子对你的存在及你对玩具的操作做出愉快的反应时，意味着你可以参与他的游戏了。这个阶段可以让你证明游戏是多么有趣，你可以积极参与，为孩子的游戏添加主题，与孩子共同完成游戏。家长还可以采用一些技巧，成为积极的参与者，如模仿孩子的动作、声音，转换游戏内容设法让孩子变得更加活跃，控制游戏材料，轮流游戏等。

二、怎样培养孩子的交流能力

交流是建立在孩子与外界环境之间的一座桥梁，它让家长可以了解孩子，让孩子可以将自己的诉求以合理的方式进行表达；它也可以帮助孩子理解周围的环境，学习和发展相应的社会技能，从而实现真正意义上的"走出孤独"。事实上，与ASD儿童相处是一件很困难的事情，因为大部分家长在最初的时候都不知道该如何与自己的孩子进行交流。不能进行交流是一件很困扰和容易让孩子发脾气的事情，甚至会导致孩子做出一些不恰当的行为。作为孩子最重要的交流对象，家长一方面要学会与孩子交流，另一方面也要教孩子学会与周围的人交流。事实证明，当孩子学会了一些最基本的交流方法之后，他的各项能力，尤其是社交能力都会得到非常明显的提高。

（一）怎样培养非语言交流能力

很多家长可能会认为交流就是语言交流。在孩子没有学会说话之前，我们是无法与其进行语言交流的。但实际上交流所涉及的方式除了语言，还包括眼神、面部表情、手势、身体姿势和发声去获得需要的信息等，这些都是非常重要的非语言交流系统。早在会说话之前，婴幼儿就已经学会利用各种各样的方法进行交流了。儿童运用这种非语言交流系统远比语言交流要早很多，并且更为熟练。非语言交流系统是语言交流系统的基础，从它建立开始，人们终生都在使用这项技能。因此对于不会说话的孩子，家长可以通过开发其非语言交流能力来培养孩子的交流能力。帮助孩子学习通过观察肢体语言，了解交往伙伴要表达的内心想法和意图，并尝试用这样的方式进行表达。

1. **从观察孩子的日常行为开始**　家长要仔细观察孩子的日常行为，了解孩子的需求和基础能力，了解孩子最感兴趣的事物，以此来培养孩子的交流意愿。然后根据这些，设计一些孩子表达需求的情境或其可能喜欢的互动游戏，如音乐律动（大部分孩子都很喜欢有节奏、欢快的音乐，这可以稳定孩子的情绪、增加孩子参与的积极性）、吹泡泡、球类游戏等，功能较好的孩子可能还会喜欢像翻找东西这样的探索性游戏。制造或抓住一个合适的时机，家长就已经成功了一半。这个时机的选择及活动顺利开展的重点是要获得孩子的注意、引发孩子的需求，如果是游戏，还应追随和分享孩子的兴趣和情感体验。抓住时机后，及时利用明晰的指令与模仿引导出孩子主动交流沟通的目标行为。但从孩子的角度来看，家长仅仅是在给孩子提供帮助或在相互的游戏乐趣中进行社交互动，恰当地要求孩子以某种方式改变其行为。

2. **给孩子表达要求进行交流的机会**　在日常生活中，很多家长对孩子的日常起居照顾得无微不至，什么时候吃饭、什么时候喝水、什么眼神表示什么要求等都清清楚楚。在孩子大部分的需求都被无条件满足的同时，他们很多交流技能的发展也就随之被阻断，如提出要求时互联注意的建立，用食指指物的能力及简单的发音表达等。家长要学会抓住时机适时地等待、寻求孩子的目光，帮助孩子用他可以做到的方式进行表达，充分地给孩子提供表达的机会，持之以恒，孩子会进步得更快。此外，家长还要记住非常重要的一点：交流是双向的，在培养孩子交流能力的同时，家长也要学会怎样和孩子交流，掌握必要的交流技巧。

3. **学习了解行为干预策略**　为了在家庭中随时随地抓住干预时机，家长一定要学习了解行为干预策略，不强迫孩子交流，学习某些专业的交流技能，如图片交换交流系统（pictures exchange communication system，PECs）就是一个非常好的交流工具。

日常生活中的非语言交流能力实例：小明从桌子上拿起一片雪饼，隔着包装袋开始撕咬。妈妈走过来蹲在小明面前，指着雪饼问小明："要吃雪饼吗？"边说边向小明做点头的动作。小明模仿做点头的动作。妈妈摊开手掌指着掌心说："给妈妈，妈妈打开。"小明将雪饼放在妈妈手心里，妈妈为其撕开，小明吃到雪饼。妈妈"不经意"的将剩下的雪饼放到更高的桌面上。小明吃完后，拽着妈妈衣服摇晃，表示还要吃。妈妈帮助小明用食指指向桌面上的雪饼，并且问小明"还要吃雪饼吗？"示意小明点头。小明指向雪饼点头。妈妈将雪饼拿给小明。妈妈以这样的方式在生活中遇到类似情景时反复教授小明相应的手势语。不久小明学会了用食指指物表达要求，并学会用点头或摇头表示同意或反对。母子俩可以用这样的方式进行基础的交流了，孩子的坏脾气也改善了很多。

小明妈妈利用孩子在日常生活中最基本的要求，制造了一个良好的沟通交流教学时机，并且通过生活中的模仿和指令教会了孩子理解和使用肢体动作。接下来小明妈妈还利用生活中的其他类似情境，巩固这一成果，使孩子的交流意愿得到增强的同时，也使孩子进一步掌握了这种自然的交流方式。

在家庭生活中培养孩子理解、应用非语言交流系统进行交流时，家长应该注意以下几方面问题：沟通意愿的培养，简单指令的理解及模仿，眼神、面部表情、手势、身体姿势和发声去获得需要的信息等多样化非语言交流技能的应用与理解，交流的双向性及交流的实用性。

（二）怎样培养语言交流能力

孩子会整句说话了，就是会交流了吗？让一个 ASD 儿童有口语发声不是十分困难，但要将语言真正应用于生活，满足社交需求，这样的语言才能真正成为有意义的交流工具。当孩子已经具备了一定的口语能力后，家长怎样做才能让孩子的语言变得有意义，使其在合适的场合起到交流的作用呢？日常生活中的情境式教学可以提供很好的帮助，它是任何一个教育机构都取代不了的。情境式教学是指在生活中的特定场合采取一定的教学手段教会孩子说恰当的话。

小左和妈妈一起逛超市。他站在称重计量的巧克力货架前不肯走。妈妈问他："小左想要干什么？"小左回答说："吃巧克力。"妈妈边配合手势语边解释说："这种巧克力需要售货员阿姨称重，然后才能付款买回家。"妈妈给小左一个袋子，帮助小左装巧克力。然后帮助小左反复练习说："阿姨，帮我称巧克力。"在小左基本可以表达清楚后，妈妈陪伴小左来到称重处，示意小左将巧克力袋递给阿姨称重，并面向小左做"阿"的口型进行提示。当小左成功表达，拿到称好的巧克力后，妈妈夸张地称赞小左，并表示付款后小左就可以吃到巧克力了。回到家后，妈妈将购物的几张场景照片打印出来，让小左进行排序，并引导其进行练习表达。在日后逛超市时，妈妈都会为小左提供机会进行练习。日积月累，小左的语言交流能力有了很大提高，与他人交流时也变得不那么紧张了。

家长应善于利用环境随时将孩子已掌握的语言转变成交流工具。事后还要及时总结复习，并在类似的生活情境中反复为孩子提供练习的机会。在孩子语言运用能力不断提高的同时，还应该注重儿童社交礼仪及社交技巧的培养。持之以恒，家长和孩子都会有很大的收获。

选择商品

称重

付款

三、怎样培养孩子的社会交往能力

ASD 儿童在社会交往过程中，常表现为社交兴趣缺乏，情感淡漠，对适龄的游戏活动不感兴趣，缺乏关注。部分儿童仅沉迷于少数几

项活动，活动过程中缺少与他人的交流。还有部分儿童想参与其他孩子的游戏或活动，但由于行为举止怪异，参与活动的方式很难被接受，而遭到了其他儿童的排斥。

小智是一名 5 岁的 ASD 男孩，有很好的认知能力，可以仿说较长的句子，可以用简单的语句表达需求，可以观察到周围环境中小朋友的一些活动，也表现出想和其他孩子玩耍的意愿。但很多时候他只能跟着其他孩子的后面跑，或者动手抢其他孩子的东西，很难真正加入游戏中。妈妈想为小智多创造一些和正常儿童接触的机会，所以常常带他去公园或广场有较多孩子的地方玩耍，但效果并不理想，常常还会发生一些尴尬的事情让妈妈及家里人感到很难堪。例如，有一次小智在公园里看见一个和自己差不多大的小男孩儿正在玩一个风车，小智先是跟在男孩儿的后面跑，过了一会儿，忽然上前快速地夺走了小男孩手中的风车并且推了男孩儿一把，转身跑开了。被抢了风车的小男孩儿追上了小智，夺回了自己的风车，并且不顾家长的阻拦打了小智几下。小智不但没有哭，还愣愣地对着男孩儿边拍手边大声地笑，嘴巴里还不停地说着："追我呀，追我呀。"见此，小男孩儿的家长非但没有向小智及小智妈妈道歉，还指责小智妈妈应该看紧孩子，离其他小孩远一点，要不然受到伤害，也没有人能负责。小智妈妈感觉到既羞愤又难堪，甚至对是否应带小智多和正常儿童进行接触也产生了疑惑。这或许是很多 ASD 儿童家庭都会遇到的一个普遍问题。究竟是哪个环节出了问题呢？家长应该如何处理这种情况？家长首先有必要认识和了解 ASD 儿童常见社会交往障碍的各种表现，在认识和了解了 ASD 儿童社会交往障碍的种种表现基础上，家长可以从下面几方面入手来提高 ASD 儿童的社交能力。

（一）培养孩子社会交往能力的前提条件

1. 发展交往动机，让社交行为主动化　在日常生活中，家长要注重培养和发展孩子的交往动机，让孩子逐渐理解交往的意义，简单来说就是要有交往的需求、交往的兴趣。上述案例中，小智表现出的想要和其他孩子玩耍的意愿，就是一个非常好的交往动机。尽管接下来的游戏活动进行的并不顺利，但想与同龄孩子进行游戏的这个动机使小智迈出了参与同龄水平社交活动的第一步。

在相关的家庭干预活动中，家长还可以设计一些情境环节，并给予孩子适当的辅助，帮助孩子在交往的过程中获得愉悦的体验。交往过程中的愉悦体验可以有效地帮助儿童强化交往动机的形成。

2. **提高社会认知能力，让社交行为有意义**　家长还要培养孩子的社会认知能力，初步理解现阶段应掌握的交往规则。如理解和遵守适龄的游戏规则，掌握一定的社交技巧及社交礼仪。如进行购物活动，要知道购物的场所，购物的基本流程包括列购物清单、按清单选择商品、去收银台付款等。购物过程中应使用的一些礼貌用语。进电影院观影时，应该按照影票上标注的位置入座，观影过程中不可以大声喧哗。交通、急救、自救的相关常识，以及这些社会认知常识的实际应用等。从情境式实践教学出发，提高儿童的社会认知能力，可以完善儿童的社会属性，让孩子的社交行为变得更加有意义，从而达到改善和提高其生活质量的目的。

3. **明确自我意识，理解自我与他人的关系**　自我意识也是很重要的一项前提条件。只有建立了明确的自我意识，才能理解自我和他人的关系，为后期学会从对方角度思考问题奠定基础，从而使社交能力得到进一步发展。上述案例中的小智尽管已经可以使用第一人称代词"我"，但他并没有建立很明确的自我意识。当他人伤害自己时，小智并没有表现出恰当的情绪反应和适当的自我保护行为，这些都是缺乏自我意识的表现。当自我意识缺乏时，羞愧、自责等高级情绪也很难建立，相应的人际关系问题就会有所体现。小智也许知道抢别人东西的行为是错误的，但他并不懂得为什么是错误的。他很难推己及人地从对方的角度思考问题，顾及他人的感受，因而抢东西的行为管理起来就十分困难，严重影响了他与同龄儿童发展友谊。在家庭康复干预中，家长可以设计一些相应的活动来提高儿童的自我意识，比如帮助儿童做自画像、布置自己的居住空间、管理个人的物品、认识并向他人介绍自己的家庭成员等。

下图左图是一个8岁的ASD儿童儿画的自画像。训练前的自画像中没有眼睛，没有身体，没有胳膊，手是直接长在腿上的。这个孩子的认知水平和语言表达能力比较好，但从画中可以体会到孩子的自我意识是非常差的。在日常的表现中，这个孩子也的确存在集体活动参与困难，社交能力的发展严重落后于其他能力。通过照镜子和对自己照片的描述练习后，该儿童画出了右图这幅图画。身体部位基本完整，但比例还是有些不协调，如巨大的耳朵。但整体来看，他的自我认识有了很大的提高。

训练前　　　　训练后
8岁ASD儿童的自画像

4. 发展交流能力，让沟通无障碍　培养儿童的社会交往能力，还应使儿童具备一定的交流能力，掌握相应的交流工具。家长可以参考怎样培养孩子的交流能力这部分来开展家庭干预活动。

5. 管控情绪与行为，让集体接受"我"　儿童还应该具有一定的情绪调节能力和行为管控能力，以保证社会交往活动的正常进行。很多ASD儿童都有一定的情绪问题和行为问题。如果这些问题暴露在集体环境下，影响了正常的教学秩序及集体活动，那么孩子就很难为集体所接纳，这也是很多ASD儿童无法正常入园入学、接受常规教育的重要原因。因此，调节个人情绪、管控个人行为是儿童能否顺利实现和继续社会交往活动的重要前提条件。尽管随着儿童认知能力及综合能力的提高，这方面的能力也会得到显著的发展，但家长及康复工作者仍应尽早重视这方面问题，结合儿童的实际情况，采取相应的康复措施及早干预。

（二）为孩子选择适龄的社交干预活动

不同年龄阶段的儿童其社交活动有很大区别，家长可以结合儿童的实际发育水平为其选择合理的适龄的社交干预活动，帮助其改善社会交往能力。以下将各实际发育年龄阶段的社交干预目标及相应的家庭康复干预活动进行举例，以供家庭干预参考选择。

1. 0~3岁阶段　处于这个阶段的儿童能够与说话的人进行简单的眼神交流，能够关注身边的人，能够参与同龄儿童的社交活动。家长可以尝试在家庭中帮助儿童练习独立坐在椅子上进行一些活动，听到名字有目光对视等，可以进行一些类似于"躲猫猫"的寻人游戏。在仿搭积木的游戏过程中，注意与儿童的相互模仿，以帮助儿童达到关注他人行为的目的。还可以让儿童参与一些给他人传递物品的活动。

2. 3~6岁阶段　这个阶段要求儿童能够认识自我，认识家庭及所生活的社区环境，能够参与相应的一些社区活动、休闲娱乐，能够主动自发加入并且邀请同伴进行互动，知道和同伴为了共同的目标而努力。家长可以帮助儿童练习使用礼貌用语，学习安全常识，练习接打电话及在特定的情境中控制自己的行为，并且帮助他们理解和练习参与适龄的集体活动时该怎样做等。

3. 6~12岁阶段　学龄期的儿童已经开始步入校园生活了。这个阶段，要求儿童能够利用周围的环境满足生活需求，适应校园的环境，参与相应的社区活动；还应该培养个人爱好，进行自我休闲活动等。家长可以为儿童选择一些访友、购物、招待客人等社交活动作为干预项目，同时还应该帮助儿童理解和遵守公共场合中的规则及规范，比如交通规则，观看电影、演出中的行为规范等。

（三）让家庭干预更为有效的几点小建议

在家庭干预的过程中建议家长可以做以下这些尝试，可以令家庭干预变得更为有效。

1. 帮助儿童一起列一份优缺点清单　对于发展程度较好、理解能力在5岁以上的儿童，家长可以试着帮助儿童一起列一份优点和缺点的清单：清单的左边写优点，右边写缺点，条目清晰，尤其是缺点要落实到可以改正的点上。然后帮助儿童分析出他（她）目前最想改正的几条缺点，用彩笔标注出来。将这份清单贴在穿衣镜旁边，每天早晨出门前要看，回家后更衣时再看一看。这份清单有助于儿童提高自我意识，更进一步地了解自己。优点条目帮助儿童更为自信，缺点条目可诱导儿童出现进行自我管理的内在动机，从而以儿童自身为出发点进行行为矫正。优缺点清单的制作应以儿童为主体，家长积极引导儿童主动思考，以协助者的身份为其提供合理化建议。此外，优缺点清单的制作还应考虑结合儿童的实际情况及其兴趣爱好等,如识字量较少的儿童可考虑用图片表示,喜欢绘画的儿童可自行设计制作等。

2. **要落实到具体的一件小事,泛化总结到一类事上** 比如儿童回家告诉家长一件他(她)很苦恼的事情:他(她)最喜欢的好朋友,因为同桌给了一块橡皮,就跟同桌玩去了,不理他(她)了,他(她)感觉到很难过,不知该怎么办。这时,家长可以针对这件事告诉儿童:在这种情境下,儿童具体应该做哪些事情,说哪些话。有的时候,家长甚至还可以模拟一下事发情境,练习这个社交活动。完成后再用简单的语言帮助儿童总结,让他(她)理解这种事情是很常见的,只要按照练习的内容做就可以了。当儿童下次遇到类似情况时,家长可以及时地帮助儿童进行总结,做好一类事情的泛化。

琳琳的优缺点清单

优点
1. 我很漂亮
2. 我会自己穿衣服
3. 我认识很多字
4. 我有两个好朋友是希希和壮壮
5. 我会做很棒的轻黏土手工

缺点
1. 我爱咬指甲
2. 总忘记收拾书和玩具
3. 玩游戏输的时候,我会大哭
4. 我不喜欢洗澡
5. 我吃饭太慢了
6. 我不喜欢书写

优缺点清单

3. **在日常生活中逐渐帮助儿童养成一个重过程轻结果的习惯** 如每天可以问一问他(她),你帮老师、帮你的好朋友做了哪些事情,你感觉怎么样,他们感觉怎么样等。重点是"你"感觉怎么样?这个过程家长还可以让儿童理解:对待同一件事情,每个人的感知感受可能都不太一样。重点是能够帮助儿童体验这个过程中的愉悦感。多问一问儿童的感受,帮助儿童明确个人的感受,有助于他(她)的情感的形成。当稳定的情感逐渐形成之后,很多的社交问题自然而然就解决了。

四、怎样帮助孩子学习生活自理

生活自理是家长对孩子最基本的期许,也是 ASD 儿童独立生活的必要条件。在 ASD 儿童的家庭中,家长及各位家庭成员身上所担负的责任和日常生活工作较之普通家庭更为繁重。但对孩子生活自理能力的培养也往往是家庭康复中最易被忽视的部分。这类儿童的很多自理活动常常被家长包办，使其失去了对这方面技能学习、练习的机会。这不仅降低了儿童独立生活的能力，对家庭来讲也是一个不小的负担。如果儿童能够学会如何简单照顾自己的生活起居，将会大大减少家庭的负担。因而帮助儿童学习生活自理非常重要。

（一）生活自理能力包括哪些内容

生活自理能力包括进食、穿衣、梳洗、如厕、帮助做家务、培养兴趣和获得休闲娱乐技能等。家庭为儿童学习自理能力提供了最理想的情境，在日常生活中培养儿童的自理能力最有效也最实用。不同年龄段的儿童应具备的自理能力是不同的。受儿童发育的个体差异性影响，儿童在学习掌握某些自理能力的顺序、难易程度也是有差异的。因而家长首先应该了解各个阶段儿童应具备的各项自理能力有哪些，从中为儿童选择合适的能力进行有针对性的培养。以下为儿童各项自理活动发育简表，以供参考（表3-6～表3-8）。

表3-6　进食能力

适龄能力	对应年龄
双唇紧贴奶嘴，吸吮奶瓶里的液体	0～3个月
闭唇抿勺子里的食物；用勺喝液体	6～12个月
咀嚼固体食物；用吸管吸液体；用手抓食物入口	1～2岁
用杯子喝水；用勺子吃饭；用叉子取物	2～3岁
用筷子扒吃食物；用刀切开软的食物；处理纸盒装饮料，不外溢	3～4岁
用筷子夹物；用水壶倒水不外溢；打开食品包装袋	4～5岁

表3-7　如厕能力

适龄能力	对应年龄
可表达如厕需要；安静坐在便盆上大便	1～2岁
可主动说出如厕需要；安静坐在便盆上小便；如厕前后能脱穿宽松的外裤及内裤；如厕后自己洗手	2～3岁
如厕后冲水；可分辨男女厕所的标志	3～4岁
安静坐在成人的马桶上如厕；撕下所需的卷筒卫生纸	4～5岁
大便后，可按需取纸，清洁干净	5～6岁

表 3-8　穿衣能力

适 龄 能 力	对应年龄
将脱到脚掌部的袜子拉脱掉；解开魔术贴	1~2 岁
可脱下鞋、袜、长裤、开衫；扣合魔术贴；拉开拉链	2~3 岁
可穿上鞋子、长裤、开衫；解、系大钮扣	3~4 岁
脱、穿套头衫；分辨左右鞋子；正确穿上有后跟的袜子；拉上拉链	4~5 岁

（二）怎样培养生活自理能力

培养儿童的生活自理能力，可以从三个方面进行考虑，即家庭成员的观念、儿童现阶段的基础能力、选择适当的干预方法。

1. 家庭成员的正确观念是培养儿童生活自理能力的首要条件　正确的观念应包括以下几点。

（1）对培养儿童生活自理能力的意义和目的有明确的认识：生活自理是儿童独立生活的必要条件，而独立生活是培养儿童的最终目标。

（2）拥有持之以恒的决心及不畏困难、积极向上的态度：由于儿童认知理解受限，情绪控制能力较弱，环境因素中有一定的不利影响等，教与学的过程中总会出现这样或那样的问题，家庭成员之间只有保持观点一致，相互理解与支持，才能达到培养儿童生活自理的最终目标。

（3）能够经常自省，提高家庭干预技能：学会设定合理的培养目标，采用恰当的方法，结合儿童自身情况定期调整干预计划。

（4）允许儿童在犯错误与改正错误的过程中不断成长。

2. 了解儿童现阶段基础能力是制订合理培养计划的前提　应充分了解儿童现阶段的基础能力，这是为儿童制订合理的培养计划，选择适当的干预方法的前提。儿童的基础能力包括认知理解能力、模仿表达能力、粗大运动及精细运动功能、社会交往能力及情绪管理能力等。如要教会儿童独立如厕，儿童应具备行走、独站、蹲起等粗大运动功能，穿脱裤子的精细运动功能等。对儿童各项基础能力的了解需要非常专业的评估和检查，家长可以选择专业机构，请专业评估人员为儿童进行科学系统的检查，从而客观、全面地了解儿童的基础能力。

3. 结合儿童实际情况选择合理的干预方法　自理活动中的各项能力程序复杂而又很具体，家长应结合儿童的实际情况选择合理的方法进行干预。例如可以将一项复杂的自理活动分解成一个一个小步骤来教，这很适合运用"回合式教学法"。"回合式教学法"又称为"分解式操作教学法"（discrete trail teaching，DTT），是应用行为分析法的核心。教学过程中，把每个教学课题（任务）分解成最小、最简单的步骤，再一个步骤一个步骤地教，每个步骤都有一定的辅助动作，反复几个回合，循序渐进，逐步完成。结合 ASD 儿童的视觉优势还可选择视觉策略疗法（视觉提示、图片交换交流法、结构化教学等）。这种方法可以将儿童学习内容的每一个步骤以实物、图片或字卡的方式按顺序进行展示，帮助儿童更好地理解活动内容及程序。

以培养儿童洗手为例。儿童学习这项技能应具备的基础能力包括知道什么时候应该洗手，了解进行洗手活动的场所，能够独立开关水龙头，会使用香皂或洗手液，能够用毛巾将手擦干净等。家长可以在卫生间内准备合适的小盆或垫脚用的小椅子。将洗手的过程分步骤教学：挽起袖口；打开水龙头；将双手放在水下，将手弄湿；拿起香皂，将香皂涂抹在手上；放回香皂；双手搓出泡沫；清洗双手；关上水龙头；拿毛巾，擦干手；挂毛巾。教学过程中，为了帮助儿童理解，还可将洗手步骤制成图片布置在卫生间可看到的地方。当儿童掌握洗手的全过程后，应该鼓励其在生活中合适的时刻主动洗手，如进食前后洗手、如厕之后洗手、玩耍或手脏了之后洗手等。还可以将这项技能泛化到其他场景，如在商场、游乐场等公共卫生间洗手，在幼儿园、学校有需要时独立洗手等。只有经过了诸如此类的泛化，儿童才真正地掌握了洗手这项技能。

a. 挽袖子　　　　　　b. 开水龙头　　　　　　c. 将手弄湿

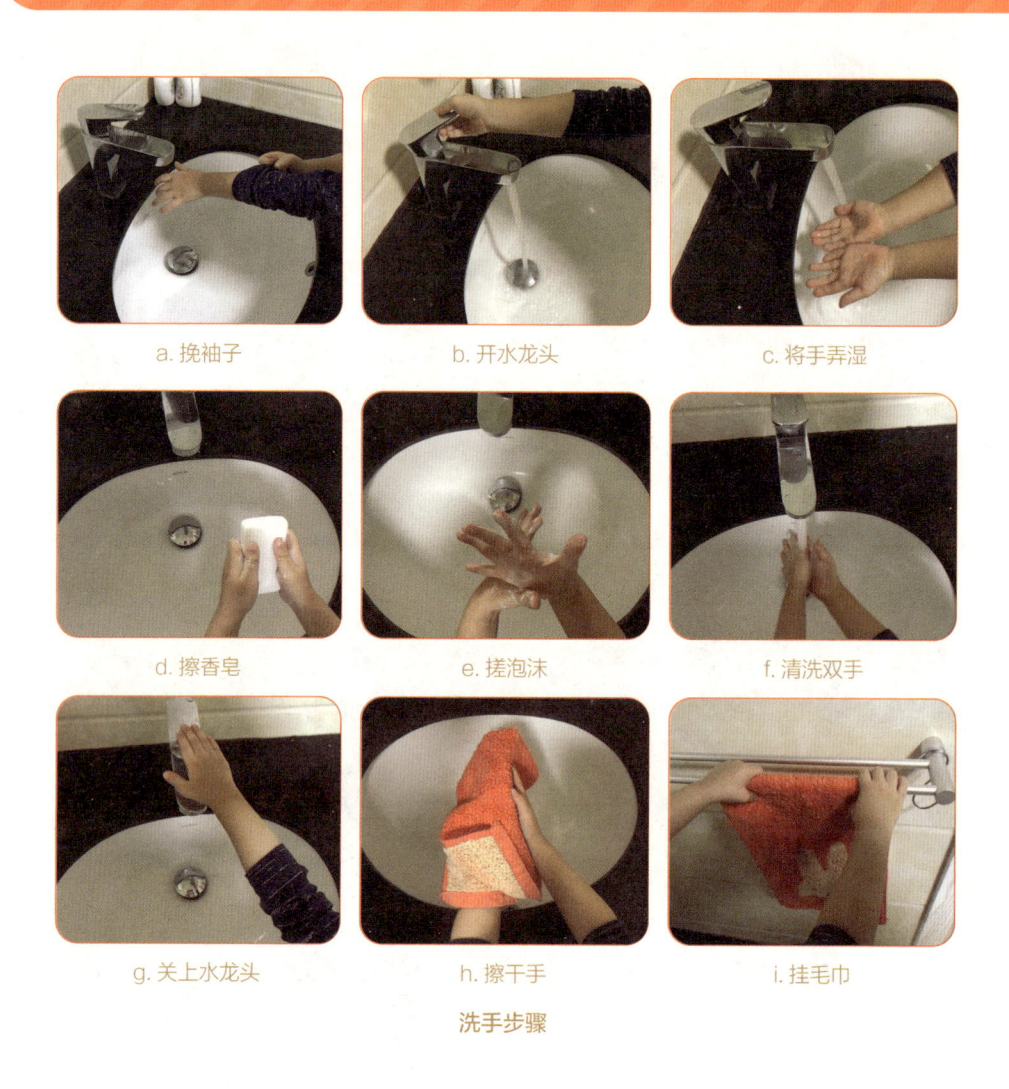

d. 擦香皂　　　　　　e. 搓泡沫　　　　　　　f. 清洗双手

g. 关上水龙头　　　　h. 擦干手　　　　　　　i. 挂毛巾

洗手步骤

五、怎样帮助儿童改善注意力

对周围环境关注缺陷、对个别事物的异常迷恋、多动、注意力不集中是ASD儿童普遍存在的问题。这些问题严重阻碍了儿童发展和学习各项新技能、掌握新知识，严重干扰了正常的教学活动。良好的注意力是儿童必备的基础能力。在家庭生活中，应该如何培养儿童的这种能力呢？首先，家长需要了解家庭生活中儿童常见的注意力问题有哪些表现。再针对儿童注意力问题的具体表现，有的放矢地采取相应的解决策略，帮助儿童改善注意力问题。

（一）家庭生活中儿童常见的注意力问题

家庭生活中，ASD 儿童的注意力问题有很多，常有以下这些表现：很难安静地坐下来吃完一整顿饭；很难将一个游戏或一项活动进行到底，如为一幅简单的画涂色时，只进行了一半就不涂了；学习新知识时，很难对视并试着模仿，还常常不停地自言自语甚至莫名其妙地发笑；集体环境中，被叫了好多次名字，仍旧无动于衷；有时候明明已经学会的技能做起来却反复出错。

有时，家长也会无奈地发现孩子在有上述表现的同时，又伴有极其固执的专注，比如可以坐着看一整天的电视；盯着一只旋转的风车看上十几分钟；反复拆装一个拼图以至于拒绝吃饭等。家长不禁会疑惑：孩子到底有没有注意力问题？孩子的行为表现为什么会出现如此明显的反差？其实上述这些表现都是 ASD 儿童存在的注意力问题，必须以恰当的方式干预改善。

（二）改善儿童注意力问题的有效策略

ASD 儿童的注意力问题既和儿童自身神经系统的异常发育有关，也和不良的生活习惯以及带养方式有着密切的关系。但只要正确认识儿童的问题，做到尽早预防，及时选择有针对性的干预方法改善已经出现的注意力问题，并且持之以恒，儿童的注意力问题都可以得到有效的预防与改善。

1. 从注意力问题早期预防的角度出发　家长可以尝试着做以下这些努力。

> （1）尽早帮助儿童建立良好的作息习惯，让儿童理解和熟悉每日的生活日常；
> （2）在与儿童的日常交流中，尽量使用语义明确、简洁的语言，并适当辅助改善儿童对家长指令的执行情况，减少无效指令的出现频率；
> （3）减少儿童独处的时间，提高儿童在生活中参与活动的频次，活动尽量选择儿童乐于参与、易获得成就感的项目；
> （4）合理安排儿童参与活动的内容、顺序，尽可能避免儿童产生厌烦感、疲惫感。

2. 应积极遵循注意力问题早期预防原则　在选择有针对性的干预方法改善儿童已经出现的注意力问题的同时，还应积极遵循注意力问题早期预防原则。这样不仅可以预防新的注意力问题的发生，还能缓解当前儿童存在的注意力问题。

卡卡爸爸为卡卡做了很多迷宫图画，要求卡卡用铅笔按照迷宫的走向画出从入口到出口的路线。刚开始时，卡卡爸爸会在正确路线上每隔一段放一粒孩子喜欢的小糖豆，既作为提示，又可以当作卡卡走对路线的奖励。后来，糖豆渐渐变少，最后只在出口处放上一小包卡卡喜爱的零食。卡卡也从最开始一粒糖都吃不到，到可以集中注意力完成迷宫路线的二分之一，最后可以不靠爸爸的提示，自己找到迷宫的出口。卡卡爸爸每次都会夸奖卡卡的注意力又提升了很多。

乐乐的注意力很难维持 1 分钟以上。乐乐妈妈为她准备了舒尔特方格，即在一张方形卡片纸上画上 1cm×1cm 的 25 个方格，格子内任意填写上阿拉伯数字 1~25。乐乐妈妈将枯燥的教学做了改进，她在每个 5 的整数倍的小方格内放上了乐乐爱吃的坚果仁，规定乐乐每次指着数到 5 的整数倍时可以吃掉格子内的坚果仁。这样的奖励机制促使乐乐可以连续地数出格子上的数字，并且明白在数完规定的数字后可以得到奖励，现在这已经是乐乐最喜欢的小游戏之一了。

3. 培养儿童注意力时应注意的几个方面　通过上述案例，可以发现培养儿童注意力时应注意以下几个方面。

（1）应尽量选择儿童有能力完成的一些活动，这些活动也可以从常见的一些改善注意力的游戏中寻找；

（2）开始实施活动时，选择的场所应尽量安静，没有干扰；

（3）与儿童交流的方式要符合儿童的理解程度，可以用手势语及示范帮助其理解；

（4）可以将较长的活动进行分解，并在每个环节都给予一定的奖励，帮助儿童逐步独立完成活动，提高注意力。

此外，当家长想打断孩子异常的注意时，可以提前告知孩子，并以提供选择的方式让他参与接下来的活动，如"妈妈要拿走手机了，接下来我们是讲故事还是出去荡秋千？"通过这样的选择可以适当地缓解儿童的不良情绪，将其注意力转移到一些有益的事情上，在一定程度上可避免行为问题的发生。

六、怎样帮助孩子改善情绪问题

和正常儿童相比，ASD 儿童的情绪情感发育得非常缓慢，且常常伴有很难为周围环境所接受的情绪问题，如不合时宜的哭闹，乱发脾气；时而表现得极为淡漠，时而又兴奋异常……有时候还会严重地影响儿童的日常生活及学习，是康复治疗工作者及儿童家长都感到非常苦恼的事情。

（一）ASD 儿童情绪特点及表现

与普通儿童相比较，ASD 儿童情绪发育有如下特点：情绪体验较为简单，高级情绪出现得晚，如情绪体验，主要以快乐、恼怒、悲伤及恐惧等简单情绪为主；而内疚、尴尬、羞愧、骄傲等高级情绪却表现得极少。其次情绪控制不良，爆发频繁，方式简单，情绪程度激烈。但有的时候儿童的情绪问题又表现得无针对性，常常会"莫名其妙"的哭笑、发脾气。并且 ASD 儿童的短暂情绪情感体验很难转化成心境和情感。对于一些认知功能较差的儿童来说，一些单纯的生理反应也会引起强烈的情绪变化，这样的情绪往往与真正的感受是不相关的。

凯凯是一名 8 岁的 ASD 男孩。每次听到有家长训斥其他孩子时，他就会冲上前去打人撕扯，并且大哭大闹，很难被制止。他的行为让妈妈每次带他外出时都变得很紧张，时刻担心会出现上述这样尴尬的情况。后来妈妈细心观察发现：除了家长训斥小朋友外，小朋友的突然哭闹，也会引起凯凯情绪的巨大波动，产生严重的行为问题，难以得到控制。经过多次观察及与凯凯的沟通发现，凯凯闹情绪是因为凯凯惧怕听到小朋友的哭声，而家长斥责小朋友，很容易引起小朋友哭，所以凯凯就会表现出强烈的情绪波动。凯凯妈妈针对上述情况，为凯凯选择了一些动画、绘本，以及生活中的实景录像，给凯凯耐心地讲解小朋友哭的原因，并且以脱敏的方式帮助凯凯逐步适应小朋友的哭声。妈妈还告诉凯凯，当他因为小朋友的哭闹感觉到害怕时，他可以大声地说出来并请求暂时离开。通过这些方法，凯凯已经逐渐可以接受小朋友的哭闹，只是表现得有些不安而不会乱发脾气了，情绪波动得到了很好的控制。

复杂情绪出现得晚，往往会影响儿童学会根据不同的场合调节自己简单的情绪表现。如果凯凯有尴尬、羞愧的高级情绪出现，那么面对小朋友的哭声带给他的恐惧，他就会做适当的自我调节及行为约束。儿童沟通及表达能力的落后会导致其无法将自己的情绪感受以恰当的方式进行表达。当妈妈帮助凯凯将他的恐惧用语言表达出来，表达就在一定程度上取代了哭闹、叫喊，随后告知了他合理的处理方式，凯凯的恐惧情绪得到缓解。很多时候家长不了解儿童闹情绪的原因或者不知道如何采取恰当的引导方式，这些都会让儿童"莫名其妙"地哭笑、发脾气，甚至错过了一些将情绪情感体验转化成心境和情感的最佳时机。

（二）家庭干预中情绪问题的矫治

1. 如何帮助儿童消除不良情绪　ASD儿童的情绪问题在家庭生活中表现频繁。不良的情绪严重影响了自己和家人的日常生活，并阻碍了儿童多项能力的发展，使得家庭干预难以实施，严重者甚至影响儿童的身心健康，这成为困扰家长的主要问题之一。在家庭干预中，如何帮助儿童消除不良情绪呢？首先要分析一下儿童现有不良情绪的成因，然后有针对性地帮助其消除不良情绪。家长可尝试按以下方法实施家庭干预。

（1）对身体原因导致情绪问题的处理：很多时候儿童闹情绪是因为他的身体不舒服，并且很多ASD儿童的表达能力受限，无法将自己不舒服的感觉准确地告知家长。如果儿童的不良情绪源自于生理上的不适，如胃肠不适、睡眠问题、牙痛等，家长应该给予儿童理解与安慰，积极帮助儿童解决生理上的不适，使他的情绪得到舒缓。这也是与儿童彼此间建立信任及依恋关系的较好时机。

（2）对非身体原因导致情绪问题的处理：对环境的适应困难会导致儿童在面对陌生环境时情绪高度紧张；还有很多ASD儿童对不熟悉的声音、异常的声音感到十分恐惧，这些非生理性原因都可以诱发儿童的情绪问题。此外对他人指令的不理解、自己的要求无法表达并得以满足等交流交往障碍，也可引发儿童焦躁不安甚至愤怒等不良的情绪。面对这些非生理性原因所导致的情绪问题，家长首先可以采取转移注意力的方式帮助其平复情绪，待其情绪基本稳定后，再进行下一步的社交活动。例如带孩子去友人家做客时，孩子刚进入房间就出现严重的哭闹，甚至拒绝更换衣物，家长可尝试停止更换衣物的活动，将孩子抱起，让其先听一些熟悉的儿歌音乐。这个过程中，家长的举止应该自然舒缓，不可带有紧张的表现。待孩子情绪稍稍平稳后还可带孩子缓慢环顾四周环境，待儿童发现感兴趣的事物时，自然地帮助其更换衣物，为他讲解怎样进行下一步的社交活动。这种情况下，家长应注意两点：既不可迅速带领孩子逃离当前的陌生环境，也不可强行要求孩子接受这个环境。

（3）做好预防工作，减少不良情绪的产生：如果儿童的不良情绪表现频繁，家长应尝试观察和总结儿童容易出现不良情绪表现时的种种外在因素，尽量减小或避免这类容易诱发不良情绪的外在因素对儿童的影响。如去公共场合前，先和孩子做一个较好的沟通，让孩子有足够的心理准备；如选择干发帽代替孩子害怕的吹风机，帮孩子弄干头发；如在孩子没有接受气球前，先尽量避免在不易控制孩子情绪失控的场合让其接触气球等。此外，还可以在家庭教学环节中采用一些社交故事，帮助孩子理解及学会如何面对易导致其产生不良情绪的一些处境。

（4）不闹情绪的时候解决情绪问题：在日常生活中，很多家长习惯在孩子闹情绪时进行说教甚至是指责，认为在孩子问题出现时，现场即时解决才能起到很好的效果。但实际情况是孩子正在闹情绪时，家长的说教、责骂很难会起到效果，有时甚至还会加重孩子的不良情绪反应。所以真正能够解决孩子情绪问题的时机是在其不闹情绪的时候。针对孩子情绪的问题在日常教导中下功夫往往会取得事半功倍的效果。

2. 良好情绪的建立从家长开始　　家长的坏脾气、坏情绪会直接或间接地影响孩子。如果家长总是动不动就对孩子发火，动不动就对孩子唉声叹气，久而久之儿童就会被这些消极情绪所感染，变得难以控制自己的情绪。养育一个 ASD 儿童，家长付出的艰辛要远远超过养育一个正常儿童，这样的压力也常常会导致家长情绪不稳定，容易急躁、爱发脾气。因此当家长感到很难管理自己的情绪，很难心平气和地教育孩子的时候，可以尝试着先对自己进行提问：究竟是孩子错了，还是我太累了？如果真的是因为家长太过疲惫而导致的情绪调控问题，建议家长先进行适当休息，放松身心，调整好情绪之后再对孩子进行教育。只有家长做到能够调控和管理好自己的情绪，才能从正确的视角出发，帮助孩子建立良好的情绪。

3. 如何教会儿童管理情绪

（1）积极情绪的建立始于合理期待：当孩子有了进步，家长都会感觉很高兴，但随之而来的还有对孩子更高的期望。因此很多家长会选择"趁热打铁"的方式，在孩子刚取得进步时就迅速给孩子布置更高一层的任务。这种方式可能会缺乏对任务难易程度的考量，缺乏对儿童现阶段能力的整体认识。如果这一阶段家长所布置的任务难度过高或辅助不到位，就有可能导致孩子无法完成，从而使其未完全积累成就感所带来的愉悦体验时再一次处于情绪低落状态，容易爆发情绪问题。此时家长可以适当降低任务难度，了解孩子的实际情况，不对孩子做过高的要求，让孩子有成功感，建立积极的情绪。此外，长期过于频繁地重复已掌握的技能，也会让孩子产生厌烦的消极情绪。因而家长应从儿童的实际情况出发，合理期待，帮助其建立积极情绪。

（2）用合理的鼓励和赞扬使愉快成为儿童的主导情绪：在鼓励和赞扬中成长的儿童往往会更加自信，面对困难的时候也会表现得更为积极和乐观。当愉快成为一个儿童的主导情绪时，相应的负面情绪就会大量减少，由此而引发的情绪问题也就会随之减少，帮助儿童处理和改善情绪问题也会变得容易起来。因而家长在与孩子相处时，应该讲究教育的艺术，经常给予孩子合理的鼓励及真诚的赞扬，让孩子对自我有积极客观的认知。

（3）教会儿童辨别及表达情绪的方法：交流障碍是诱发儿童情绪问题的重要原因之一。如果儿童的情绪感受很难以恰当的方式进行表达，情绪问题就会产生。因而在家庭康复疗育过程中，家长应该积极教会孩子辨别及表达情绪的方法，教导孩子如何面对及处理情绪问题。帮助孩子提高情绪、情感能力的方法有很多，可以结合儿童现阶段的实际情况，合理选择使用。

当儿童处于认知发展水平较低阶段时，家长可以选择一些较为基础的表情卡片，帮助孩子学习如何辨识他人的表情及表情所代表的情绪，如"笑"代表的情绪是"开心高兴"；"哭"代表的情绪是"悲伤难过"等。

对于认知理解能力较好的儿童，家长还可以帮助其选择一些有趣的情绪绘本，甚至还可以结合儿童的实际情况，为其量身制作一些有关情绪认知的社交

孤独症
谱系障碍及干预方法

开心高兴 　　悲伤难过 　　害怕 　　生气

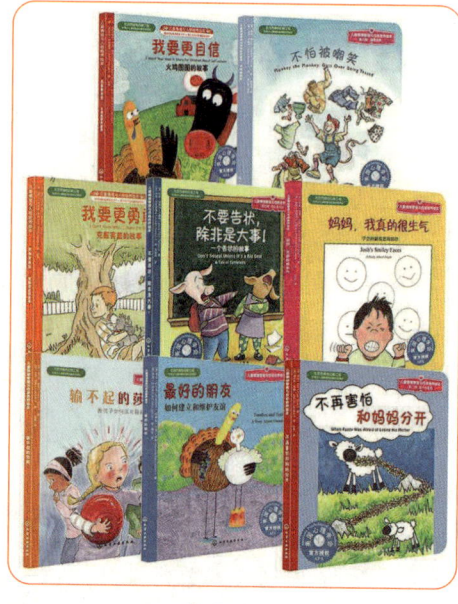

故事。在与儿童共同阅读学习这类情绪绘本及社交故事的过程中，家长可以用提问讨论的方式帮助孩子去理解在什么情况下人们会有这样的情绪，有了这样的情绪之后，我们可以做哪些事情。此外，家长可以准备一面大镜子，以游戏的方式和孩子面对镜子进行表情的模仿；同时不断地和孩子探讨每个表情所代表的情绪含义，适当加上一些肢体语言可以让游戏变得更为有趣，更有助于孩子的理解。

情绪绘本

有时会很激动。

当我觉得需要平静时，我可以尝试用这些方法：
1. 保持安静，然后深呼吸十下。

社交故事

192

镜子游戏　　　　　　　　　　　　　　　镜子游戏

当儿童建立了一定的情绪辨别及表达能力后，家长可以利用日常生活中的自然情境示范和引导儿童学习各种情绪调控方式，增加和积累日常生活中的情绪体验。通过视频短片帮助儿童分析其中与情绪相关的因果关系，以及在正常社交情境下与情绪相对应的、可接受的行为方式有哪些，也是一种非常好的教学方法。这些短片可以是一些视频小故事，也可以是日常生活中的实景积累。在家庭康复干预中，采用合理的方法循序渐进、持之以恒地进行教导，儿童的情绪调控能力一定会有显著的提高。

七、怎样正确处理孩子的问题行为

ASD 儿童或多或少都存在一定的问题行为。这些问题行为有的会影响儿童的身心健康，有的会影响儿童集体生活的正常进行，有的甚至会扰乱公共秩序，危害公共安全。这些问题行为严重困扰着 ASD 儿童的家庭，成为 ASD 儿童回归主流社会、参与正常社会生活的严重阻碍。

（一）了解儿童常见问题行为的表现

感知觉问题，情绪情感发育障碍，认知能力、沟通能力发育落后，共患病、刻板模式及家庭带养问题等，很多因素都会导致 ASD 儿童的问题行为。如

ASD儿童常常会因为无法使用恰当的言语去表达自己的愿望、需求或其他遭遇的感受，家长们也往往揣摩不透孩子所有的想法，从而不能及时地满足孩子的愿望或需求，不能及时地提供帮助而使其尖叫和发脾气。还有一些孩子在认知发展方面存在着障碍，不会做建构性的游戏，在探索周围事物的过程中会出现许多破坏性的行为，如撕烂、摔碎东西。由于社会交往障碍，很多孩子在与他人交往的过程中会表现得不适应甚至当众说出令人难堪的话，做出令人难堪的事。还有一些孩子具有严重的刻板行为，如要固定地坐在某一位置上，走某个固定路线的路等。此外，对无害事物产生的特殊恐惧、奇特的动作、怪相及攻击性行为，也都是较为常见的问题行为。在日常生活中，孩子的问题行为表现也呈现多样化。如不喜欢被拥抱或抚摸；跌倒、打针时不害怕痛；尤为喜爱某些声音，对另一些声音特别恐惧；对文字、数字或某些图像特别喜欢或厌恶；喜欢斜视、倒视；过分喜欢坐车、害怕乘坐电梯、喜欢旋转、喜欢保持活动状态；偏爱某类食物，拒食叶菜等；在某些特定场合或情境中容易情绪失控，过分地哭闹或攻击他人，如在人数较多的聚餐聚会场合中易出现哭闹行为，且出现哭闹行为后很难被安抚甚至会攻击他人；莫名其妙地拍打他人，经常性地抢夺别人手中的物品等。一些学龄期的儿童还表现为很难适应及遵守校园的秩序及集体生活，上课时随意下地走动，乱动他人物品，对老师或同学说不适宜的话，很难完成书写性任务，甚至考试时趴在桌子上睡觉，无视他人的指责批评，或者过分计较他人的评论，当场与人争执发生冲突等。

家长应如何实施相应的家庭干预措施来处理孩子的这些问题行为呢？首先家长要了解分析孩子有哪些具体的问题行为，然后再有针对性地依照相应的原则进行处理。

（二）管理问题行为的家庭干预基本原则及方法

1. 客观分析儿童问题行为的起因，端正家庭教育态度 很多家长在面对ASD儿童的异常问题行为时，总是着急、愤怒，甚至在不理解孩子问题行为本质原因的前提下强行管制，但效果往往不理想；家长也倍感无奈，不知从何下手。其实在成人眼中无法理解的那些问题行为，其本质常常是孩子们面临他们无法懂得的复杂情况时所做出的简单反应。作为 ASD 儿童的家长，首先应该以理解和包容的态度去正视孩子的这些"不可理喻"的行为，然后客观分析其中的因果关系。如不分场合、经常去触摸某种质感的物品可能是孩子在寻求触觉刺激，而其无法对这种需求进行恰当的行为控制；在考场上趴在试卷上睡觉，无法完成考试内容，很有可能是孩子的一种逃避行为，他的情绪情感发育水平，以及他解决问题的能力，还不足以让他能够正确地理解什么是考试或者考试不利所带来的后果。

2. 适时、及时的教导常常比单一的惩罚更有效 惩罚是家长为了帮助孩子消退一些不良行为经常选择使用的一种方式。但单一地、一味地使用惩罚的方式去管教孩子的问题行为往往效果维持得极为短暂、并不理想，一些不适当的惩罚方式甚至还会引起孩子的心理问题，从而导致更为严重的问题行为，许多家长对此都深有体会。还有一些时候，孩子会把获得惩罚当成吸引他人注意的一种手段，事后惩罚可能会加大他这种问题行为的发生率。如辰辰特别喜欢拉小女孩的辫子，只要看见小女孩梳着辫子就会跑上前去伸手拉，当别人哭泣推搡他时，他也不会放手。每次他出现这个问题行为后，妈妈都会严厉批评他，甚至打他的手心，又惩罚他不让他看动画片，但效果并不理想。辰辰甚至会边说"不可以拉别人的头发"边去拉扯小女孩的辫子。选择恰当的时机对于管理孩子的问题行为至关重要。最好的时机是在问题行为没有发生之前便采取有效行动来预防这个行为的发生。如在辰辰注视小女孩的头发时，就告诉他，不可以拉别人的头发，以及不可以做这件事情的原因和发生这件事情的后果。这就相当于给孩子一个辅助，帮助他管控自己的行为，并且适时实施了一个情境式教学，帮助孩子理解为什么要管控自己的行为，应该怎样管控自己的行为。如果制止不及时，则在这种行为刚刚开始的时候就立即采取行动，这比在孩子的问题行为发生以后再去惩罚他更为有效。此外，对于言语理解很差的孩子，脱离相关情境后，他们很难听懂家长的说教是什么意思。因此，采用说教方式或严厉惩罚来管理其问题行为很难达到良好的效果。家长可尝试在其问题行为发生之前或当时正发生的情境下，采取适时、及时的教导，往往可以取得较好的效果。

3. 选择恰当的干预方式，实施相关问题行为的家庭干预　在对孩子实施问题行为管理时，家长应充分考虑到孩子现阶段的认知理解水平及现有的交流方式，以他可以理解和接受的方式进行管理才能取得好的效果。如用说教的方式预防ASD儿童将玩具扔到地上可能根本无效，选择对他大声喊叫，也许最初会有些许效果，但一段时间之后，他就会习惯于此。如果家长对他扔玩具非常生气，还有可能会引起孩子的兴趣，刺激他反复尝试这样的行为以引起家长的注意。

较为有效的方法是在孩子扔玩具之前就采取行动，抓住他的手，装作没有察觉他的意图，转移他的注意，就势和他玩一些如挠痒痒的游戏，或者去做孩子喜欢的其他事情。如果家长要告诉孩子什么事情是他不可以做的，一定要记得帮助他去了解什么事情是他可以做的。如拉住他的手禁止他敲击水杯时，可以同时递给他一面鼓，将拉住的那只手敲在鼓上；如告诉他不可以拉扯小朋友的辫子时，可以递给他一束毛线，告诉他可以玩毛线，甚至可以跟他一起玩用毛线编小辫子的游戏，帮助他找到积极的、建设性的事情去做可以减少孩子的抵触情绪，使他更乐于接受你的管理。

4. 实施问题行为管理时，家长的态度应前后保持一致　在日常生活中实施问题行为管理，家长时而过分严格，时而过分宽松的前后不一致的态度很容易让孩子产生困惑。如果家长有时候去阻止一种问题行为，而另一些时候则对同一种问题行为放任宽容，这样的管理效果可能比根本不采取行动要更糟糕。当家长感觉对某一问题行为的管理长时间保持一致态度较为困难时，家长就应该考虑选择当前最急于解决的问题行为进行管理，并下定决心，持之以恒。而对于其他相对较小的问题行为可采取暂时性冷处理。此外对于当前设置为管理目标的问题行为，家庭成员间也应做好协商，保持一致的态度及处理方式，只有这样才能取得良好的、满意的家庭康复干预效果。

（三）如何处理感知觉异常所引起的问题行为

ASD儿童的很多问题行为是由其感知觉异常所引起的，家长在实施家庭干预的过程中应注意区分，有针对性地开展家庭干预。常见的感知觉异常大体可以分为视、听、嗅、触、味、运动企划障碍等。为了较好地处理儿童所存在的这些感知觉方面的问题，家长可以通过仔细观察儿童的行为表现来明确他的感知觉异常具体属于哪种感知觉异常类型，再对症选择适宜的处理方案。此外，还应注意与儿童的一些刻板行为进行区分。如 6 岁的 ASD 儿童西西每天早餐只喜欢吃包子，换成其他食物就哭闹拒食。西西的行为似乎是属于口腔触觉、味觉的感知觉异常，但通过平时的进餐情况发现他可以进食其他类型的食物，也就是说西西的问题行为本质上应属于刻板行为。问题的本质不同，处理的方法也会有所不同。

儿童感知觉异常的处理方法主要是行为塑造和行为学习理论。简单说就是感知觉高敏的儿童要帮助其脱敏；感知觉迟钝的儿童要加大相应刺激强度，帮助其建立正常的感觉体验，逐步塑造正常的感觉行为反馈；而运动企划能力较弱的儿童则可通过反复的行为练习体验，熟练掌握相应技巧，提高他的运动能力。

（郭岚敏）

第三节 怎样为孩子营造良好的成长环境

良好的成长环境对一个人的成长有着至关重要的作用，营造一个良好的成长环境有助于 ASD 儿童形成正确的思想和优秀的人格。

一、营造良好的家庭环境

家庭是社会的基本细胞，是孩子成长最早及最常接触的环境因素，是家庭康复教育实施的场所和主要影响因素。ASD 儿童是家庭内部重要的成员，家庭环境直接影响其心理及行为的成熟过程，因此创设良好的家庭环境对 ASD 儿的健康成长具有重要的现实意义。

（一）家居环境

家居环境是指家庭中房间的构造、实物的摆设等。家居环境是否合理、整洁与否、日常管理是否有序等因素可以通过潜移默化的作用对 ASD 儿童的良好生活习惯、健康心理状态的形成产生重要影响。整洁有条理的环境，能让 ASD 儿童身心愉悦，形成良好的生活习惯；污浊杂乱的环境，使 ASD 儿童心情烦躁，并容易养成懒惰、松懈的不良习惯。

ASD 儿童总是存在这样或那样的一些紧张与害怕，比如害怕汽车的声音、明亮的灯光等。因此在家居环境设置中要避免出现严重影响 ASD 儿童生活的设施，可以请专业人士来对房间进行一些设计，专门针对 ASD 儿童的个体化障碍进行设施的改造。家居环境的设置，要考虑到以下几点。

1. **安全需求**　要考虑到 ASD 儿童的安全性。比如说阳台的围闭、窗户等易开放场所的安全保护设置，防止意外事故的发生；要管理好尖锐物品及危险物品，防止误伤。

2. **教育需求**　要考虑到 ASD 儿童家庭康复教育的需求。根据家庭康复教育的需要购置一些相应的用品；要注意生活设施的位置，比如鞋柜、灯的开关、洗浴设施的位置，使用便捷度等，要做到符合 ASD 儿童生活方便需要，尽可能位置固定、设施固定。

3. **观察需求**　要兼顾家长观察的方便性。在满足观察需求的同时，要尽可能给 ASD 儿童单独设置一个独立的空间环境。

（二）人际环境

当家长在面对孩子是 ASD 的诊断时，都会面临心理态度的转变，事情的发生对家庭人际环境也会造成很大的影响，而和谐的人际环境的营造对于 ASD 儿童的成长也非常重要。

1. **家庭人际环境的变化**　家长首先要面对的是从怀疑、无法接受、孤独无望到逐步接受、重新树立信心的心理转变；也会面临长期康复教育过程家庭巨大的经济支出、大量时间占用、精力长期耗费带来的心理压力增加；还会遇到在康复和教育过程中由于各种技能不足、接受培训过程中的时间与精力不足带来的焦虑心态。整个大家庭中突然出现的 ASD 儿童带来的困难也会对其他家庭成员及成员之间的家庭关系带来影响，父母亲的精力分散，必然会导致对老人及其他家庭成员关注的减少。同时，ASD 儿童家庭还需要其他成员给予更多的支持。

2. 和谐人际环境的重要性 如果家庭人际环境是一种合作、谅解和互助的氛围，ASD 儿童的思维意志、能力等可以得到和谐发展，而且从中获得安全感。如果家庭成员之间表现冷漠，缺乏互助合作精神，甚至主动远离、争吵不休、互相折磨，ASD 儿童往往没有安全感，在情绪方面易产生波动、易激惹，会进一步加剧社交障碍表现。必须要获得家庭照顾者在情感上的交流与支持作用，家庭人际环境的和谐是是否能成功帮助 ASD 儿童取得进步的重要因素。

3. 和谐人际环境的营造 ASD 儿童父母要积极发展与协调家庭关系，家庭成员之间是否能统一认识，是否能和谐共处，兄弟姐妹们在分享父母关注方面是否会公平对待等，都是需要关注的因素。父母及家庭其他照顾成员要有意识地鼓励 ASD 儿童，在日常生活中多与他们拥抱、微笑、交谈、对视，让他们体验到人与人接触的欢乐。家庭社会生活需要向外延伸，为了更好地让 ASD 儿童接触社会，家庭成员要勇于面对现实，尽可能创造条件增加与其他社会关系人员的交往。可以邀请亲戚朋友来家中做客或积极参加他们的活动，召集小朋友来家里玩耍，主动或被动地参与一些儿童游戏。要尽可能多地带孩子外出，多让他和亲戚朋友接触；多参加一些户外活动，接触公共场所，多跟小朋友接触，尝试着让他跟小朋友去分享一些东西，比如吃的、玩的。尽早开始教授孩子在公共场合应具备的恰当行为。

二、营造良好的教育环境

目前医学上没有可以治愈 ASD 的药物，医学康复和教育康复作为最主要的干预手段对于 ASD 儿童的预后起着至关重要的作用。资料显示，目前家长主要选择以下康复教育方式来进行训练：选择单一的孤独症机构康复教育方式进行训练，选择机构康复教育和家庭康复教育相结合的方式进行训练，选择单一的家庭康复教育方式进行训练。

（一）家庭康复教育

家庭康复教育在家庭内部进行，通过家庭成员之间自觉的、有意识的交流方式及主动训练的影响过程对 ASD 儿童的各种障碍进行影响与纠正。

我国孤独症康复教育机构总体数量相对较少，目前主要集中在医疗机构以及各级残联和民政系统下设的特殊教育机构。康复教育承担人员专业构成多样、水平参差不齐、专业素养不高等因素会影响 ASD 儿童的康复教育效果。从经济承担角度来说，孤独症康复教育开支较大、所需时间长、经济负担沉重等导致有些家庭在机构中的康复教育很难长期坚持下去。因此，ASD 儿童的家庭康复教育在一定程度上可以补充社会资源的不足，缓解经济压力，在 ASD 儿童的康复过程中起着不可替代的作用。

对于 ASD 儿童家庭而言，其家庭康复教育既包括家长对子女进行的康复教育训练，也包括家庭成员自身对孤独症子女的应对、适应及不断调整，继而增加家庭的内聚力量，发挥家庭的整体功能。ASD 儿童家庭康复教育的过程中，不仅要对 ASD 儿童给予足够的关爱，更重要的是以家庭为单位，鼓励家庭所有成员参与照顾 ASD 儿童的过程中，了解照顾的基本技能，促进家庭成员间的相互帮助和鼓励，提高家庭功能，帮助 ASD 儿童积极面对困难。目前，我国 ASD 儿童家庭康复教育也面临着教育资源不足、家庭康复教育的价值取向偏离及家庭康复教育保障缺失等困境。

1. 积极的应对态度　由于孤独症的自然病程很漫长，家长往往要关心、帮助孩子终生。因此，ASD 儿童的家长要有充分的孤独症相关知识，科学认识 ASD 儿童的特点及家庭康复教育的重点及方法。家庭康复教育除了家长在 ASD 儿童的生活日常中更加细致和用心外，还需要更加有心地去付出感情。

按照心理及生理发生与发展的路径，ASD 儿童需要在家长的带领下，经历语言教育、智力开发、情绪与情感的发展、社会交往、日常生活技能的训练等阶段，这是一个长期的过程。对于 ASD 儿童来说，其最终的教育康复目的是使其能回归社会。首先要让 ASD 儿童拥有一个正常儿童应该有的生活轨迹，包括正常社会活动的体验、各种社会福利的享用等。其次要从 ASD 儿童的实际情况出发，找准儿童在人际沟通障碍方面的特征，挖掘其在社会交往方面的优势，有意识地去培养社会交往能力，塑造适合儿童健康成长的行为模式。

家庭康复教育实现突破的关键还在于家庭自身，在有限的支持环境中，家长应该积极主动地调整和适应。ASD 儿童的家庭成员要正确看待当前的处境，主动去调整好自己的心理状态，从思想上要积极乐观，缓解由 ASD 儿童带来的精神压力；主动去适应并积极学习应对策略，提高家庭适应力以更好地帮助 ASD 儿童。同时，家长不仅要对子女的康复教育保持信心并持之以恒，还应该树立正确的康复教育观，不能仅局限于子女认知和学业技能的培养，而忽略其情绪行为问题和生活自理能力的干预。

2. 提高家庭康复教育的执行能力 ASD 儿童的家长要清醒地认识到家庭康复教育是机构康复教育和学校教育的延续，是保证 ASD 儿童持续教育的基石。

家长基本上都是从零开始学习康复教育的技巧，其获得康复教育技能的途径非常有限，因此要积极地寻求各种策略以提高家庭康复教育的执行能力，要重视自我的学习培训。通过有效的培训可以有效地帮助 ASD 儿童的家长掌握应对策略，提升教养能力，可以积极地利用社会机构的培训，主动与相关的专业人员建立良好的联系，掌握科学的教育方法和干预策略。通过培训，家长可以详细了解各种康复教育方法的理论基础及实用的实施步骤，学习运用个性化的干预手段，在专业人员的指导下开展家庭和社区等日常环境中的干预，在自然情景中改善 ASD 儿童的沟通和社交等能力，减少各种问题行为；还可以提高家庭康复教育的水平，进而提高执行能力，将家庭康复教育落实到家庭生活的点点滴滴。

3. 创设更多的实践机会和情景 ASD 儿童的核心问题是社会交往障碍，药物等医疗手段目前很难起到决定性作用。教育的根本目的是帮助他们回归社会，建立社会交往能力，训练手段要渗透到日常生活的方方面面，而家庭就是社会交往的第一课堂。因此，家庭康复教育的重要性无可替代，家长要尽可能创设丰富的情景以利于ASD儿童的实践。

ASD儿童家庭康复教育的目的是帮助孩子建立社会交往能力，其中包括社会适应能力和语言交流能力等；训练内容只是为达到训练目的而设定的一个方法，可以有无限种类的选择，一切有助于实现目标的方法均可列入训练内容，一定要将日常生活中的各个环节都融入训练中。家庭康复教育的内容要丰富，要尽可能符合日常生活规律，督促ASD儿童按照日程表进行起床、如厕、洗漱、进食、教育、睡觉等训练。可以设置单独的教学房间，购置一些对应的训练器材以便延续机构训练内容到家庭中，设置符合日常生活规律的生态化的生活环境，如形式多样的餐具、洗漱用品等。同时也要利用社区环境中的生活实景展开进一步的训练，如外出购物、户外活动、游戏、集体活动等。

4. **主动寻求资源和支持**　ASD儿童的康复教育是一个系统的工程，全社会参与孤独症的管理也是我国一直在探索的途径。随着对ASD儿童的不断重视，各种特殊教育机构、公益组织、社会组织不断涌现，ASD儿童家庭可利用的资源也逐渐增多。ASD儿童家庭要充分利用各种资源不断地学习与丰富自己的知识，寻求广泛的社会支持。可以通过积极地关注一些网站、新媒体平台如微信公众号等获取相关的专业知识；也可以参加一些家长互助组织和公益项目，获取可靠的信息和资源；还可以与医疗机构及康复教育机构专业人士取得联系，积极参与他们组织的社会活动及培训。

（二）机构教育

随着ASD儿童确诊数量的不断上升及家庭对ASD儿童行为矫治需求的不断提高，需要越来越多的专业机构接纳这些儿童进行康复教育。目前，越来越多的幼儿园和小学已经开展接纳ASD儿童进行融合教育。其他可供选择的机构主要包括医疗机构、特殊教育学校和康复机构，这些机构可以直接给ASD儿童提供综合性的功能干预，包括儿童认知、语言、行为、自理能力、社会交往等领域障碍的纠正。作为承担孤独症康复教育的专业机构，要营造出良好的社会环境氛围，号召工作人员及整个团体关心ASD儿童的发展，要在知识普及、系统培训、系统管理指导等方面发挥积极作用。

三、营造良好的社会环境

目前，公众对于 ASD 儿童的接纳程度逐步提高。但是在部分地区，仍然有幼儿园、学校拒绝 ASD 儿童的入班教育。许多家长对于自己的孩子与 ASD 儿童同班就读持抗拒态度，甚至有歧视与虐待这些儿童的事情发生。

ASD 儿童成长所需社会资源涉及多元主体和多类资源，只有全社会联动起来，营造出良好的社会环境，才可能有效地帮助 ASD 儿童重回社会。政府应该从宏观层面为 ASD 儿童及家庭提供政策的支持和环境的保障，保障 ASD 儿童受教育的权利，重视学前教育机构的设立和发展，积极鼓励利用购买服务形式扩大 ASD 儿童的早期干预和康复训练规模，加强专业人才的培养，采取措施切实减轻 ASD 儿童家庭的经济负担，给予必要的福利政策。非政府和非盈利的民间组织、公益项目、募捐、志愿者等要把对 ASD 儿童家庭的帮扶做到精准，解决必要的社会需求和资金需求。社区应该为 ASD 儿童家庭提供和传递社会支持及服务，可以开展信息帮助、情感支持、后勤协助、临时看护、专业化器材、娱乐休闲、健康服务，以及其他能够增强家庭支持有效性的活动，从而增加家庭对社区的参与以及提升生活质量。

（钱旭光）

第四节 怎样为孩子选择合适的教育机构

ASD 儿童的教育有多种途径可以选择，学龄前阶段可以选择在医疗机构、康复机构进行早期教育，症状较轻、智商较高的儿童也可以选择在普通幼儿园进行早期教育。学龄期阶段可以选择在康复机构、特殊教育学校中进行特殊教育，也可以在普通学校（公立或私立）中进行。在普通学校主要采取融合教育的形式。目前 ASD 儿童在公立普通学校就读的比例不高。资料显示，目前我国大约 30% 的 ASD 儿童在普通公立学校接受义务教育，10% 左右的 ASD 儿童在公立特殊学校就读，35% 左右的 ASD 儿童在私立学校及孤独症康复机构就读，还有 25% 左右的 ASD 儿童在家由父母教育。依据我国九年制义务教育的要求，学龄期儿童都应入学接受教育，经过早期教育康复的 ASD 儿童可以直接进入相应的普通小学或培智学校，一直没有入学或在家的 ASD 儿童可以进入特殊教育学校学习。

一、医疗、康复、教育相结合的机构

在各级政府的高度重视，以及教育、残联、民政部门和医疗卫生、社会机构的努力下，我国 ASD 儿童的康复教育工作发展迅速，目前我国有上千家 ASD 儿童康复和教育机构在为 ASD 儿童提供康复和教育服务。医疗、教育、康复相结合的机构一般包括医疗机构、康复机构及特殊教育学校。

（一）医疗机构和康复机构服务形式

医疗机构和康复机构将医疗工作、康复工作及早期教育工作有机地结合在一起，直接给 ASD 儿童提供综合性的功能干预，内容涉及儿童认知、语言、行为、社会交往等领域，其采用的形式多为 ASD 儿童之间的融合教育形式。常用的小组训练教育模式，即将障碍程度相近的儿童组成康复教育小组，制订统一的课程，共同完成康复训练计划。这种训练模式可以在对 ASD 儿童进行感觉统合训练、语言训练、特殊教育及行为训练时采用，也可以在个体化完成上述训练任务之后设计一项或多项集体合作性游戏，让两个或多个 ASD 儿童在训练师的指导下合作完成，随着孩子注意力、语言能力、模仿能力的逐步增强可以逐步增加游戏的难度和时间。这种形式有利于 ASD 儿童将所学的游戏和感知觉经验及语言运用到实践中去。

(二)特殊教育学校服务形式

特殊教育学校将义务教育工作及部分康复工作有机地结合在一起进行服务。2014 年教育部联合多部委出台了《特殊教育提升计划（2014—2016 年）》，其中明确提出：鼓励有条件的地区试点建设 ASD 儿童少年特殊教育学校（部），首次打破了传统的聋、盲、培智三种特殊教育学校的建设格局。

目前在我国特殊教育学校接纳 ASD 儿童主要还是以培智学校的形式存在，多采用的是 ASD 儿童融入智力残疾儿童当中的融合教育形式，也就是 ASD 儿童在培智班级就读的形式。首先，这种教育形式要求不间断地对 ASD 儿童进行针对性的个别训练。在保证一定的个别训练强度和时间之外，其余的时间不论学习和生活、游戏都和智力残疾儿童在一起。其次，要求班主任及任课老师要及时地矫正其不良行为，指导其与其他学生进行语言行为等方面的沟通与交往技巧。这种教育形式建立在 ASD 儿童有一定语言能力，能够服从简单指令，并且具有一定的注意力和模仿能力的基础上才能进行，否则会因其与同班智力残疾儿童之间能力差距过大而导致 ASD 儿童更加孤立。这种形式的好处是能在一定范围内给 ASD 儿童以最大限度的干预。

在课程设置上，主要按照 2007 年教育部颁布的《培智学校课程设置实验方案》，遵循课程设置的原则，把特殊学生和普通学生分开。

二、普通融合教育

普通融合教育是指 ASD 儿童在普通的幼儿园、小学教室里就读。随着 ASD 儿童的教育干预理论的发展，这种融合教育越来越受到肯定，已成为世界 ASD 儿童教育发展的趋势。其核心目标是通过家庭融合、社区融合、幼儿园融合、学校融合的教育训练过程，提高 ASD 儿童的社会适应能力，让孩子真正成为社会人，最终能够实现 ASD 儿童融入社会。

但是，由于 ASD 儿童自身的社交障碍问题的特殊性，对社会人群、普通教育机构、教师必然会有更高的要求。当前社会对 ASD 儿童仍普遍存在歧视，不仅是正常儿童的家长，甚至是教育机构的教师都可能会对 ASD 儿童存在歧视。学校与教师对 ASD 儿童的接纳程度将直接影响着普通融合教育的教育质量，接纳程度低就无法使 ASD 儿童就读于普通学校，得到正常的教育。普通融合教育对教育机构的硬件要求也比较高，往往各机构教师资源的相对知识不足、学校的设施不完善，缺少资源教室、个别化教育计划、特教老师、教学助手等配套设施。另外，ASD 儿童融入普通儿童中的教育方式，对 ASD 儿童自身的能力要求也比较高，更适合一些智力接近正常水平的 ASD 儿童，而且最好接受过学龄前教育。

在我国，目前的相关法律法规和政策性文件中，虽然有所谓的"随班就读""随班跟读"概念，但依然会过分强调特殊教育学校的作用，提倡残疾儿童进入特殊教育学校学习。

（一）正常幼儿园融合教育

ASD 儿童的教育训练开展得越早越好，尤其是幼儿时期及学龄前期，是他们语言和沟通能力发展最关键的时期，是与正常儿童之间建立平等互助关系的时期。在这一时期让 ASD 儿童进入正常幼儿园接受教育，也容易了解儿童在社交障碍方面的特点，为早期纠正提供依据。

1. 幼儿园教师的作用　许多地区已经在尝试幼儿园的普通融合教育。在这一过程中，由于 ASD 儿童个体间的差异很大，需要幼儿园教师对 ASD 儿童要有充分的耐心及处理情绪不稳定、交往障碍问题的能力；要具备了解 ASD 儿童特点的基本素质，在工作中要明确 ASD 儿童特殊性，确保 ASD 儿童的人身安全；要善于引导普通儿童与 ASD 儿童逐步相互接纳，营造良好的氛围。同时要善于协调幼儿园和普通儿童家长之间的关系，获得他们的理解和支持。还要根据 ASD 儿童在幼儿园的表现和相关的医疗机构、康复机构人员以及家长定期沟通，反馈存在的主要障碍，一起为 ASD 儿童的成长助力。

2. 陪读教师制度　由于精力及专业知识所限，幼儿园教师很难在日常工作中对 ASD 儿童进行特殊的照顾。目前在部分儿幼儿园已经开始试行陪读教师制度，在日常工作中专门设置固定岗位的教师，帮助幼儿园班主任进行 ASD 儿个性化的管理与照顾。但是由于人力所限、政策支持不足等，在我国仍处于起步阶段。

3. **融合教育前准备**　需要注意的是，不是所有的 ASD 儿童现阶段都适合融合教育，要经过特殊的训练，使影响其接受教育的主要障碍如运动障碍、智力障碍、社交障碍得到一定程度的纠正，确保其能满足融合教育的基本条件，如能够在一定距离内移动、有一定的接受与学习能力，才能和其他儿童进行普通融合教育。也可以先由半天幼儿园 – 半天康复机构的模式进行，慢慢过渡到整天的幼儿园生活。

（二）正常小学融合教育

在接受正常幼儿园融合教育或类似的特殊教育后，ASD 儿童可以尝试接受正常小学融合教育。同正常幼儿园融合教育相比，ASD 儿童进入正常小学接受融合教育的难度更大。

1. **对 ASD 儿童的挑战**　小学阶段对 ASD 儿童的能力要求更高。许多儿童在此阶段出现学业吃力的现象，影响家庭投入的积极性。另外，由于 ASD 儿童年龄的增长，在幼儿园阶段相互之间平等的关系逐步被打破，能否建立起没有误解和歧视、互相促进成长的团队对于 ASD 儿童是否能持续接受融合教育也非常关键。

2. **对教师的挑战**　普通学校师资队伍能熟练掌握特殊教育内容的人员不足，对 ASD 儿童教育知识的培训缺乏，师资力量建设急需加强。另外，由于处于义务教育阶段，教师比较担心学生留级等情况，对 ASD 儿童的拒绝倾向更加明显。

（钱旭光）

第四章
如何寻求支持

ASD 儿童的康复教育工作是一个复杂而又漫长的系统工程，家庭成员在其中所起的作用是重要且不可替代的，社会资源的连接与充分利用也是 ASD 儿童重回社会不可或缺的必要支持手段。

第一节 有哪些资源可供选择和利用

由于 ASD 儿童的特殊性，从就诊时开始，整个家庭便会忙于后续的评估、确诊，思想上也会经历一个由怀疑、不接受到逐步接受的过程。在决定对 ASD 儿童进行康复治疗后，家长也需要耗费大量的时间在家庭、康复机构、教育机构内。许多家长会全天陪同孩子进行康复训练，有的家长除了抽时间陪伴儿童康复训练外，还要正常上班以解决经济上的问题；晚上照顾孩子也需要耗费大量的精力，甚至影响工作效率。充分寻求可以利用的人力资源、经济资源、政策资源、公益资源的帮助在一定程度上可以解决上述困难。

一、人力资源

ASD 儿童家庭照顾者的生活空间和生活时间，大部分被孩子占据，充分整合可利用的人力资源显得尤为重要。

1. **家庭内部成员、亲戚朋友的支持** 当 ASD 儿童确诊时，家庭内部必然承担着最大的精神压力。因此，家庭内部成员之间的互相支持、互相安慰与鼓励是非常重要的。

ASD 家长在认识到儿童康复干预的长期性、艰巨性后，首先要根据家庭的具体情况，衡量长期康复干预给整个家庭带来的经济压力，合理安排彼此的工作，科学安排孩子的康复治疗及教育工作。

其次，ASD家长要与孩子的爷爷奶奶、姥姥姥爷等亲属充分沟通，尽量取得他们的帮助，力争使他们在日常生活方面尽可能给予支持，以减轻家长的压力。

另外，争取亲戚朋友的帮助也非常重要，可以寻求他们在接送孩子、精神或行为支持等方面的帮助。如果ASD儿童能同亲戚朋友的子女建立良好稳定的同伴关系，在日常交往中一起玩耍、一起成长，也会有利于ASD儿童社会适应性的发展。

2. 专业人士的支持 专业人士的支持和介入是保证ASD儿童获得足够康复和发展的必要条件，因此ASD儿童家庭要尽可能获取专业人士的帮助。专业团队可以为ASD儿童的长期发展提供决策建议及专业治疗，其中某个专业人士还可以帮助ASD儿童的家庭整合其他相关专业人士的资源，获得这些专业人士资源的支持，以为ASD儿童确定正确的长期康复干预目标，帮助父母了解与学习ASD康复干预的相关知识，树立长期陪伴的信心，保证康复干预工作的序贯完成。

ASD儿童康复干预的专业人士主要包括专科医生、康复治疗师、特殊教育及主流教育教师、心理咨询师、康复护士、营养师等。专业医生、康复治疗师及康复护士主要负责ASD儿童的早期诊断、评估及制订系统化的康复治疗方案，可以为ASD儿童提供专业化的精准服务，主要包括日常医疗服务、药物支持、言语和认知训练、社交及社会适应能力训练、必要的物理治疗、精细功能训练、日常生活能力训练及家庭指导等。特殊教育及主流教育教师主要提供符合ASD儿童智力水平、社交阶段性特征的教育课程，包括生活、音乐、美术、游戏等内容。心理咨询师可以为ASD儿童家庭成员提供心理咨询，解决长期陪伴过程中遇到的心理障碍问题。医务工作者及心理咨询专家多分布于医疗机构，特殊教育教师多分布于特殊教育机构或康复中心。

3. ASD儿童家庭间的相互支持 许多ASD儿童家庭间可以建立家长联谊会或者家庭合作机制，这种方式可由康复教育机构相关人士作为中介建立，也可以由不同ASD儿童家庭间自发建立。通过联谊会，家长之间可以互相鼓励，在生活上互相支持、互相照顾，使家长在精神上有一种归属感，共同渡过难关。也可以在一定程度上进行人力资源的合理分配，在照顾时间上进行互补，在日常生活中互相帮助，比如一同照顾 ASD 儿童的起居、饮食，相互交流经验，相互推荐获得更多的资源、人力、物力等支持。儿童间的相互交往也可以为他们相互选择交往伙伴、提高社会交往能力奠定一定的基础。

二、经济资源

ASD 的治疗仍然是世界性的难题，早期诊断、早期干预可以有效提高 ASD 儿童的生存质量，一部分儿童可以顺利回归社会。但是此类疾病的难愈性也决定了 ASD 儿童需要的康复治疗周期更长，所需要的医疗费用更高，高昂的花费必然会使 ASD 儿童家庭面临巨大的经济压力。

到目前为止，我国对于 ASD 儿童的社会保障在财政及其政策上的支持仍不足，即使有财政支持，国家级财政拨款仍相对较少。全国各省市地区经济发展程度不同，对 ASD 儿童的社会保障投入差异也很大。我国社会公共服务及社会救助体系仍欠完善，虽然政府先后实施了抢救性康复计划、七彩梦计划等，适度缓解了部分 ASD 儿童家庭的经济压力，但由于政策覆盖面小，难以惠及所有家庭及儿童。因此，长期的康复干预工作仍然是一笔巨大的费用。

合理利用各种经济资源，在一定程度上可以缓解 ASD 儿童家庭的经济负担，使其可以在照顾儿童方面投入更大的精力。以下几方面的资源，在一定程度上可以帮助 ASD 儿童家庭。

1. 充分利用基本医疗保险资源　在基本医疗保险方面，基本没有由政府发布的专门针对 ASD 儿童的专项文件。但是，许多省、市、地区已发布的相关文件中会涵盖相关疾病的康复治疗，比如在居民门诊基本医疗保险文件中，许多康复治疗项目及中医治疗项目会有一定比例的报销；在居民住院基本医疗保险文件中，无论是按病种付费还是按病组付费，对于精神残疾性疾病的康复治疗报销都有明确的规定。此外，许多地区也出台了特殊疾病的管理，对重大致残类疾病的医疗保险也都有单独的运行方案，为 ASD 儿童的康复治疗提供了有力的支持。应当看到，这一部分资源的主体承担单位是医疗机构，目前在基本医疗保险报销途径方面，许多省市之间均已经联网，跨省市平台可方便完成报销工作。ASD 儿童家庭应该充分利用这一资源，积极寻找具有诊断治疗资质及配套设施较完善的医疗机构进行就诊及康复治疗。

2. 充分利用残联及民政系统的经济救助资源　在残联系统方面，自 2009 年起，中国残联开始对 0～6 岁的 ASD 儿童实施抢救性康复救助计划，为每名救助对象提供康复训练补贴。目前，我国针对 ASD 儿童家庭经济救助的政策具体包括：除了享受低保政策的家庭外，对在残联指定的康复机构接受康复训练的 0～6 岁的 ASD 儿童家庭，提供每年 12000 元的康复训练补贴（2019 年增至 18000 元）。该项政策康复训练补贴直接拨给 ASD 儿童所在的定点康复机构作为治疗费用，这就使得救助费能够最大限度地得到利用。另外，从 2016 年元旦起，国家也对贫困 ASD 儿童家庭照顾者提供福利补贴。多数省份生活补贴为每人每月 50 元，最高的省份达到每人每月 700 元；多数省份护理补贴为每人每月 50 元或 100 元，最高的省份达到每人每月 300 元。

各级政府也针对国家有关政策出台了相关文件。2018 年《广东省残疾儿童康复救助实施办法》要求康复服务内容及规范按照国家残疾儿童康复救助"七彩梦行动计划"和贫困智力残疾儿童抢救性康复项目的有关要求执行，其中还具体规定了对于非全日制康复训练，3 岁以下或接受普通幼儿教育、普通小学教育的受助人可采取一对一的亲子同训、预约单训、家庭指导或集体教学等，补助标准为公办康复机构每人每月 600 元，非公办康复机构每人每月 1000 元。要求非全日制康复训练补助经费由同级财政安排。

在民政系统方面，拥有系统的儿童福利、儿童救助保护及关爱制度，各地区都有相关的残疾人福利制度配套，其管理的基金会及社会组织资源丰富，慈善事业、社会捐助工作在各地常年开展。可以说，国家对 ASD 儿童家庭的经济救助力度正在逐渐提高。

三、政策资源

1. 有关 ASD 儿童权益保护的政策资源　2006 年制定的《中国残疾人事业

"十一五"发展纲要》中，首次将孤独症列为精神残疾类别，要求全面推进残疾人"人人享有康复服务"工作，在扶助农村贫困残疾人脱贫，进一步将残疾人纳入社会保障体系，切实保障残疾人接受教育的权利，残疾人就业，残疾人文化水平提高，残疾人权益保障状况等方面做出了明确指导意见。在此基础上实施的《国家精神病防治康复"十一五"实施方案》中全国 31 个孤独症试点城市按要求出台，各省市制定了相关的方案，进一步规范了 ASD 儿童的防治办法。

2008 年修订的《中国残疾人保障法》中，再次强调国家保障包括孤独症在内的广大残疾人士在政治、经济、文化、社会和家庭生活等方面享有同其他公民同等的权利，尤其在康复、教育、劳动就业、文化生活、社会保障、无障碍环境、法律责任等方面的相关规定做了进一步明晰。

2011 年制定的《中国残疾人事业"十二五"发展纲要》中，对于"十二五"主要助残服务项目做了进一步明晰。其中，0~6 岁残疾儿童抢救性康复工程明确规定：为残疾儿童实施免费抢救性康复，建立残疾儿童抢救性康复救助制度和 0~6 岁残疾儿童筛查、报告、转衔、早期康复教育工作机制。

2016 年国务院印发并实施的《"十三五"加快残疾人小康进程规划纲要》指出：没有残疾人的小康，就不是真正意义上的全面小康。其中，"ASD 儿童免费得到手术、辅助器具适配和康复训练等服务"已写入残疾人民生兜底保障重点政策。

2. 有关 ASD 儿童康复救助的政策资源　2008 年，《中共中央国务院关于促进残疾人事业发展的意见》（中发〔2008〕7 号）文件精神要求优先开展残疾儿童抢救性治疗和康复，使贫困残疾儿童得到康复救助。随后，中央财政安排专项补助资金支持各地实施"残疾儿童康复救助项目"。

2011 年，中国残联、财政部共同制定了《残疾儿童康复救助"七彩梦行动计划"实施方案》。《方案》中明确指出，2011 年至 2015 年期间，在已具备较好工作基础和服务能力的城市，对符合标准的康复训练定点机构，通过"康复救助卡"的方式，对总共 36000 名 3~6 周岁贫困 ASD 儿童给予人均 12000 元康复训练补助。

除了对 ASD 儿童康复训练的救助，国家为解决残疾儿童特殊生活困难和长期照护困难，2015 年国务院颁布了《关于全面建立困难残疾人生活补贴和重度残疾人护理补贴制度的意见》，明确规定对贫困残疾人提供生活补贴，对重度残疾人提供护理补贴。这其中也包括了对贫困 ASD 儿童生活及家庭照顾的福利补贴。这为 ASD 儿童家庭提供了一定的经济支持。

3. 有关 ASD 儿童义务教育的政策资源　　关于残疾儿童的特殊教育问题，《中华人民共和国义务教育法》及《中华人民共和国残疾人教育条例》中均对适龄残疾儿童、青少年的义务教育阶段特殊教育做了规定。

2008 年国务院发布的《关于促进残疾人事业发展的意见》中，孤独症首次在政策文件中单独被列出，该《意见》明确提出要"逐步解决孤独症等残疾儿童青少年的教育问题"。2009 年国务院又转发了教育部等部门《关于进一步加快特殊教育事业发展意见的通知》，再次明确提出要为 ASD 儿童在内的残疾儿童青少年积极创造受教育条件，保障适龄儿童的受教育权，这也使对 ASD 儿童的义务教育的认识提到了新高度，并进一步重申加快发展儿童的早期干预、学前教育及职业教育等，以保障适龄残疾儿童的受教育权利。

为保障 ASD 儿童在内的残障儿童的受教育问题，国务院又相继出台了《关于当前发展学前教育的若干意见》《国务院办公厅关于转发教育部等部门特殊教育提升计划（2014—2016）的通知》。特殊教育提升计划旨在通过加大学前教育投入，资助家庭经济困难儿童、孤儿和残疾儿童，使他们能够尽快接受普惠性学前教育。

四、公益资源

社会公益组织的参与，是对我国现有 ASD 儿童社会保障体系的重要补充，也是助力 ASD 儿童成长的重要力量。目前越来越多的社会机构和爱心人士，从尊重人、尊重社会、尊重现实的前提出发，正在兢兢业业、踏踏实实地做着为家庭分忧、让社会安心、使未来可期的事情。ASD 儿童家庭可以争取与参与的公益资源具体有以下几种形式。

1. 社会团体及志愿者团队　　社会团体、志愿者团队参与 ASD 儿童帮扶体系的建设中并发挥着越来越大的作用。志愿者团队包括大学生、企业、个人等参与帮扶的社会群体，他们往往与社会团体合作，开展整合各项社会资源、提供专业指导、线上线下宣传和推广帮扶等工作，在 ASD 儿童家庭与各社会资源间建立起更为亲密的连接，提供更多与社会沟通交流的机会。通过志愿者团队可以协调企业、康复机构和儿童家庭互助会的资源，在康复机构的指导下，开展诸如趣味运动会、协助 ASD 儿童体验社会活动等项目，让 ASD 儿童有更多机会参与不同团体的互动，促进社会归属感及自我价值的培养，逐步融入社会群体。

2. **中国社会工作协会下属组织开展的服务项目**　中国社会工作协会作为民政部直属的全国性社团组织，秉持"助人自助、专业服务"的社工理念。近年来医务社工项目已经在各类医疗机构广泛开展，在 ASD 儿童康复指导、社会体验、ASD 儿童父母减压、精准帮扶 ASD 儿童家庭、联动社会资源、争取政府政策等方面也开展了许多的工作。

3. **各种基金会主办或参与的孤独症公益帮扶项目**　各级基金会组织会不定期开展一些孤独症公益帮扶项目，通过大型论坛、公益活动的开展帮助 ASD 儿童家庭链接资源、充实知识。

4. **各种企业联合专业组织开展的公益活动**　越来越多的企业参与了 ASD 儿童的公益活动中。企业单位在"对公益事业的热衷"和"政府政策的鼓励"下提供帮扶场地、产品和资金。作为市场经济体制下的一个重要社会主体，企业拥有大量的社会资源，可以提供场地支持开展情景模拟训练，同时为志愿者团队提供资金等。企业在承担起社会责任的同时，将公益精神融入企业文化，从员工开始将这份精神传播给更多人。在 ASD 儿童远期的就业方面，有能力的企业还可以提供一些就业岗位，帮助 ASD 儿童未来融入社会并创造自身价值。

（钱旭光）

第二节 怎样有效利用资源

越来越多的资源可以被 ASD 儿童家庭利用。合理分析、合理应用这些资源，既是 ASD 儿童康复教育效果的有效保证手段，也是避免社会资源浪费的基础。

一、分析现有可利用的资源

1. **医疗资源方面** 各级儿童医疗机构是提供 ASD 早期筛查、早期诊断和早期康复的主要力量。在各级妇幼保健院的科室设计中，已经明确要求儿童保健科必须要涵盖儿童心理和儿童康复两个专业。许多儿童医院或康复医院也设立了针对 ASD 儿童的康复科室。ASD 儿童家庭在寻求医疗资源的帮助时，要了解所在地区省市县三级妇幼保健机构或者其他儿童医疗机构所能提供的有关孤独症的医疗资源，以此为基础开始 ASD 儿童康复治疗的第一步，要分析医疗机构所能提供的服务中是以康复治疗为主还是康复及教育资源均能提供。在一些大型三级综合医疗机构及精神病院，也可以提供孤独症康复治疗的完整或部分资源。

2. **社会资源方面** 要充分了解当地的残联系统和民政系统所能提供的服务。许多地区的民政系统均设有下属的康复医疗机构或其他康复机构，往往会与社区康复福利中心融合在一起。民政系统下面还设有一些早期康复教育机构，通过购买政府服务的方式来承担孤独症学龄前康复教育工作。

3. **教育资源方面** 按照政府要求，许多地区已经设立由教育局所管理的公立特殊教育学校，可以对 ASD 儿童提供学龄期的教育。ASD 儿童家长要充分了解当地的教育资源，了解他们所接纳的范围及入校条件。在不具备公立特殊教育学校的地区，也要了解在当地或邻近地区是否有一些私立特殊教育学校可供选择。

4. **公益资源方面** 家长要充分向医疗、教育机构了解所能接触到的一些公益资源，比如当地的慈善基金会是否有专门针对 ASD 儿童的公益计划。许多儿童康复机构、特殊教育机构及相关协会在每年的 4 月 2 日"世界孤独症日"时都会举行大型的公益活动介绍这方面的资源，把专家的观点传递给 ASD 儿童家长，并提供更多正确、有价值的理念与方法。充分了解这些资源以后，ASD 儿童家庭要根据自己的实际情况制订详细的计划，合理地利用掌握的经济和人力资源。

二、合理利用各类资源平台

相对于庞大的 ASD 儿童群体，我国具备资质的医疗机构康复中心、孤独症康复机构相对匮乏，专业人才也缺乏，行业标准也未能统一。合理利用各种资源平台对 ASD 儿童的康复和成长非常重要。ASD 儿童成长必然会经历诊断、康复干预、职业培训、就业重返社会等一系列过程。

1. **医疗资源的利用** 在早期阶段利用医疗资源，对 ASD 儿童进行诊断，评估其严重程度及伴随障碍，在康复治疗的过程中进行疗效评估及治疗指导。

2. **教育资源的利用** 当家长要考虑 ASD 儿童的教育时，就要利用教育资源平台，寻找合适的特殊教育学校。

3. **职业教育资源的利用** 在 ASD 儿童走入社会前的一段时间，要合理利用残联及民政系统下属的特殊教育机构平台进行职业培训。

4. **公益资源的利用** 面临经济资源不足、人力资源不足的时候，要充分利用互助平台和各种公益资源平台。

5. **自我提升资源的利用** ASD 儿童家长的自我培训也非常重要。家长要积极地利用各种学习平台，如网上教育平台、各种康复教育机构运营的微信学习平台，系统学习孤独症康复干预的相关资料。

三、合理利用资源、避免透支

就目前孤独症康复现状而言，各类资源的提供仍有较大缺口，由政府提供的资源远远不能满足每个 ASD 儿童家庭的需求。医疗资源、社会资源、教育资源所提供的服务在许多环节上有一定的重合。要做到合理利用资源，避免资源浪费，ASD 儿童家庭就要充分根据 ASD 儿童社交、智力障碍及其他伴随障碍的严重程度，同时结合所在地区的资源提供情况，制订长期的儿童康复计划。在进行医疗康复的同时，也要进行教育康复。利用各类资源时，仍然要强调 ASD 儿童家庭成员在 ASD 儿童康复过程中的主体作用。

四、家庭、社会组织及政府紧密结合

根据《中国残疾人事业"十一五"发展纲要》及配套实施方案的要求，中国残联积极与卫健委、教育部等有关部门加强协作，动员政府及有关部门高度重视 ASD 儿童的康复训练工作，形成以政府为主导、有关部门各尽其职、协调运作、全社会共同参与的工作机制。加强康复人员培训，形成一支 ASD 儿童康复训练骨干队伍。同时加大对试点地区的扶持力度，从政策和资金等方面给予支持，为 ASD 儿童康复工作的顺利开展提供保障条件。

从方案中可以看出，政府主导仍然是目前我国 ASD 儿童康复干预的主要途径。政府机关要积极参与建设 ASD 儿童的社会保障体系，从系统化的角度来使 ASD 儿童社会保障体系不断完善。要建立和出台指导性政策并监督实施。要重视早筛查、早诊断、早康复的关键环节，要关心 ASD 儿童家庭的经济压力，积极投入资金进行各种政府购买服务，督促医疗机构进行专业服务人才的投入和相关科研的实施，要完善 ASD 儿童的教育服务体系，要关心 ASD 儿童的社会就业。

家庭成员仍然为目前我国孤独症康复治疗的主要力量和主要动力。家庭成员要明确对 ASD 儿童的治疗方向，要合理分析出目前可以利用的资源，包括医疗资源、教育资源、社会组织能够提供的资源，也包括经济的补充、人员的提供。

医疗机构要充分发挥自己在 ASD 儿童早筛查、早诊断、早康复中的重要作用，发挥医疗康复如作业治疗、语言治疗、运动疗法还有物理因子治疗方面的优势，系统解决 ASD 儿童存在的主要障碍和伴随障碍，让 ASD 儿童能够接受系统的康复治疗。

残联和民政部门下属的机构要承担起 ASD 儿童早期教育和早期智力开发的责任，要协调好 ASD 儿童从医疗机构走向社会、走向学校的这个过程。各类社团应积极参与，切实有效地解决 ASD 儿童和家庭所面临的困难。

教育部门要切实加大在特殊儿童教育方面的投入，为 ASD 儿童提供系统化的特殊教育。在随后的职业培训过程中，残联和民政的下属机构及教育部门都有相关的义务。

从目前我国的实际情况看，ASD 儿童必然要经历在医疗机构进行筛查、诊断及一些必要的医学康复，各类机构要承担 ASD 儿童的早期干预、特殊教育、社会技能培训，在整个过程中，也需要社会公益组织的参与与帮助。家庭、社会组织、教育部门、医疗机构、政府要密切配合，只有全社会都发动起来，才能使 ASD 儿童的生活得到有效保障，真正使 ASD 儿童不再孤独。

（钱旭光）

第五章

典型案例

一、交流能力

案例一　用"食指指物"表达自己想要的东西

个案基本信息：佳佳，女，2岁5个月，孤独症谱系障碍。佳佳无口语能力，多动，目光对视不好，要什么东西经常是拉着大人的手过去，站在那里却无法表达想要什么。吃饭时，因不能明确表示自己想要吃的食物，所以经常会吃一口就跑掉。有时也会因为无法和大人沟通获得想要的东西而出现烦躁情绪，甚至是大哭大闹的问题行为。

功能分析：佳佳有需求时可以主动拉大人的手，表明其有一定的沟通意愿。因此，可通过加强佳佳肢体语言的表达能力，如用食指指物来明确表达想要的东西，以提高佳佳的非口语沟通能力，帮助其更多地表达自身的需求和兴趣，并减少由此引发的相关情绪和行为问题。

近期目标：两周内，佳佳可以用食指指出自己想要的东西。

用具：饼干（儿童喜爱的食物）、山楂片（儿童讨厌的食物）。

干预实施：

1. 分别把饼干、山楂片装入小盒中，摆放在远离佳佳一边的桌面上。
2. 指着盒子让佳佳看见里面装的是饼干和山楂片，并和佳佳说"我们吃点东西吧。"
3. 当佳佳伸出手朝向饼干时，辅助佳佳做出用食指指物的动作并马上把饼干给她。
4. 适当调换两样食物的位置，辅助佳佳用食指指向想要的食物。

5. 重复上述动作，逐渐撤出辅助动作，直到佳佳明确用食指指向想要的东西。

6. 当佳佳可以独立从两种食物中指出想要的一种时，增加食物种类，继续上述环节。

注意：这是一个教学过程，而非测试过程，所以在进行过程中要视儿童的情况把握等待的时间。从动作辅助开始，逐渐过渡到手势示范，再到口头提示。

效果分析：开始时，佳佳会因为不能马上拿到她想要的食物而哭闹。所以为了增加成功的机会，等待的时间可以短一些。如果有必要可以请另外一个人在后面辅助佳佳做出食指指物的动作。等待过程中，只要看到佳佳有示意的动作，就快速把食物给她，增加成功的机会，强化食指指物的动作行为。

案例二　提高口语表达能力，有意识地说出"笔"

个案基本信息：轩轩，男，3岁，孤独症谱系障碍。轩轩无主动性口语表达，平时喜欢自己玩，玩到高兴的时候会发出一些无意义的单音。轩轩喜欢看卡片，认识一些常见的日用品。能理解常用的名词词汇（如苹果、铅笔、糖等），能根据简单指令交出常用的物件，并能模仿声音或发出字词的近似音。

功能分析：因轩轩能模仿声音或发出字词的近似音，因此，利用轩轩在模仿方面的优势，帮助其发出有意义的声音进行表达和沟通，从而加强其口语表达能力，提升与他人主动沟通交流的意愿。

近期目标：两周内，看到蜡笔的卡片能主动说出"笔"。

用具：蜡笔的卡片，口部动作卡片，彩虹糖，镜子。

干预实施:

1. 首先用彩虹糖吸引轩轩的注意力,让轩轩能够关注干预者的面部表情,然后张大嘴巴发"a"音,让轩轩关注到干预者口型的变化。

2. 指示轩轩跟随发出"a"音。在轩轩跟随发出"a"音后,马上竖起大拇指并大声表扬:"轩轩真棒",同时奖励轩轩一粒彩虹糖。此步的训练目标是培养轩轩关注口型的变化,强化轩轩配合发音的行为,通过无意义的"a"音建立模仿发音的意识。

3. 在轩轩建立模仿发音意识之后,可用口部动作卡片练习发"a""i""u"单个音节。轩轩有时会不知道怎么发音,可以用小镜子让轩轩看到自己的口型,帮助轩轩进行模仿。注意口部运动练习要从慢到快,从少到多,口部形态尽量夸张。

4. 在轩轩能发出"a""i""u"等韵母的音后,采用同样的方法,让轩轩学会发声母的发音,如"b"等。

5. 让轩轩将已经习得的韵母和声母组合。将声母"b"和韵母"i"组合成"bi"的音,先让轩轩发双唇音"b",再慢慢加入"i"的音,最后把"bi"的音拼出来。

6. 轩轩能发出"bi"的音后,拿出蜡笔的卡片告诉轩轩这个是笔,每次让轩轩看着蜡笔的卡片发出"bi"的音,从而有意义地表达出"笔"。

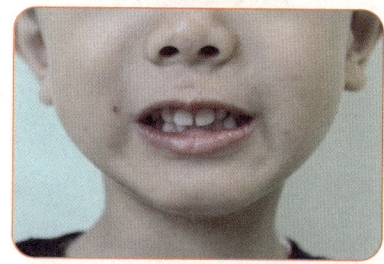

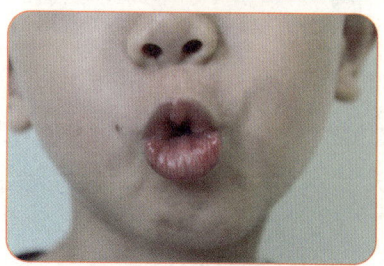

"a""i""u"的基本口部形态

效果分析：经过一段时间的练习，轩轩基本可以回答出他所看到的卡片上物品的名称，如"笔""爸爸"等，基本完成训练目标。但在训练过程中要注意气息的变化。如果说话时气息比较弱，每次说话的气息都很短，那么在教其发音的同时也要加强气息的训练。

案例三　用图片交换获得巧克力豆

个案基本信息：博博，男，5岁6个月，孤独症谱系障碍。博博无口语，平时有需求时只是拉着大人的手伸向想要的物品。博博能够将常见物体与卡片进行配对，理解日常指令（如拿出、放下等）。

功能分析：博博能理解日常指令，通过学会主动运用图片交换自己想要的东西，促进其主动交流能力的发展，改善情绪问题。

近期目标：在一周内能分辨出巧克力豆照片和剃须刀照片，能够将巧克力豆照片给干预者换取巧克力豆，并在用图片交换时能尝试发音"豆"。

用具：巧克力豆、剃须刀、巧克力豆照片、剃须刀照片。

干预实施：

1. 将巧克力豆与巧克力豆照片、剃须刀与剃须刀照片——对应摆放在桌面上。和博博面对面坐在桌子两侧，博博坐在照片的近侧，向博博介绍照片和实物，明确博博已经全部注意到。

实物及其照片摆放方式

2. 将剃须刀和巧克力豆拿到近侧，将剃须刀和巧克力豆的照片放在博博的近侧。然后问博博："你要什么？"

3. 博博会伸手去拿巧克力豆，马上握住博博的手并辅助其拿起巧克力豆照片交给干预者。干预者马上将巧克力豆奖励给博博。

4. 当博博拿起剃须刀的照片给干预者，立刻拿起剃须刀说："博博要剃须刀啊！"同时把剃须刀递给博博，博博会把剃须刀一手推开。当博博推开剃须刀时，马上说："哦，博博不要剃须刀啊！那你要看清楚图片哦。"

5. 再次把巧克力豆和剃须刀放到自己近侧，把巧克力豆和剃须刀的照片摆在博博的近侧。

6. 博博拿起巧克力豆的照片给干预者，立刻拿起巧克力豆说："博博要巧克力豆啊！"同时给博博一粒巧克力豆。

7. 重复以上教学回合，博博逐渐明白可以拿巧克力豆照片进行交换来获得巧克力豆。此时，当博博再次将巧克力豆的照片递给干预者时，可以用夸张的表情大声说："博博，你要吃巧克力……。"停顿一下并做"豆"的口型，示意博博模仿说"豆"。这时如果博博尝试仿说，立即给予社会性的赞扬和更多的巧克力豆来强化发音。如果博博没有说出也要将巧克力豆给博博，以免打击博博的积极性。

注意：开始博博没有明白图片交换的流程时，会因为经常拿错照片而得不到喜欢的巧克力豆，这时要进行适当辅助，以减少博博拿错的次数。

效果分析：在练习的过程中博博已经学会运用图片交换自己想要的东西，而且也会区分不同的图片代表不同的物品。下一步就要多多练习，让博博每次都能区分图片并运用图片交换自己想要的物品。

案例四　提高口语表达能力——诱发儿童主动说出"吹"

个案基本信息：辰辰，男，3岁6个月，孤独症谱系障碍。辰辰平时总是自己玩，很少主动表达需求，也很少寻求家人的帮助。因家长照顾的比较周到，不需要辰辰主动表达需求，家长就已经满足他，也因此剥夺了辰辰表达需求的机会。辰辰能够模仿干预者的动作和声音，非常喜欢玩气球。

功能分析： 辰辰能够模仿发出单字音，具备口头语言表达的基础能力。因为家长照顾的比较周到，辰辰主动表达需求的机会减少，缺乏主动沟通的意愿。辰辰喜欢气球，在与辰辰玩气球游戏的过程中，创造机会让辰辰主动表达，并诱发辰辰主动说出"吹"，从而促进其口头语言能力的发展。

近期目标： 两周内，辰辰能用"吹"来表示继续进行游戏。

用具： 气球若干。

干预实施：

1. 拿起一个气球，缓慢夸张地吹气球，吸引辰辰的注意。然后嘴巴离开吹气口，看着辰辰，再鼓起两颊示范吹气的动作。
2. 接着停下来，等待辰辰模仿这个动作。
3. 无论辰辰能否模仿，都要说："吹气球"，然后夸张地鼓起两颊，发出吹气的声音。
4. 再次吹气并放飞气球，让辰辰去追气球。
5. 几次之后，辰辰开始期待干预者鼓起两颊，并在停顿时（大致地）模仿吹气球的动作。此时，示范说出："吹。"辰辰模仿说出"吹"之后，立刻吹气并放飞气球。
6. 坚持几天之后，辰辰就可以在干预者停顿时主动说出"吹"这个字音，表达继续玩气球游戏的想法。

效果分析： 经过一周的练习，辰辰大部分时间都会主动说出"吹"来表达继续游戏的想法。所以在平时生活中我们要多观察儿童所喜欢的玩具或游戏，在玩玩具或游戏的过程中，制造机会和情景诱发儿童的主动表达。

案例五　让仿说变成有意义的语言

个案基本信息：航航，男，2岁7个月，孤独症谱系障碍。航航认识一些简单的动词和名词卡片并理解常用词汇（如苹果、要等），有口语能力，但基本上都是仿说，很少主动表达，只有在想要自己喜欢的东西时会说"要"。

功能分析：航航的仿说是因为不明白句子的意思，或者不懂怎么回答问句。因为航航能认识简单的动名词卡片，所以可以利用卡片教会航航回答简单的问句，让仿说变成有意义的语言。

近期目标：一周内，航航看着卡片能有意识地回答问句"这是什么？"这个过程中基本无仿说。

用具：名词卡片、海苔（强化物）。

干预实施：

1. 在这个训练过程中，需要干预者A和干预者B共同参与完成。
2. 首先准备好苹果卡片。干预者A拿出一张苹果卡片问航航："这是什么？"
3. 航航一般会仿说："这是什么？"在航航未开口仿说时，干预者B立刻在航航耳边小声说："苹果。"
4. 航航会模仿干预者B说"苹果"，干预者A在听到航航说出"苹果"后，马上口头赞赏航航并奖励海苔。
5. 重复上述流程，反复练习，直至航航在听到"这是什么？"时，能看着卡片回答出"苹果"，而不再仿说为止。

效果分析：一周后，航航已经很少仿说提问的问题，能回答出卡片上的内容，这时要积极泛化。在此训练过程中，干预者A主要负责提问，不能用语言提示航航回答问题；干预者B主要负责在儿童的耳边小声提示答案，避免航航仿说干预者A所提出的问题。

案例六　如何叙述事情的经过

个案基本信息：毛毛，男，4岁11个月，孤独症谱系障碍。毛毛是一个能力较好的 ASD 儿童，能与他人进行互动沟通，经常是"问一句，答一句"，不能把事情经过叙述完整。能理解三词句子和不同的问句，例如"为什么""怎么样"，并能运用三词或三词以上的句子表达意思。

功能分析：毛毛虽然有较好的语言能力，但因缺乏语言组织能力，以致不能系统地组织一段话，用以描述一件曾经发生的事情经过。因此，加强毛毛对先后次序的理解，帮助毛毛按先后顺序叙述简单的故事内容，提升毛毛完整地叙述事件经过的表达能力。

训练目标：两周内能叙述简单的事情经过。

用具：故事图卡、毛毛日常活动照片。

干预实施：

1. 用相机把毛毛一天内的主要活动拍摄下来，然后打印出照片备用。
2. 向毛毛逐一出示小熊一天中主要活动内容图卡，并按时间先后顺序简述小熊一天的活动内容。

小熊一天中主要活动内容图卡

3. 以交谈的方式问毛毛:"你能告诉我,你每天都做什么吗?"然后逐一出示事先已经准备好的毛毛一天内的主要活动照片。同时按照顺序指着照片,引导毛毛叙述有关活动内容。

4. 帮助毛毛学习按活动顺序将照片排序,然后练习按照片顺序进行叙事。

5. 若毛毛叙述时感到困难,可以提出一些开放式问题,例如,"吃完早饭,你要去哪里呀?"以引导毛毛尝试说出有关活动内容。

6. 若毛毛只能说出经历的部分内容,即问毛毛:"接着呢?"以引导毛毛继续叙述剩余的活动内容。

7. 当毛毛可参照活动照片来描述一天内的主要活动和经历后,即口头赞赏毛毛并鼓励毛毛将所有活动内容讲给他人听。

8. 减少照片辅助,练习独立叙事。

效果分析:针对毛毛的优劣势进行分析,通过诱导方式让毛毛将事件经过叙述完整、详细,逐渐由图片提示到生活实例。毛毛在学会运用"先…后…最后…"先后顺序的句式叙述事件后,可利用生活情景,继续教毛毛描述个人经历。例如,毛毛参加朋友的生日晚会后,利用图卡或文字卡引导毛毛描述当日的情况,这样才能够让毛毛真正掌握叙述完整事件的能力。

(孙彩虹)

二、社交能力

案例一 轮替等待能力——多个同伴协作制作生日帽子

个案基本信息:丽丽,女,4岁,孤独症谱系障碍。丽丽的表达以三词句为主,语言组织及应用能力不足,复杂提问理解困难,想象力弱,交互式注意力维持时间短,话题启动、回应、维持困难,很活跃,轮替等待能力欠佳,情绪调节能力弱，适应新环境能力弱，过度依赖母亲，分离焦虑。在与同伴互动过程中，丽丽经常不能轮流和其他小伙伴玩游戏，因没有即刻得到玩具，情绪就会崩溃。

功能分析：丽丽对玩具的自我控制欲很强，在和同伴的游戏过程中，很少关注同伴的游戏活动，不能轮流等待和他人共享玩具，当轮到同伴玩玩具时，会表现出离开座位、哭闹等行为。丽丽独自参与活动的积极性很高，但她不能容忍他人来分享自己的玩具。所以在实施过程中，主要提高丽丽的轮替等待能力。

近期目标：两周内，丽丽可以在多个同伴互动中，通过干预者引导，能够等待、观察、轮流玩耍，减少在课堂上哭闹的次数。

干预实施：

设计游戏主题：同伴协作制作生日帽子。

为丽丽找一个同伴小明，小明的职责就是做最好的示范和演示。干预者展示彩笔，丽丽和小明需要在自己的座位上等待指令。

如果丽丽伸手要抢，或者爬桌子时，母亲协助丽丽安坐在自己的座位上，减少口语提示，不要批评丽丽，通过手势提示让丽丽看自己的伙伴和干预者，当丽丽有片刻的安静时，即刻表扬丽丽："你真棒"！

在分发彩笔时动作要缓慢，先发给小明，如果丽丽出现哭闹时，可以先吸引其注意力，直到丽丽哭闹有所减弱，再发给丽丽。同样，在纸上划线时，小明和丽丽轮流作画。随着丽丽对活动规则的了解，慢慢延迟满足丽丽对事物的即刻需求。

在整个游戏过程中，可用棒棒糖作为奖励物来强化丽丽的轮替等待能力。

效果分析：

1. 训练3天后，丽丽在看到干预者展示的物品时，能够坐在自己的座位上观察1～2分钟，之后又开始伸手去抢，并出现焦虑的情绪，但在辅助下可以较慢恢复平静。

2. 经过两周的训练，丽丽可以在多个同伴互动中等待并观察他人活动，而且掌握了一些简单社交技能，当同伴为她拍手鼓掌时，她也会以拍手鼓掌融入游戏情境中，能在引导下帮助同伴拿东西，有排队等候意识。

3. 父母积极地参与儿童的训练，对儿童的情况会有更进一步的认识。他们在干预者的监督下积极地配合，将训练融入日常生活当中，给儿童提供更大、更长远的支持和帮助。

家长参与

案例二　视线交流能力案例——吹泡泡

个案基本信息：瑞瑞，男孩，3岁6月，孤独症谱系障碍。瑞瑞能理解简单语言，以叠音、词语表达为主，注意力维持困难，主动视线交流少，口肌控制能力弱，流涎。有需求时会寻求父母帮助，但不会有视线交流及情感沟通，观察父母面部表情的变换时间短暂，很难维持较长关注。

功能分析：父母在与瑞瑞游戏玩耍过程中，很难有较长时间的视线接触，当妈妈强行将瑞瑞的脸对着自己的脸时，瑞瑞极度地想要挣脱并且情绪波动较大。瑞瑞不愿意关注他人及他人的活动，总是以自己的方式重复玩耍玩具，也不能从他人身上获得更多的社交线索来学习。所以，提高瑞瑞与他人的视线交流能力，也是提高他的学习能力。

近期目标：一周内，增加瑞瑞与他人视线接触的次数，延长单次视线接触时间。

干预实施：

1. 在课堂上，将瑞瑞喜欢的泡泡放置在与干预者眼睛水平的方向，让瑞瑞目光注视干预者的脸，这时可以做一些嘴部夸张的动作，用声音吸引瑞瑞，增加对视的机会。当瑞瑞的视线快要转移时，突然吹出泡泡，吸引瑞瑞的注意力，引导瑞瑞拍泡泡。

2. 如果瑞瑞主动关注到干预者的面部，应给予即刻回应，即做夸张的表情或说："瑞瑞看到我的脸了，真棒！"可以反复吸引瑞瑞关注干预者的眼睛。

3. 瑞瑞每次有好的表现或进步时，应给予强化物奖励。强化物的选择要求干预者必须了解瑞瑞的喜好，防止准备的物品不是瑞瑞非常喜欢的，以免降低瑞瑞想要继续探索的动机。

4. 选择瑞瑞喜欢吃的零食或喝的饮料，做成自然的训练工具，如可以用模具把水果切成不同形状的块状，让瑞瑞有意愿主动去咀嚼，将喝的饮料通过变换味道、颜色、黏稠度，吸引瑞瑞用螺旋硬质的吸管（专业言语训练工具）进行口肌力量的训练，改善瑞瑞的吞咽功能，减少流涎情况。

5. 通过给家长布置家庭作业，让家长也成为瑞瑞康复干预的一员，将课堂上学到的知识和技能泛化到日常生活中，指导家长如何进行家庭康复训练，真正改变瑞瑞在家庭，社会学习中的表现，让瑞瑞更快更好地融入社会生活中。

效果分析：

1. 通过阶段性的训练，明显地感受到瑞瑞愿意关注人了，与他人视线接触的时间延长了。当旁边有人拿玩具时，他会看旁人一眼再继续自己的活动。当假装藏起玩具时，瑞瑞会抬头看人，并有数秒目光的对视，与他人互动行为增多了。

2. 瑞瑞开始期待同伴多样化的游戏方式，社交学习能力有所提升。

3. 强化物的应用方面，干预者选择了瑞瑞喜欢喝的酸奶，用专业言语训练工具进行吸吮，增强其口部运动，流涎较前明显减少。

4.父母学习到了简单又实用的家庭训练方法，轻松愉快地与瑞瑞互动，帮助瑞瑞建立社交基础能力，让瑞瑞与干预者、同伴建立情感的沟通。

（马丹）

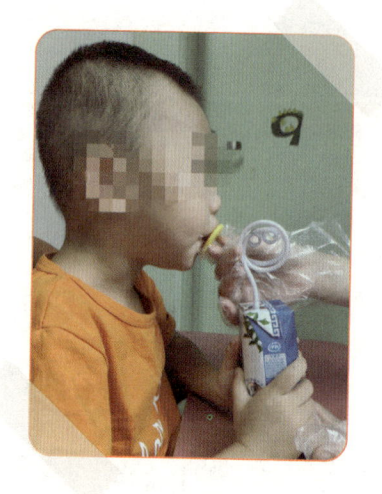

吸吮训练 　　　　　　　　　　　　家庭互动

三、认知能力

案例一　认识鼻子、耳朵

个案基本信息：轩轩，男，2岁4个月，孤独症谱系障碍。轩轩能指认妈妈，无口语表达，认知发展重度障碍，对于常用物品、家人、五官不能正确指认，能操作简单的玩具，喜欢肢体接触，对视觉刺激敏感。

功能分析：轩轩的认知能力相当于1岁左右的水平，可以从认识五官开始教他。因为他喜欢肢体接触，对视觉刺激敏感，可利用触觉刺激和视觉刺激，教其学会正确指认鼻子、耳朵。

近期目标：一周内，轩轩能正确指认鼻子、耳朵。

用具：贴纸、镜子。

干预实施：

1. 利用触觉刺激，和轩轩进行互动。尝试用手抓轩轩的耳朵，像玩挠痒痒一样由远及近，一边说着"抓"一边声情并茂地做出抓的动作，"我要抓——轩轩的——耳朵啦"，重复几次使轩轩习惯并喜欢这一游戏。接下来，让抓到耳朵成为游戏的高潮部分，并有目地在触碰到耳朵前停顿下来，当轩轩做出回应（停下并等待，面部或身体朝向干预者或出现目光对视等）要求继续时，立刻以更饱满的情绪抓捏他的耳朵。

2. 利用触觉和视觉刺激，在轩轩的鼻子上粘贴纸，将轩轩带到镜子前面，通过镜子看见自己鼻子上的贴纸，辅助其模仿"指鼻子"，同时不断重复说"鼻子"。

3. 每天创造大量的机会，让轩轩指认鼻子、耳朵。比如在洗澡时，可以蘸一点肥皂沫在轩轩的耳朵、鼻子上，"洗洗鼻子""搓搓耳朵"等；也可以利用玩具动物，"小鸭子来咬——咬耳朵""咬——咬咬——咬鼻子"等。

效果分析：训练两天后，轩轩能正确指认自己的耳朵，训练的第五天轩轩能正确指认自己的鼻子。下一步可以让轩轩指认他人的耳朵、鼻子。

案例二 认识日常用品

个案基本信息：淘淘，男，3 岁 3 个月，孤独症谱系障碍。淘淘会发简单的双唇音，在肢体动作提示下，能正确指认电话、水杯、苹果，其余物品不认识。淘淘有刻板行为，手里喜欢一直拿着毛巾。

功能分析：淘淘的认知能力在 1 岁到 1 岁半之间，在接下来的训练中，为淘淘设计的是在肢体动作提示下，正确指认帽子、袜子和牙刷。淘淘有拿毛巾的刻板行为，可以把帽子、袜子、牙刷与毛巾结合，提高学习的兴趣。

近期目标：一周内，淘淘能正确指认帽子、袜子和牙刷。

用具：毛巾、帽子、袜子、牙刷。

干预实施：

1. 利用淘淘手里的毛巾，把帽子藏在毛巾下面，在淘淘把毛巾拿起来时，语气加重，突出强调"帽子"，把帽子戴在淘淘头上，用手拍头，提示淘淘"帽子"。

2. 袜子、牙刷可用同样的方法教学，通过毛巾为媒介，淘淘的接受程度会更高。需要注意的是，当碰淘淘的毛巾时，如果淘淘出现情绪波动，要适当安抚、等待，不要强硬地把帽子、牙刷或袜子加进去。用夸张的语言和表情，吸引淘淘的注意，可分散其不良情绪。

效果分析：淘淘在第一天出现哭闹，不喜欢别人碰触手里的毛巾，当用很夸张的表现发现帽子时，淘淘开始慢慢接受。训练两天后，淘淘能在肢体动作提示下正确指认帽子。训练五天后，淘淘完成了既定目标。目前淘淘已经适应别人拿自己的毛巾，接下来可以为淘淘设计更多指认日常用品的活动。

案例三　5以内数字点数

个案基本信息：小哲，男，4岁1个月，孤独症谱系障碍。小哲认识数字，会唱数1~10，能进行简单的数字匹配，能理解简单的三词句，可以用短语表达自己的日常需求，兴趣狭窄，喜欢小汽车。

功能分析：因小哲能理解简单的短句，能听懂简单指令，且兴趣狭窄，特别喜欢小汽车，所以可利用小汽车让小哲把数字和小汽车进行匹配，通过匹配理解数字和数量的关系，再进行正确点数。

近期目标：一周内，小哲能明白 5 以内数字与数量的关系；两周内，正确点数。

用具：小汽车玩具若干，1~5 数字卡片。

干预实施：

1. 把 3 辆小汽车分成 2 份，一份放 1 辆，另一份放 2 辆。让小哲把数字卡片 1、2 和对应数量的小汽车进行配对，匹配正确会得到对应数量的小汽车。

2. 当小哲明白数字和数量的关系后，拿出数字 1 或 2，让小哲数出对应数字的小汽车。当小哲能正确点数 1 和 2 时，再向数字 3、4、5 过渡，训练方法同上。

3. 在训练过程中，利用小哲对小汽车的喜欢，增加与小哲互动的回合数。通过回合式训练，提高小哲的点数能力。

效果分析：每次训练 5~10 分钟，每天 1~2 次。训练 5 天后，小哲能正确点数数字 1 和 2；训练 1 周后，小哲能正确匹配 5 以内数字和对应的汽车数量；2 周后，小哲能正确点数 5 以内的数字。接下来可以让小哲把点数应用到生活中，能正确表达出自己想要物品的数量。

案例四　认识物与物的空间关系：上下、里外

个案基本信息：彤彤，女，4 岁 4 个月，孤独症谱系障碍。彤彤有口语，能表达日常需求，能听懂简单的一到两步指令，理解以自我为中心的空间关系，但日常生活中涉及物与物空间关系的指令尚不能完成。不会把物品按要求放在对应的位置上。

功能分析：彤彤的理解能力相当于 3 岁半左右的普通儿童，具备听指令的

能力，理解以自我为中心的空间关系，所以为彤彤设计了掌握空间方位的训练方案，通过对日常物品的摆放，加强对空间概念的理解。

近期目标：两周内，彤彤能正确分辨物与物的空间关系：里、上、下、外。

干预实施：

1. 选取生活中彤彤认识的某个物件，其位置通常相对固定，如柜子、桌子、收纳篮等。当彤彤不想要或不喜欢某件物品时，引导彤彤收拾物品"放在柜子的里面"，如果不能执行指令，可以适当使用手势提示。

2. 当彤彤能正确执行时，通过手势提示撤销，再逐步向"上""下""外"空间关系进行扩展。比如准备吃饭时，教彤彤"筷子（勺子）放在桌子上面"；吃完饭时，教彤彤将凳子"放回桌子下面"；洗澡前脱下衣服时，教彤彤"衣服放在门外面"等。

    需要注意的是，不能同时把4个方位都教给彤彤，确保她已经掌握了一个方位后（可以连续3天、在2种及以上场景中、面对2个及以上不同的成人，执行该方位相关指令），再开始教下一个方位，且应按照"里、上、下、外"的顺序。

效果分析：训练3天，彤彤能正确理解空间关系"里"的概念，两周内彤彤顺利完成训练目标。下一步可以向"前、后"等空间关系过度，同时继续巩固之前学会的内容。

案例五　因果关系——为什么

个案基本信息：瑞瑞，男，4岁8个月，孤独症谱系障碍。瑞瑞能进行简单的日常交流，会主动提要求，做错事情知道会被惩罚。瑞瑞有模仿语言，特别是在疑问句的表述中，不会回答问题。

功能分析：瑞瑞可以自己提要求，能够认识到自身行为引发的因果关系，所以设计3组关于日常需求的因果关系情景，通过情景教学，让瑞瑞理解两件事情之间的因果关系，并能正确回答。

近期目标：一周内，瑞瑞能正确理解"因为饿了"要"吃饼干"，"因为困了"要"睡觉"，"因为渴了"要"喝水"3组因果关系，并能在交流中正确回答出"为什么"。

干预实施：生活中，在饮食、睡眠上适当控制瑞瑞，让其能体会到饥饿、口渴、困倦，引导瑞瑞自发提出要求："我要吃饼干""我要喝水""我要睡觉"。当瑞瑞提出要求时，提问"为什么？"并辅助回答，加强理解。由于瑞瑞有模仿语言，在辅助回答"为什么"时，直接以瑞瑞的口吻示范，如"因为我饿了"等。

效果分析：经过一周的训练，瑞瑞完成了训练目标。能正确回答出3组因果关系中的为什么，下一步可以去掉情景，利用卡片向瑞瑞提问，并回答为什么，并能泛化到他人身上。

（贾飞勇）

四、生活自理能力

案例一　用勺子吃饭

个案基本信息：乐乐，男，3岁6个月，孤独症谱系障碍。乐乐能够理解简单指令，可表达简单的三词句，模仿能力较好，可用拇、食指吃小块零食，可正确握住勺子，会用勺子舀东西，如把一只碗里的花生米舀到另一个碗里，但偶而会洒落。乐乐不能独立进食，与家人在一起进餐时，有时会跑开，有时也会在别人碗里舀饭。

功能分析：乐乐抓握及精细动作功能水平相当于2岁左右的普通儿童，生活自理能力相当于1岁6个月左右的普通儿童，可以正确地握住勺子，并能舀

239

小东西，可对其进行操作勺子吃饭的功能训练，所以设计了独立用勺子吃饭的活动。在实施过程中可使用塑造法，但有时乐乐在吃饭时会离开座位，可进行视觉提示，帮助乐乐建立进食常规。

近期目标： 两周内，乐乐会独立将小块固体食物送到自己嘴里。

用具： 碗勺一副（家中普通的碗勺即可），小块状食物（苹果粒等），托盘一个，小脚印一双。

干预实施：

1. 在乐乐用餐前把视线范围内的玩具和他感兴趣的物品收起来，在他固定就餐的位置贴上脚印，让乐乐双脚放在脚印上，安静地坐在自己的位置上。准备一个托盘，把乐乐的食物和餐具放在托盘里，托盘放在乐乐面前（告诉他只能舀自己碗里的食物），看着他并微笑着说："好，乐乐，用勺子吃饭"。

2. 找一些乐乐喜欢吃的食物，且食物较容易舀到勺子里，例如水果粒等块状食物。

3. 用餐之前，可先进行示范，即先用夸张的动作，从自己碗里慢慢舀一块水果，放到自己嘴里，说"我们用勺子吃饭"。

4. 让乐乐先握好勺子，用手轻轻地辅助乐乐，慢慢引导他把食物舀到勺子里，并把食物送进嘴里，表扬他"吃得太棒啦！"反复进行这个过程。

5. 逐渐减少辅助，首先减少对乐乐手的控制和压力，慢慢地变换辅助部位，从手到手腕，再到前臂，最后只需用手指轻轻碰乐乐的胳膊，提示他进食，直至完全不用辅助。

6. 使用不同味道和性状的食物重复上述过程，直到不需要辅助，乐乐可独立完成进食。

效果分析： 开始时，乐乐偶而会离开桌子。在进行肢体辅助时，偶而有反抗行为。第三天开始，离开座位的次数减少，且只需将手轻轻放在乐乐的手腕上进行辅助进食。一周后，乐乐可以把双脚放在脚印上，安静地坐下来吃饭，只需用手指轻轻触碰一下乐乐的胳膊，他便有吃饭的动作。两周后，可独立吃小的块状食物。下一步逐渐改变食物的性状，从他喜欢的食物开始，分阶段变换食物的性状和味道，在提高他独立进食能力的同时，提高他的味觉及口腔感知觉。

案例二　独立穿短袖

个案基本信息：皮皮，男，6岁，孤独症谱系障碍。皮皮能用短句（3~5个字）表达简单意愿，注意力不集中，不能主动与他人进行交流。皮皮能独立完成脱套头类衣服，方位混乱，不能分清衣服前后、里外等，不能独立正确穿衣。

功能分析：皮皮认知理解、语言表达能力水平相当于2岁左右的普通儿童。皮皮不能正确区分衣服的前后及里外，所以经常出现将衣服后面穿在前面，将衣服的里面穿在外面的情况。为训练皮皮独立正确穿衣服的问题，故设计独立正确穿短袖的活动。

近期目标：一周内，皮皮能独立正确穿短袖。

用具：两件短袖套头衣服及衣服前后、里外的照片。

干预实施：

1. 加强皮皮对空间关系（前后、里外）的概念，将练习的两件示范短袖进行拍照，包括前后、里外。让皮皮对照片进行辨认（前后、里外），在皮皮正确指认时，一定要及时给予强化。

2. 运用视觉提示（如衣服前面有明显图案，衣服里面无图案等）协助皮皮分辨衣服的前后、里外，进行实物衣服的方位辨认，并理解图案应穿在胸口位置等。在练习的过程中，也可穿上同款衣服给皮皮视觉提示。

3. 将衣服放平摊在桌子上，图案（正面）朝下，然后进行穿衣。当皮皮能够分辨衣物的前后、里外并能够正确穿示范短袖时，再采用不同款式的衣物进行练习，注意在练习的过程中要适当地利用强化物鼓励孩子。

4. 当皮皮能熟练并正确穿示范短袖后，可开始练习穿不同款式的套头类衣服。在穿不同款式的衣物时，可将带有衣服图标的程序图贴在更换衣物时可看到的明显位置，让皮皮从不同的视觉角度来区分衣服的前后、里外等。

5. 针对没有明显图案的衣物，可使用皮皮喜欢的贴纸区分方位。

效果分析：开始时，皮皮会由于穿反衣服、提示过多而感到不耐烦、情绪差，但在情绪平复后，他会继续认真练习穿衣，会去关注衣服前后的不同。第三天时，能正确指认衣服的前后、里外，当发现穿反时，会主动说出。第四天时，他能够将穿反的衣服主动脱下，重新观察后再正确穿上。一周后，他可以独立地正确穿不同款式的套头类短袖。

案例三　提示下独立去厕所脱裤子小便

个案基本信息：小郭，男，4岁，孤独症谱系障碍。小郭无口语，手势主动表达弱，能理解常用的简单指令，注意力不集中，对人不感兴趣，喜欢汽车、拼图、饮料、饼干等。小郭经常随意小便，在玩玩具时，有尿意没有表示，家长发现时裤子已经湿了一大片。有时和父母一起在床上看书或玩耍，会不经意地尿在床上，父母为此非常苦恼。

功能分析：因小郭对物品有一定的操作能力，精细运动功能水平相当于1岁6个月左右的普通儿童，可对其进行脱裤子的粗大动作训练，且尿裤子的问题亟待解决，所以设计了脱裤子小便的活动。但小郭的模仿能力较差，理解能力差，教其脱裤子需手把手完成，可使用塑造法。

近期目标：两周内，小郭在提示下能独立去厕所脱裤子小便。

用具：儿童坐便器一个，小脚印一双。

干预实施：

1. 提前制作好图片，让小郭了解小便的流程。开始要使用儿童坐便器，提前贴好脚印图片提示他蹲的位置。

2. 让小郭建立小便与坐便器的联系。给小郭大量喝水（可在水中加入少量维生素、秋梨膏等，使儿童喜欢水的味道），之后每30分钟带他小便一次。每次他快有尿意的时候，使用上厕所的图片进行提示，要完全辅助小郭，持续高度密集的训练，直到他将小便和坐便器建立起联系。

3. 刚开始训练小便时，要手把手辅助小郭脱下裤子，慢慢地变换辅助部位，拉着他的手从腰部到臀部，再到膝上部，逐渐让小郭自己完成其中的一步，最后逐渐撤消辅助，让他独立完成两个步骤，使他自己脱下裤子小便。

4. 看到小郭有便意的表情，重复上述过程，直到他在提示下能独立去厕所脱裤子小便。注意每次小便前，都给他看上厕所的图片。此时，小便后还需帮助他穿好裤子。

效果分析：开始时，小郭因不理解"小便要到坐便器"而哭闹，当他挣扎着小便后，马上让他离开，并给予他喜欢的物品进行强化。重复几次之后，小郭已经能将小便和坐便器建立联系，在带领下能够对着坐便器小便。第二周开始，他有尿意的表情时，马上带他去厕所小便，他可以自己完成脱裤子的动作，尿裤子的频率降低。两周后，他可以在玩玩具时，用不舒服的表情或拉扯家长来表达便意，并跟随家长来到坐便器，在提示下脱裤子独立小便。

（赵宁侠）

五、精细运动能力

案例一　用勺子舀糖

个案基本信息：小辉，男，3岁，孤独症谱系障碍。小辉可用拇指和食指捡起地上的小物品，会打开玩具的盖子，能堆积5块积木，可一只手拿着笔，另一只手掌心握笔在纸上画几笔，不会自己用餐具进食，吃东西时用手指把食物放入口中，每次吃饭都是妈妈喂。小辉对物品有一定操作能力，但模仿能力较差，不能模仿连续的大动作和精细动作，不理解口语，无口语表达，教其操作物品需手把手地完成。

功能分析：因小辉对物品有一定的操作能力，精细运动功能水平相当于2岁左右的普通儿童，可对其进行操作勺子的精细运动功能训练，所以设计了用勺子舀砂糖的活动。但小辉模仿能力较差，不理解口语，教其操作物品需手把手完成，所以在实施过程中可使用塑造法。

近期目标：两周内，小辉可独立使用勺子把砂糖从一个容器转移到另外一个容器，不撒漏。

用具：勺子，砂糖（或其他勺子可容纳的材料），两个碗（家中普通饭碗即可）或其他容器，强化物（水果块或其他小辉喜爱的食物）。

干预实施：

1. 让小辉拿着勺子，当他能够握着勺子一段时间后，开始教他怎样使用勺子。把一个装有砂糖的碗和一个空碗放到小辉面前的桌上。把勺子放到他手里，用手帮助他抓握，抓握的姿势应是正确的手指抓握，而不是随意地

手指抓握勺子

手掌抓握。

2. 用一个缓慢的、夸张的俯冲动作把勺子伸进碗里，立即给他喜欢的水果块并表扬他，强化这个动作。在开始试图把砂糖运转到空碗之前，多次重复这个动作。

3. 当感觉小辉已经开始理解这个动作时，帮助他舀起一勺砂糖，把砂糖放到空碗里，然后立即给他喜欢的水果块并表扬他。开始时，两个碗应紧挨着，避免砂糖撒漏。每次只让他舀1或2勺，且勺不是很满。但随着小辉熟练做这项动作，逐渐增加碗之间的距离和砂糖的数量，直到把碗里所有的砂糖都舀到空碗里。

整个过程要注意强化的应用，并逐渐减少对小辉手的控制，即开始时把手放到他的手腕上，然后是他的前臂，最后完全离开他的胳膊。

效果分析：训练3天后，小辉开始有意识地拿勺运砂糖，但经常会将砂糖撒漏到有砂糖的碗里和桌子上。这时可将手移到他的手腕，帮助他保持平衡。经过2周的训练，小辉已经能很好地从一个碗向另一个碗舀砂糖，无撒漏，两碗之间间隔约20厘米。下一步可让小辉将碗内的食物送到嘴里，可从其喜爱的食物开始。

案例二　拧开瓶盖

个案基本信息：小宝，男，3岁，孤独症谱系障碍。小宝对动作及操作物品有一定的模仿能力，喜欢食物，对操作拼板、积木有浓厚的兴趣，但仅限于简单的排列和堆积。口语指令理解不超过5个，没有口语表达能力。

功能分析：因小宝有较强的模仿能力，精细运动功能水平相当于1~2岁的普通儿童，所以设计了拧开瓶盖的活动。但小宝对指令的理解较差，提示方法应以动作示范为主，必要时可以进行身体辅助。

近期目标：3 天内，小宝不需要辅助，拧开小瓶子的盖子。

用具：食品强化物，3 个能够旋开盖子的透明小瓶子。

干预实施：

1. 把 3 个瓶子放到小宝的面前，在他的视野范围内来回摆动一个食品强化物，如小饼干。
2. 当已经吸引到他的注意后，拧开一个瓶子的盖子，把饼干放进去，在盖回盖子时不要拧紧。
3. 然后把瓶子给小宝，做拧开的动作，让他把盖子拧开。如果小宝不理解，帮助他把手放到瓶盖上，拧开盖子，得到饼干。
4. 用其他瓶子重复这个活动，逐渐减少辅助，直到他能自己打开 3 个瓶子的盖子。要注意每次都要确保瓶子的盖子没有拧得太紧。

效果分析：小宝的模仿能力较强，经过两天的练习，已经能很熟练地拧开普通且不是太紧的瓶盖，下一步可继续教他将瓶盖拧紧，并相应配对不同大小的瓶盖和容器。

案例三　折纸玩具

个案基本信息：小涵，女，4 岁，孤独症谱系障碍。小涵喜欢色彩鲜艳的手工材料，可理解简单指令，认识基本颜色，可进行简单的轮廓内涂色，描画简单图形，没有接触过纸工活动。

功能分析：小涵的精细运动功能水平相当于约 3 岁左右的普通儿童，没有接触过纸工活动，所以从简单的纸工小玩具入手，必要时可与涂色、描画等相结合。

近期目标：一周内，小涵可以通过简单的折纸活动做一个小玩具。

用具：两条不同颜色的纸条（每条 15 厘米长，2 厘米宽）。

干预实施：

1. 选择小涵认识的红色和蓝色做成两张纸条，把两张纸条一端用胶水粘上，两张纸条成直角。

2. 给小涵演示怎样把下面的纸条翻到上面的纸条上。对她说"折红色的"，让她做下一次折叠动作。如果必要，指着她应该折的那张纸条，然后用手势做折的动作，如果她还不明白，引导她的手完成整个动作。

3. 每次都重复上面的辅助过程，继续交替地折，把下面的纸条翻到上面的纸条上，直到把纸条完全折起来，做成一个玩具。

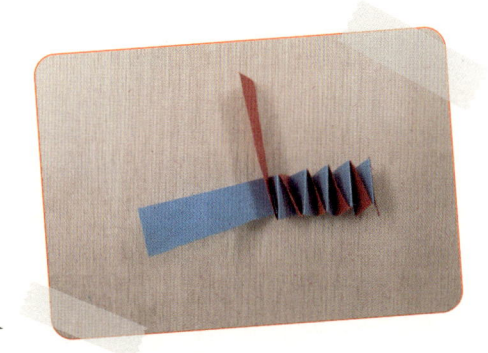

折纸玩具

效果分析：经过 3 天的练习，小涵已经可以独立折出这个小玩具，但纸张折得不是很齐，有时力量也不够，折出的玩具不平整，所以还应继续练习基本的折纸动作，也可通过毛巾等练习折叠动作。

案例四　涂　色

个案基本信息：小奇，男，3 岁 6 个月，孤独症谱系障碍。小奇喜欢动手操作玩具，可做简单动作的模仿，但不能模仿连续的动作，理解口语指令不超过 10 个，可理解部分手势动作，会大把抓握彩色笔在桌子上乱画，没有在纸上涂色和画画的概念。

功能分析：小奇的精细运动功能水平相当于 3 岁左右的普通儿童，所以设计了涂色的活动。但小奇还不能正确握笔，所以在涂色活动中一定要注意教他用正确的握笔姿势进行涂色。

近期目标：一周内，小奇可以用正确的握笔姿势在一个轮廓明显的图形里，用彩色笔画 4 笔或 5 笔。

用具：彩色笔、纸。

干预实施：

1. 用尺子在一张纸上画出两个相同的圆形或正方形的轮廓，轮廓的颜色要比较重，清晰可见，提前准备好若干张。

2. 把已经画好的一张纸和两只彩色笔放到小奇面前的桌子上。拿着一只彩色笔，在一个图形里随便画几笔。

3. 给他第二只彩色笔，说："这样做"。如果他不理解，帮助其用正确的方式握住笔，在另外一个图形里也随便地画几笔，然后奖励他。

4. 把第一张纸拿走，拿出第二张纸，重复上述过程。开始时，他可能不理解在图形里涂色的意思，帮助他继续只在图形里涂色，即用你的手把着他的手在图形里涂色。当感觉小奇开始控制笔进行涂色后，逐渐撤销对他手的控制。每次完成一张纸后，及时奖励。

效果分析：开始时，小奇并不习惯这种握笔方式，曾改变成自己习惯的抓握方式，这时要继续帮助他用正确的方式进行涂色。经过一周的练习，小奇可以在图形内较好地涂色，也从经常涂出图形的轮廓变成偶尔涂出轮廓。下一步可将图形变换成简单的图案，如苹果、汽车等，逐渐要求小奇将整个图案涂满，且尽量不要涂出轮廓。

案例五　剪图片

个案基本信息：小美，女，5岁6个月，孤独症谱系障碍。小美喜欢手工活动，对色彩鲜艳的图案感兴趣，会使用剪刀剪直线和简单曲线，能画出简单图形的图案，如太阳、苹果等。小美可以理解指导性的语言和要求，但不会主动提出自己的想法或表达不同的意见。

功能分析：小美的精细功能水平相当于4~5岁的普通儿童，因其喜欢手工活动，且已经会使用剪刀剪直线和简单曲线，所以设计了剪图片的活动。对小美可以使用语言上的指导和提示，还应注意培养其自信心和成就感。

近期目标：两周内，小美不需要辅助，可以剪简单的图片。

用具：彩色的图画书、剪刀、彩色笔。

干预实施：

1. 提前准备好有黑色边框的简单图片，也可以使用彩色图画书，选择的图片边缘有比较宽的空白部分，这样小美可以在较宽的范围内剪。

2. 开始尽量使用只有直线的图片。但是随着她双手协调能力的提高，逐渐使用有简单曲线的图片。

3. 从彩色的图画书里撕下一张，让小美以所能做到的任何方式涂色。彩色可以帮助她区别图片的边缘。

4. 剪之前，把图片的边线先折一下，这样小美可以很容易地把剪刀放到图形的边线上。

5. 把剪刀给小美，确保她正确地握住剪刀，指着她应该剪的线，说："剪，小美"。

6. 当剪到线的拐角时，帮助小美改变线的方向，沿着一个新的方向剪。当剪完一张图片以后，立即奖励她。用胶水或透明胶把图片粘到一个本子上，给小美看，并表达对她的成绩感到非常自豪。

效果分析：小美在活动时非常认真，并对自己的作品非常喜欢。经过两周的练习，小美可以很好地将简单边框的图案剪下，并自己粘贴到本子上。下一步，可进行稍复杂图形的剪纸活动，如将图案分几个部分剪下后粘贴到一起。

案例六　书写数字

个案基本信息：小格，男，6岁，孤独症谱系障碍。小格可与人进行简单对话，认识数字和简单汉字，可以很好地涂色，能仿画简单的图形，如圆形、三角形，在描红本上可以描画简笔画和数字，但并不会仿画和仿写。小格对画画非常感兴趣，可以安静地涂色或描画20～30分钟。

功能分析：小格具备一定的仿写和仿画能力，精细运动功能相当于4岁左右的普通儿童，且父母期望他可进入学校学习，所以设计了书写数字的活动。因小格对画画感兴趣，可以将数字变成作画的图案，会达到更好的效果。

近期目标：两周内，小格不需要辅助，可在纸上抄写数字。

用具：纸、彩色笔、多功能尺子。

干预实施：

1. 提前在纸上画好用一些点点出的数字形状，大约5厘米高。可使用较粗、颜色较深的笔，如记号笔，一定要使点清晰可见。

2. 开始时，点与点之间的距离较近。在开始下笔的地方使用红色或绿色的点，用箭头表明方向。

数字形状

3. 把制作好的一张纸放到小格的面前,并把提前写好数字的模板给他看,给他一支笔,引导他的手把点连起来。在小格完成之后,说出每个数字。这种方式并不是学数字名称的方法,但对于不认识数字的儿童可让其习惯于听到这些数字的名称。

4. 当没有辅助,能够把所有的点连接起来的时候,逐渐减少每个数字的点,使每个点变浅。当小格能完成每个数字只有3或4个点时,把他最后完成的有点的数字作为样本,尽量让他自己写出这个数字。

5. 开始时,每次只使用1张纸,随着他逐渐能够比较容易地完成,逐渐增加任务的长度,即增加每张纸上的数字。

效果分析:小格能很认真地进行练习,握笔姿势较好,在点上描画时,完成得很好。经过3天的练习,小格可以很好地描画数字1~9,但个别数字笔顺不正确。对于简单数字如"1、7"已经不需要提示便可以自行书写,其他数字还需纸上有5~6个点来提示。经过一周的练习,小格可以在仅有3~4个点的提示下正确描画。两周后,小格可以看着自己描画过的数字图片,在白纸上进行书写,但并不是很工整,应继续进行练习。

六、问题行为管理

案例一 逃避行为——不进教室、哭闹

个案基本信息:小瑞,男,3岁,孤独症谱系障碍。小瑞能理解简单指令,可以仿说短句,不能正确使用语言表达自己的意愿。小瑞新到康复机构时,第一天没有哭闹,第二天开始,便不进教室,哭闹不止,满头大汗。当带小瑞走向教室时,就开始哭闹;当带他离开时,就停止哭闹。

功能分析:小瑞在教室外哭闹,是要引起父母的关注并逃避进教室。小瑞第一次离开父母进入一个陌生的环境，会感到紧张、害怕，产生不安的情绪，可通过表情和熟悉的物品使他增加安全感，尽快适应新环境，并给他提供适当的任务，避免出现逃避行为。

近期目标：一周内缩短小瑞进教室时哭闹的时间，完成简单的操作任务。

干预实施：

1. 父母送小瑞进教室时，要面带微笑，给他增加自信心和安全感，也可带一些小瑞喜爱的玩具到教室玩，使他对教室产生熟悉感和亲切感。

2. 小瑞在教室哭闹时，可让他自己活动，不要过多地干涉，让他感到在这个环境中是安全的、放松的，等待小瑞慢慢平静下来，接受新环境。

3. 小瑞平静下来后，可以让他做一件不反感也不是很喜欢，而且特别容易完成的任务，如拼板、雪花片、配对等，小瑞完成后，及时给予强化。

4. 每天记录小瑞进教室后哭闹的时间，待他哭闹时间缩短，可逐渐把任务的难度加大，时间延长。

效果分析：开始时，小瑞进入教室后哭闹严重，大概持续10分钟后逐渐减轻，手里紧紧抓住带来的玩具，对教室内的环境不关心。3天后，哭闹的时间从3分钟后开始减轻，可在提示下完成简单任务。经过1周的适应，小瑞进入教室前稍微哭闹，但并不严重，走进教室后，便停止哭闹，不需要辅助就可以完成简单的任务。

案例二　攻击性行为——向别人身上吐口水

个案基本信息：小维，男，10岁，孤独症谱系障碍。小维的发育年龄约3岁，不能理解限制性或因果关系的语言解释。有时他向自己弟弟的脸上吐口水，有时向其他的孩子吐，偶尔向不熟的人吐，但从不向自己的父母吐。告诉他"不要吐",把他关在房间里,让弟弟还击他等以前使用过阻止该行为的尝试都不成功。

功能分析: 小维不向熟悉的大人吐口水表明他有能力控制自己的这个行为。小维吐口水通常不是挑衅性的,虽然不知道为什么小维向自己的弟弟或其他人吐口水,但曾使用的惩罚显然没有达到足够的不愉快,且没有立即与吐口水的动作联系在一起,因此小维不能把吐口水和惩罚联系在一起。

近期目标: 一周内,减少小维吐口水的行为。

干预实施:

1. 要求小维的弟弟和他一起参与一个活动,这个活动对小维来说是很容易完成的,如在图形内涂颜色或把图形放在镶嵌板上等,要求参与的2个人(小维和弟弟)都能轮流进行。
2. 让小维的弟弟与他坐在一起,这样他有机会向弟弟吐口水。每次小维吐口水时,就把已经浸过醋的毛巾边缘放到他的嘴里,在里面停留一会,然后重新做游戏。
3. 每次发生这样的情况,就在记录表里记录一次,至少一周。
4. 当这个行为在游戏期间被控制后,再泛化到其他时间,无论他什么时候向他人吐口水,就重复这样的过程。

> 醋最常用于这类行为,但如果儿童喜欢醋,可使用黄莲汁或辣椒油,但一定要特别注意,除了儿童的嘴巴以外,不要碰到其他部位。

效果分析: 小维出现吐口水的行为后,第一次尝到醋,明显被吓到,整个活动中没有再次出现吐口水的行为。第二天的活动中,小维再次向弟弟吐口水,对于浸过醋的毛巾,小维表示反抗,但要坚持对他的惩罚。一周后,小维在游戏活动中吐口水的行为被控制住,但对醋的味道已经适应,下一步可将醋换成黄莲汁,在其他时间继续对他吐口水的行为进行干预。

案例三　破坏性行为——扰乱用餐秩序，在吃饭的时候离开桌子

个案基本信息： 小米，男，4岁，孤独症谱系障碍。小米能够理解用短语表达的简单语言，但注意力不集中，特别活跃，不能听到语言的解释。家人一起吃饭的时候，通常会被小米的行为所扰乱。他从其他人的盘子里抓食物，离开座位，迅速跑开，然后回来，抓另外一个盘子里的食物。父母打他的屁股，责骂他，惩罚他，尝试着让他坐在椅子上，使他大发脾气。

功能分析： 在吃饭期间，当父母参与小米的错误行为时（看着他出现错误行为或者进行干预），他会产生持续的紧张和兴奋。小米关注别人的注意，消极的注意（责骂、惩罚等）和积极的注意（微笑、表扬等）对他来说让他一样高兴。为了改变这个恶性循环，必须只在小米做出正确的行为时关注他并参与他的活动。

近期目标： 一周内，小米在吃饭期间坐在椅子上，减少离开桌子的次数。

干预实施：

1. 让小米坐在只能拿到自己盘子里食物，而不能拿到其他人盘子里食物的地方。当他站起来或离开的时候，完全忽略他，不要叫他回来或者看着他。当他回来坐在椅子上，看着他并微笑着说："好，小米，坐下吃饭"。

2. 如果他没有坐下，伸手要抓食物，不要批评他，只要把盘子移到桌子的中间，直到他坐在椅子上才给他食物。

3. 当家里人都吃完饭的时候（约20分钟），把所有的食物拿走。在吃下顿饭之前不要让他吃任何零食，只给他喝一些水，小米必须等到下顿饭才能吃到食物。

4. 使用表格记录他离开桌子的次数。

　　切记，要用积极的注意强化正确的行为（坐下来吃饭），不用任何类型的注意（消极或积极的注意）强化不良的行为（离开桌子）。

日期	三餐	离开桌子的次数	后来喝的水
2-25	早餐	3	300毫升

吃饭时间离开桌子次数的记录表

效果分析：开始时，小米曾因用餐结束后没有食物而哭闹，但在下顿饭开始后，他会乖乖坐在椅子上，迅速吃一些食物。当他吃自己的食物约三分之一后，便开始再次离开桌子。第三天开始，他出现离开桌子的行为都会在吃完自己食物的二分之一以后，并且离开后的时间逐渐缩短。特别是当大家都吃完饭，准备撤掉食物时，他会迅速跑回，将剩下的食物吃完。一周后，他可以在吃饭时间内将自己的食物全部吃完，偶尔会出现离开桌子的行为。

案例四 重复行为——不分场合、不管答案的问问题"几点了？"

个案基本信息：小东，男，9岁，孤独症谱系障碍。小东较内向，能用简单句子与人交流，不能回答复杂或连续性的问题。小东对人的生日、电话号码、信用卡号和时间有非常强烈的兴趣，对这些数字具有超强的记忆力。关于时间的问题是最为频繁的，甚至坐在钟表前面，能够很容易看见时间的时候，也会问时间的问题。曾经尝试回答问题、忽略、转身、离开房间和告诉他安静，但都没有效果。

功能分析：过去的干预没有效果可能是因为小东并不是真正地要问问题。他已经知道答案，并正在用语言表达持续性的想法，成人的反应或没有反应对他来说并不重要。要求他"安静"需要具备更好的自我控制能力，但小东目前还不具备此能力。可通过用具体的规则"闭嘴"、视觉的提示及具体奖励物教他学会控制。

近期目标： 一周内减少小东在做事情期间持续性地问问题，在一些特殊的任务期间教小东"闭嘴"。

干预实施：

1. 给小东一个不需要语言的任务，如数量卡片与数字卡片配对。准备6对数字与数量对应的卡片放在桌子上，旁边放一个盒子。

2. 每次小东把两张卡片配对正确时，表扬他，并且把这对卡片放到盒子里。一旦他问相同的问题："现在几点了？"告诉他："闭嘴"，并把嘴唇紧紧地合在一起，把卡片从盒子里拿出来，表现得很不高兴。

3. 用手势让小东继续做配对，每次配对正确，就把卡片放到盒子里，表扬他；每次他问问题，就拿出一对卡片。如果他看着盒子，想要问问题，就用手势警告他：指着盒子里的卡片，把嘴唇紧紧地闭上。

4. 当所有卡片都被放到盒子里后，问小东："现在几点了？"让他回答你。要教他什么时候能问问题，什么时候不能问问题。

效果分析： 配对的任务对于小东来说很容易。开始时，小东完成整个任务，需要拿出卡片3~4次。经过一周的练习，小东在任务中，有时需要拿出1次或2次卡片，偶尔不需要拿出卡片。在任务结束后，小东能正确回答出问题"现在几点了？"这时可以尝试变换其他简单的任务或增加任务的复杂性。

案例五　自伤行为——撞头

个案基本信息： 小丽，女，4岁，孤独症谱系障碍。小丽协调性较好，整体功能水平在2岁半左右的普通儿童，能使用的表达性词汇少于5个。近一年来，无论什么时候，因为心情或不让她做自己选择的游戏，就会频繁地撞头。虽然没有引起身体上明显的伤害，但这个行为使她的父母非常紧张，惩罚或特殊爱护并没有减少这种行为。

功能分析：小丽能够意识并预料到其他人对她行为的反应。小丽撞头以后能立即引起其他人的注意。她不关心这种注意是生气、惩罚还是爱护，她只知道当她撞头以后，将改变对她的要求或可以按照自己的方式玩。

近期目标：两周内在不改变要求的情况下，减少小丽撞头的行为。

干预实施：

1. 在活动室（可进行拼板、插棍、图画等活动），将桌子和椅子远离墙，防止小丽撞墙。
2. 无论什么时候，小丽开始用头撞桌子，就把材料拿开，并且转过身去，不要注意她，数到10（大约10秒钟），转过头去，再把材料给她。
3. 每次小丽撞头的时候，都重复上述过程，但是不要停止这项任务，直到最后完成任务。
4. 如果这一天小丽的情绪特别难过，可以缩短任务，但必须要做完任务的最后一个步骤，让她知道不能逃避任务。
5. 每次小丽撞头的时候，做一次记录，在她没有撞头时候，给予密切的注意，并给予表扬。

效果分析：开始，小丽在做涂色活动时，如果没有让她按自己喜欢的方式完成，就会出现撞头行为。当你转过身去时，她会停止撞头，看到你转回来时，她会继续撞头。继续坚持对她撞头的行为不予关注，一周后，撞头的行为相对减少。两周后，小丽可以在活动中按要求完成，并且没有出现撞头的行为。在此过程中，可以变化活动材料，但要提出明确的要求，并且一定要按要求执行。小丽会在做新任务时出现撞头行为，但很快会受到控制。

孤独症
谱系障碍及干预方法

案例六　缺陷行为——缺乏身体接触的兴趣和愉快情绪

个案基本信息：小佳，男，2岁，孤独症谱系障碍。小佳不能理解言语性的指令，可理解的动作、手势不超过5个。小佳缺乏对人接触的反应，无论是拥抱、安慰，甚至坐在腿上，都没有愉快的情绪。小佳对身体接触没有兴趣，当感情丰富的人对他有身体接触的时候，他没有反应，很快就离开了。小佳喜欢到处走，拿着一根绳子在空中摆来摆去，也喜欢食物。

功能分析：小佳没有把身体接触作为一种愉快的体验。把身体接触和对于他是愉快的事物联系起来是必要的。

近期目标：两周内让小佳走向某一个人，并且和这个人进行身体接触。

干预实施：

1. 在地板上与小佳进行游戏活动时，拿着他喜欢的葡萄干（或一根绳子），引起他的注意。

2. 当他接近时，躺在地板上，把葡萄干放在胸口上，这样他必须爬到你身上才能拿到。在他拿到以后，轻轻地抚摸和拥抱他。

3. 当你坐在沙发上的时候，向他出示一个葡萄干，然后把它藏在一只袖子里。这样小佳必须爬到你的腿上，才能搜寻你的袖子。也可以在你的头发或脖子上缠一段绳子，这样为了得到绳子，他就必须接近你的脸。

4. 要一直给他轻轻的拍打和拥抱，如果他想触摸你，就让他一直触摸，让他开始把身体接触和愉快的经历建立联系。

效果分析：开始时，小佳在拿到葡萄干或绳子的时候，迅速离开，但不反抗轻抚和拥抱。一周左右，当抱起小佳时，他可以在别人身上停留几分钟，但没有过主动的抚摸、拥抱等身体接触。两周左右，小佳可以主动地走向他人，并且主动拥抱后（大约3秒），再得到葡萄干或绳子。

（王峤）

258

参考文献

[1] 李晓捷，姜志梅.特殊儿童作业治疗[M].南京：南京师范大学出版社，2015.

[2] 李晓捷.实用儿童康复医学[M].2版.北京：人民卫生出版社，2016.

[3] 姜志梅.孤独症儿童康复教育干预方法总论[M].北京出版社，2017.

[4] 姜志梅.居家干预适宜技术（自然情境教学、地板时光）[M].北京出版社，2017.

[5] 姜志梅.自我管理[M].北京出版社，2017.

[6] 郭岚敏.家长资源与支持手册[M].北京出版社，2017.

[7] 甄岳来.孤独症儿童社会性教育指南[M].北京：中国妇女出版社，2008.

[8] 协康会.孤独症儿童训练指南（全新版）[M].广州：广东海燕电子音像出版社，2016.

[9] 李丹.孤独症干预的关键性技能训练法[M].北京：北京大学出版社，2014.

[10] 萨利·J.罗杰斯，杰拉尔丁·道森，劳里·A.维斯马拉.孤独症儿童早期干预丹佛模式：利用日常活动培养参与、沟通和学习能力[M].张庆长，何逸君，秦博雅，等，译.北京：华夏出版社，2016.

[11] 玛丽·林奇·巴伯拉，特雷茜·拉斯穆森.语言行为方法：如何教育孤独症和相关障碍儿童[M].美国展望教育中心，译.北京：华夏出版社，2013.

[12] 李胜利.语言治疗学[M].北京：人民卫生出版社，2013.

[13] 明石洋子.通往自立之路：与自闭症儿子同行[M].洪波，译.北京：华夏出版社，2012.

[14] 陈凯明.小糖的故事：图片交换沟通系统（PECS）在自闭症、沟通障碍人士中的运用[M].广州：暨南大学出版社，2011.

[15] 李夫·麦克伊钦.孤独症儿童行为管理策略及行为治疗课程[M].蔡飞，译.北京：华夏出版社，2008.

[16] 卡罗尔·格雷.社交故事新编：教会孤独症谱系障碍人士日常社会技能的185个社交故事[M].鲁志坚，王漪虹，译.北京：华夏出版社，2018.

[17] 黄伟合.用当代科学征服自闭症[M].上海：华东师范大学出版社，2008.

[18] 凤华，周婉琪.自闭症儿童社会–情绪教育实务工作手册[M].重庆大学出版社，2015.

[19] 李丹.孤独症干预的关键性技能训练法[M].北京大学出版社，2014.

[20] 陈艳妮.孤独症谱系障碍康复案例解析[M].西安：第四军医大学出版社，2015.

[21] 斯蒂芬·冯·特茨纳，哈拉尔德·马丁森.走出自闭[M].五彩鹿儿童行为矫正中心，北京师范大学特殊教育系，译.天津教育出版社，2011.

[22] 陈晓娟，张婷.特殊儿童语言与言语治疗[M].南京师范大学出版社，2015.

[23] 锜宝香.儿童语言障碍[M].北京：首都师范大学出版社，2016.

[24] 李林，武丽杰.人体发育学[M].3版.北京：人民卫生出版社，2018.

[25] 潘前前，杨福义.如何发展自闭症谱系障碍儿童的认知能力[M].北京：北京大学出版社，2014.

[26] 中华人民共和国卫生部.卫生部办公厅关于印发《儿童孤独症诊疗康复指南》的通知：卫办医政发[2010] 123 号[A/OL].(2010-07-13)[2010-08-16]. http://www.gov.cn/zwgk/2010-08/16/content_1680727.htm.

[27] 周雪莹，姜志梅，张秋，等.孤独症谱系障碍《国际功能、残疾和健康分类》核心分类组合介绍[J].中华实用儿科临床杂志，2018, 33(20): 1532-1536.

[28] 郭岚敏，周雪，姜志梅，等.综合干预模式在孤独症儿童康复治疗中的应用[J].黑龙江医药科学，2019, 42(02): 51-52+55.

[29] 刘静，徐秀.儿童孤独症系谱障碍早期发现的研究进展[J].实用儿科临床杂志，2010, 25(23): 1775-1777.

[30] 徐秀，邹小兵，李廷玉.孤独症系谱障碍儿童早期识别筛查和早期干预专家共识[J].中华儿科杂志，2017, 55(12): 890-897.

[31] 陈小燕，邹小兵，陈凯云，等.基于3分钟视频的孤独症系谱障碍儿童早期症状分析[J].中华实用儿科临床杂志，2017, 32(10): 777-779.

[32] 李堃，郗春悦.孤独症系谱障碍共患注意力缺陷多动障碍等研究进展[J].国际儿科学杂志，2016, 43(4): 299-301.

[33] 徐秀.孤独症婴幼儿早期介入丹佛干预模式[J].中华实用儿科临床杂志，2015, 30(11): 801-802.

[34] 中华医学会儿科学分会发育行为学组，中国医师协会儿科分会儿童保健专业委员会，儿童孤独症诊断与防治技术和标准研究项目专家组. 孤独症谱系障碍儿童常见共患问题的识别与处理原则. 中华儿科杂志 [J]. 2018, 56(3): 174-178.

[35] Sally J, Geraldine Dawson. Early Start Denver Model for Young Children with Autism[M]. UC Davis MIND Institute, 2010.

[36] American Psychiatric Association Diagnostic and Statistical Manual of Disorders[M]. 5th ed.Arlington,V A:American Psychiatric Association, 2013.

[37] Kawabe K, Kondo S, Matsumoto M, et al. Developmental quotient to estimate intelligence in autism spectrum disorder[J]. Pediatr Int, 2016, 58(10): 963-966.

[38] Shek DT, Yu L. Construct validity of the Chinese version of the psycho-educational profile-3rd edition (CPEP-3)[J]. J Autism Dev Disord, 2014, 44(11): 2832-2843.

[39] Chen KL, Chiang FM, Tseng MH, et al. Responsiveness of the psychoeducation profile-third edition for children with autism spectrum disorders [J]. J Autism Dev Disord, 2011, 41(12): 1658-1664.

[40] Nevill RE, Lecavalier L, Stratis EA.Meta-analysis of parent-mediated interventions for young children with autism spectrum disorder. Autism, 2018, 22(2): 84-98.

[41] Chu CL, Chiang CH, Wu CC, et al. Service system and cognitive outcomes for young children with autism spectrum disorders in a rural area of Taiwan. Autism, 2017, 21(5): 581-591.

[42] Mahaian R, Bernal MP, Panzer R, et al. Clincal practice pathways for evaluation and medication choice for attention-deficit/hyperactivity disorder symptoms in autism spectrum disorders[J]. Pediatrics, 2012, 130(2): S125-138.

[43] Lai MC, Lombanlo MV, Baron-Cohen S. A Utism[J]. Lancet, 2014, 383(9920): 896-910.

[44] Fisher RS, Cross JH, French JA, et al. Operrational classification of seizure types by the International League Against Epilepsy: Position Paper of the ILAE Commission for Classification and Terminology[J]. Epilepsia, 2017, 58(4): 522-530.

[45] Zwaigenbaum L, Bauman ML, Stone WL, et al. Early Ielentifieation of Autism Speetrum

Disorder: Reeommendations for Practiee and Research[J]. Pediatrics, 2015, 136 Suppl 1: S10-40.

[46] Dawson G, Bernier R. A quarter century of progress on the early detection and treatment of autism spectrum disorder[J]. Dev Psychopathol, 2013, 25(4 Pt 2): 1455-1472.

[47] Brian Reichow, Peter Doehring, Domenic V. Cicchetti, et al.Evidence -Based Practices and Treatments for Children with Autism[J]. Springer Science Business Media, LLC, 2011(1): 9.